現代日本の
官僚制

曽我謙悟 ──[著]
Kengo SOGA

東京大学出版会

CONTEMPORARY JAPANESE BUREAUCRACY
Kengo SOGA
University of Tokyo Press, 2016
ISBN978-4-13-030161-9

目　次

1　本書のめざすところと議論の進め方―――1
- 1.1　私たちは行政について何を知っているのか　*1*
- 1.2　本書は何に挑むのか　*5*
- 1.3　何を問うのか　*7*
- 1.4　概念の整理　*16*

2　官僚制の政治学―――21
- 2.1　これまでの研究の焦点　*21*
- 2.2　官僚制に対する政治家の影響　*23*

  官僚制になぜ委任するのか（*23*）／官僚制にどのように委任するのか（*27*）／官僚制の能力・専門性とは何か（*30*）

- 2.3　官僚制に対する理念やアイディアの影響　*33*
- 2.4　政府外の政治アクターとの関係と官僚制の自律性　*35*
- 2.5　官僚制の効果や帰結　*37*

  行政の質や行政活動の効果についての研究（*37*）／政治的効果，社会・経済的効果についての研究（*40*）

- 2.6　何が残された論点なのか　*42*

3　理論で捉える：政治的産物としての官僚制―――47
- 3.1　政治はいかに官僚制を形作るのか　*47*
- 3.2　組織編成ゲームを構築する　*50*

  問題の設定（*50*）／モデル（*54*）／仮説の導出（*56*）

- 3.3　政治統制・技能形成ゲームを構築する　*60*

  技能をモデルに内生化する（*60*）／モデルの内容（*61*）／検討（*64*）／含意（*69*）／仮説の導出（*72*）

  補　遺　*77*

4 組織編成の国際比較―――――81

- **4.1** 組織のどこに注目するのか　*81*
- **4.2** 分立の程度を捉える：大臣数と省庁数　*82*
- **4.3** 統合の程度を捉える：行政中枢の組織と機能　*84*

  行政中枢の組織（*84*）／行政中枢の機能（*86*）／統合の他の指標：権限と金銭資源の配分方法（*91*）

- **4.4** 政治制度と官僚制はいかなる関係にあるのか　*94*
- **4.5** 政治制度・政治環境と組織編成の関係を検証する　*100*

  指標とデータ（*101*）／仮説の検証（*105*）

- **4.6** 多様な組織形態の理解へ　*111*

5 統制と技能の国際比較―――――115

- **5.1** 統制と技能のどこに注目するのか　*115*
- **5.2** 政治統制と技能形成を捉える　*116*

  権限委譲と技能取得（*116*）／政治任用の指標（*118*）

- **5.3** 政治制度に関する仮説を検証する　*122*
- **5.4** 政治制度と政治環境に関する仮説を検証する　*125*
- **5.5** 合意型民主制の隠された利点？　*133*

6 変化の中の日本の官僚制―――――135

- **6.1** 比較から見た日本の官僚制　*135*
- **6.2** 1990年代以降の歩み　*136*
- **6.3** 分立と統合の変化はどのように捉えられてきたのか　*139*

  分立の変化（*139*）／統合の変化（*142*）

- **6.4** 政治統制と技能形成はいかに捉えられてきたのか　*146*
- **6.5** 何が日本の官僚制を形作ってきたのか　*152*

  政党組織と政治制度（*153*）／政権交代と政党システム（*157*）／首相や大臣（*158*）／官僚制の自律性と官僚自らによる変革（*159*）

- **6.6** 何を解き明かす必要があるのか　*161*

7　日本の官僚制：その組織編成 ―――――――――――――165

- **7.1** ウェストミンスター化する行政？　*165*
- **7.2** 分立と統合の実態を捉える：内閣・内閣官房・内閣府　*167*
- **7.3** 法案策定における分立と統合はいかなるものか　*173*
- **7.4** 人的資源配分の変化から分立と統合を見る　*181*
- **7.5** 政治環境の影響を確かめる　*186*
- **7.6** なぜ均衡に至らないのか　*190*

8　日本の官僚制：統制と技能 ―――――――――――――193

- **8.1** 政治統制と技能投資をいかに捉えるか　*193*
- **8.2** 人事に対する政治介入の不在を解き明かす　*195*
  高い自律性というパズル（195）／データ（197）／事務次官人事の制度化とタイミングの調整（198）／局長級人事の制度化（201）／戦略的対応による自律性の獲得（206）
- **8.3** どのような技能をなぜ選ぶのか　*207*
  時期による変化（208）／府省庁ごとの違い（211）
- **8.4** 府省庁によりその機能はどの程度異なるのか　*214*
- **8.5** 人事の自律性と技能形成を規定する要因は何か　*217*
- **8.6** なぜジェネラリスト志向が強まっているのか　*223*

9　官僚制の政治的効果と政策的効果 ―――――――――225

- **9.1** 官僚制がもたらす二つの効果　*225*
- **9.2** 官僚制はいかなる政治的効果を持つのか　*226*
  四つの概念：実効性・不偏性・透明性・代表性（226）／具体的指標（228）
- **9.3** 官僚制の政策的効果はいかなるものか　*233*
- **9.4** 統治の質と代表性：二つの軸を抽出する　*234*
- **9.5** 官僚制に対する信頼：統治の質と代表性の帰結として　*241*
- **9.6** 日本の官僚制はどこに位置するのか　*243*

10 いかなる展望が見出せるのか―――――――――――――249
 10.1 何が明らかになったのか *249*
 10.2 残されている課題は何か *253*
 10.3 日本の官僚制をどうデザインするのか *255*

参考文献 *259*
あとがき *275*
索 引 *278*

1　本書のめざすところと議論の進め方

1.1　私たちは行政について何を知っているのか

　現在の日本において，行政を全く信頼していないという人は1割，あまり信頼していない人は5割近くにのぼる．その逆に，ある程度信頼する人は3割，非常に信頼しているという人はわずか1％であり，わからないという人が1割以上になる[1]．これが日本の官僚制が置かれている一つの文脈である．日本の官僚制は，1990年代の数々のスキャンダルを皮切りに，官僚バッシングともいわれる強い批判を浴びてきた．官僚制に対する批判は洋の東西や時代を問わず普遍的なものだが，昨今の日本も全く例外ではない．消えた年金から福島第一原子力発電所事故まで，行政の失敗とされる事態は枚挙に暇がない．それらを背景として，この20年間は改革の時代であった．省庁再編，公務員制度改革に始まり，種々の民営化や独立行政法人改革まで多様な変革が試みられた．

　そうした改革をめぐる言説の中心を占めてきたのは，政治主導や政治のリーダーシップである．政治と行政のどちらが政策形成を主導するのかがそこでの焦点であった．統治するのは誰か（who governs）が問われてきたのである．そこから多くの改革が試みられてきた．主たる政治改革である選挙制度改革は1994年に実現したが，政治と行政の関係については，その後の20年あまり断続的に改革が続いた．

　その結果，私たちは何を得たのであろうか．日本の官僚制はどのように変化したのか．政治との関係はいかなる変貌を見せたのか．それによって官僚制が策定，実施する政策には違いが生じたのだろうか．私たちの社会や経済にはい

---

[1]　2010年から14年にかけて実施された第6次世界価値観調査の結果に基づく．質問文は，「あなたは，次にあげる組織や制度をどの程度信頼しますか．「非常に信頼する」「やや信頼する」「あまり信頼しない」「全く信頼しない」のいずれかでお答え下さい」というもので，その中の「行政」についての回答を用いた．データは下記から入手した（2016年5月1日）．http://www.worldvaluessurvey.org/WVSContents.jsp

かなる影響があったのか.

　そう問われれば，はたと答えに詰まる人が大半ではないだろうか．そもそも，行政の何が変わり，何が変わっていないのかすら，定かではないだろう．実は，冒頭に掲げた数字を2000年代後半のそれと比べると，全くないしあまり信頼しない人が7%ポイント低下し，「わからない」と答えた人が6%ポイント上昇している．改革の20年を経て日本の官僚制はどの地点に立ち，どこを向いているのか．そうした人々の戸惑いが，こうした人々の態度の変化をもたらしているようにみえる．満足のいく成果があがっているとも思えないが，さらなる改革が必要なのか，改革の方向性を変えるべきなのか，改革すること自体が間違っているのか．これらの問いに対し，確かな答えを持つ人は多くはないのではないか．

　さらに興味深いことに，このデータをさらにさかのぼってみると，5%ポイント程度の変動はあるものの，基本的な傾向は，1980年代から何ら変化していないのである．その頃から，ある程度の信頼を置く人が3割ほどおり，6割の人々は信頼しないと答えている．昔から，人々は行政をさほど信頼していない．90年代の官僚をめぐるスキャンダルが行政への信頼を失わせたと聞くと，いかにももっともらしいが，データによれば，そのような単純な関係は実は存在しないのである．

　もう一つ別の側面をとりあげよう．官僚制の能力やその成果に対する評価である．これについても，1990年代を境に大きな変化があったという見方が一方にある．これによれば，80年代まで，日本の官僚制の能力は高く，政策形成の中心を担ってきた．政治三流，経済一流ともいわれていたが，その経済発展の背景にあったのは，司令塔としての官僚制である（Johnson 1982）．しかし，追いつき型近代化の時代においては適合的だった官僚機構のあり方は，世界のフロントランナーとなった時点で見直しを求められるようになった[2]．こうし

---

[2] たとえば，「明治期以来の中央集権型行政システムは，限られた資源を中央に集中し，これを部門間・地域間に重点的に配分して効率的に活用することに適合した側面をもち，これが当時はまだ後発国であったわが国の急速な近代化と経済発展に寄与し，比較的に短期間のうちに先進諸国の水準に追いつくことに大きく貢献してきた事実は，否定できないところである．（改行）しかしながら，中央集権型行政システムにはそれなりの弊害も伴う．（中略）わが国の政治・行政を取り巻く国際・国内の環境はここのところ急速に

た通説が 90 年代から 2000 年代にかけての行政改革の背景にある．そして，改革が進まないために，あるいは改革がまだ不十分であるために，問題は解消せず，さらなる改革が必要だと主張されるのである．

　他方には，1990 年代の大きな転換に疑問を投げかける見方もある．本当に，優秀な官僚が急に失敗ばかりするようになったのか．なぜそれほどの劣化が急激に生じたのか[3]．あるいは，本当に官僚が，かつての経済発展と現在の停滞の双方をもたらしているのだろうか．こうした疑問を呈するリビジョニストの目からすると，日本の官僚が優秀であるという根拠はなく，政策形成の実際の主導者は政権党たる自民党であり，日本経済の成長をもたらした主たる要因は民間企業である[4]．ここからすれば，この 20 年の転換はさほど大きなものではない．失敗をしていたのは昔からであり，政治主導も昔から存在していたものが，与党から首相へとその担い手が転換したにすぎない．経済停滞の原因は需要側，供給側いずれの側にせよ，市場にその原因がある．

　この 20 年あまりの間に，日本の官僚制はいかなる変容を見せたのか．いかなる変化がそこにはあり，いかなる部分は変わらないのか．そうした断絶や連続を生み出したのは何なのか．その結果，何がもたらされたのか．現在の日本社会や経済に対し官僚制はいかなる影響を与えているのか．これらの問いに対して答えを示していくこと，しかも，1980 年代までの官僚制との違いを大き

　　大きく変貌してきている．そしてその結果として，今日では中央集権型行政システムが新たな時代の状況と課題に適合しないものとなって，その弊害面を目立たせることになったのではないか．言い換えれば，旧来のシステムは一種の制度疲労に陥り，新たな状況と課題に的確に対応する能力を失っているのではないかと考える」『地方分権推進委員会　中間報告：分権型社会の創造』（1996 年 3 月 29 日）．「現状のわが国国家公務員制度は，明治以来，欧米先進国に「追いつけ追い越せ」の理念のもと，中央集権体制がとられ，近代工業社会の確立を目指した高度経済成長期に確立された．この制度は，キャッチアップの時代，とりわけ規格大量生産体制の推進には大いに貢献した．しかし，今やわが国はフロントランナーとなり，多様な知価創造が求められる人類文明には適合していない」『公務員制度の総合的な改革に関する懇談会　報告書』（2008 年 2 月 5 日）．このように改革文書から時代認識などを読み解く視座については，牧原（2009: はじめに，1 章）．

3）　たとえば情報通信産業は，そうした観点から注目され，いくつかの研究がなされている（高橋 2009a，和田 2011）．
4）　たとえば，サミュエルズやフリードマンがあげられる（Samuels 1987, Friedman 1988, Noble 1998）．行政の失敗の例としては，自動車産業における国民車構想や企業統合の挫折が典型的である（雷 2003）．

く捉えつつ，この20年間のどこでどのように変化していったのかを細かく捉えていくこと，これが本書の目標である．タイトルに沿っていえば，「現代」日本の官僚制は，過去のそれとどのように，なぜ異なるのかを明らかにすること，これが本書のめざすところである．

さらに同時に，現代「日本」の官僚制は，他国のそれと比べていかなる特徴を持つのかを明らかにすることが，本書のもう一つの目標である．この課題に対して，各国の行政のあり方を客観的に把握し，その規定要因と効果について一般化された説明を与えていく．日本の官僚は優秀だったのか，さほどでもなかったのか．日本の官僚は政策形成に強い力を持ったのか否か．そうした問いに対し，日本の官僚制だけを見ても答えは出ない．他の諸国と比較しながら，日本の行政の特徴を客観的に位置づけること，その特徴が何によってもたらされ，いかなる帰結を生んでいるのかを説明することも本書のねらいなのである．

過去との比較および他国との比較に際して重点を置くのは，数量化されたデータによる把握である[5]．これにより，各国行政の共通点と相違点の双方を描き出しつつ，一般性の高い因果関係の解明を進めていくことが容易になる．質的な研究の多くは，目立つ事象，たとえば行政改革といったものに注目しがちであるが，そういった非日常の改革に目を向けることは，日常の行政の実態を知る上では必ずしも有効ではない．顕著な改革がない国や時期も含めて，行政の現状を理解する上では，量的なデータによる把握が強みを持つのである．

たとえば，冒頭に掲げた行政の信頼性という問題を再び考えよう．日本人の行政に対する信頼の程度というのは，本当に低いのだろうか．他の国ではもっと高いのだろうか．図1-1に，ドイツ，アメリカと日本の人々の行政への信頼の程度の変化を示した．日本とドイツの行政に対する信頼の程度は同じくらい低かったこと，それに対してアメリカの人々が高い信頼を抱いていたこと，また，2000年代前半にアメリカで大幅な下降，2000年代半ば以降にドイツにおいて大幅な上昇があったが，日本ではこうした大きな変化は見られないことが

---

5) 行政学において，国際比較の計量分析は盛んだったとは言い難い（Riccucci 2010）．むしろ，数量化された把握を進めてきたのはOECDをはじめとする国際機関である．ただし，それらは主に現状の把握に留まり，その規定要因や効果についての分析には及んでいない．

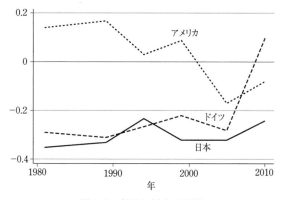

図 1-1　行政に対する信頼

注）横軸の年は調査開始年．縦軸の値は，行政に対して「非常に」あるいは「やや」信頼するという回答者割合から「あまり」あるいは「全く」信頼しない回答者割合を引いた値．
出典）世界価値観調査のデータ（http://www.worldvaluessurvey.org/WVS Contents.jsp）を用いて筆者作成．

わかる．データなくしてこうした実態を知ることはできない．そして理論なくして，こうした実態に説明を与えることはできないのである[6]．

1.2　本書は何に挑むのか

　それでは本書は，いかなる理論を立てるのか．官僚制を理解するためには，組織としての官僚制と政治的プレイヤーとしての官僚制，この二つを包括的に捉える必要がある．官僚制とは，政治により形作られ，統制を受ける存在であるが，同時に一定の自律性を備える存在でもある．いかなる組織となるのか，いかなる政策を形成していくのか，そのどちらにおいても，政治家は自らの関心や利益から関与を試み，官僚制はそれに対応する．官僚制の組織編成のあり方は，政策過程における官僚制の振る舞いを規定する．官僚制をどのように編

---

[6]　ここでの信頼の違いを理解するためには，人々が他者や社会に対してどのような条件の下で信頼をするのか，そこにおける信頼を生み出すメカニズムは国によりどのように違うのかなど，社会心理学の知見が必要になる（たとえば，山岸 1998）．本書は行政側の説明しか与えることができていないが，行政に対する一般の人々の理解や認識については，改めて分析を加えていきたい．

成するかは，社会の中のどの利益を一つのまとまりとして政策に転換していくかということである．いわば，官僚制の組織編成と官僚制の政策形成への関わり方は入れ子の関係（Tsebelis 1990）になっている．このように入れ子関係にある官僚制の組織編成と政策形成における政治と官僚制の相互作用を明らかにすること，これが本書の理論的課題である．

　換言すれば，本書は，誰が何を得るのか（who gets what）という政治学の基本的な問いに対し，官僚制に注目して答えを提示する．その際，常に政治との関係から官僚制を捉えるのが本書の立場である．そして問いに答える際，官僚制とはそもそもいかなる存在なのか，すなわちどのような組織なのかというところから出発するのもまた，本書の立場である．

　さらに言えば，本書の理論は，官僚制の組織としての特徴を軽視する現代政治分析の視点に対しても，官僚制の自律性を前提に政治の影響を軽視する行政学の視点に対しても，異議申し立てを試みるものだといえる．政治過程論をはじめとする現代政治学は，さまざまな政治プレイヤー間の関係が織りなす政治過程の実態を解明しているが，プレイヤーそのものへの着目は，政党や議会委員会の研究など政治家の側に限られる．官僚制の組織的特徴を等閑視するのは，政治家が主で官僚制が従であるという前提のためだろう．しかし，官僚制は一定の自律性を持ち，政策形成の多くも官僚制に端を発するのが現実である．社会の多様な問題のうち何を取り上げ，何を解決していくのか．それを決めるのは，何に目を向けるか，何に注意を払うか（attention）である．官僚制はその大半を担っている（Workman 2015）．官僚制組織のあり方こそが，政策形成過程の基礎的部分を構成する．

　他方で行政学においては，行政を形作る要因としての政治は軽視されてきた．これまでの行政学は，行政を構成する要素として，制度，組織，政策に注目し（たとえば，西尾 2001），研究を蓄積してきた．それらの研究は詳細化・細分化されていき，要素間の関係には注意が払われてこなかった．そのこともあって，制度，組織，政策を規定する要因について，行政学では社会工学的に発想する傾向がある．すなわち，組織が変化するのは，あるいは政治と行政の関係が変化するのは，行政が解決すべき課題が社会や経済の変化に伴い変化した結果であると考えるのである．たとえば，公共サービスの質と量の拡大が行政国家化

をもたらすという議論はその典型である．官僚制とは社会的問題解決の道具であるという前提がそこにはある．

　つまり，行政学とそれ以外の現代政治学の，どちらの立場においても，依然として政治と行政の分離が暗黙の前提となっている．政治・行政融合論が分断論を駆逐したといわれながらも，本当の意味で両者を融合した議論，すなわち官僚制の特徴を踏まえた政治との相互作用の分析は十分に行われていない．別の言い方をすれば，官僚制を見る際，私たちはその専門性や知識・情報という面ばかりに目を向けてしまっている．官僚制が政策形成に関与しているのならば，官僚制がいかなる人々で構成されるかという代表性も見るべきだが，そうしたことは論じられない．これも暗黙裏に政治・行政分断論に依拠しているからである．一方では官僚制の自律性を認めつつ，それは政治統制の真空状態を意味するわけではないこと，他方では，官僚制の技能や専門性もまた政治との相互作用で形作られており，官僚制の特徴とは知識や情報以外の代表性も含めて理解されるべきものであること，これらを示すことが，本書の理論的課題である．

1.3　何を問うのか

　ここまで述べてきたように，本書の課題は，理論的には，政治との相互作用に注目しながら，官僚制の組織編成と官僚制の政策形成の入れ子関係を解明していくこと，実証面では，そこから導出される命題について，国際比較の計量データ分析によって検証し，現代日本の官僚制がなぜ現在の姿となっているのかを説明していくことである．しかしこのように述べたところで，たちどころにさらなる疑問が浮かんでくるであろう．官僚制の組織編成というが，具体的に何に着目するのか．省庁の数や機能，公務員の採用の仕方，省庁間調整の方法といった多様な側面のうち何を問うべきなのか．あるいは，官僚制が政策形成で果たす役割とはどのようなものなのか．たとえば，そこにおける専門性や情報とはいかなるものなのか．組織編成と政策形成の入れ子関係とは具体的に何と何がどのような関係にあることなのか．

　以下では本書の問いを敷衍しながら，どのように答えを導いていくのかを示

すことを通じて，本書の構成を述べていこう．

　本書が最終的に明らかにしたいことは，官僚制が私たちの社会に何をもたらすのかということである．それは具体的には，官僚制が私たちの望んだ政策をどの程度実現しているのか，そして，その政策には専門知識や情報がどの程度反映されているのか，という二つの問いに答えることでもある．この二つを問うということは，日本国憲法の表現を借りるならば，公務員が「全体の奉仕者」たり得ているのかを問うことであり，現代政治学の用語でいうならば，プリンシパル（本人）である私たちに対して，官僚制というエージェント（代理人）は，十分にその役割を果たしているのかを問うことである．

　この二つを問う上で最も重要なのは，官僚制が持つ「情報」である．政策内容を決め，実施していく際，どのような政策をいかに実施すれば，社会・経済にどのような効果が発生しうるのか．そもそも，そうした政策を成立させるためには，どのような手順を踏んで，誰の合意を取り付ければよいのか．このような政策の形成から実施に至る各局面において，政策の内容を決め，効果を発揮させるために必要となる種々の情報，これこそが，官僚制を理解する鍵である．官僚制は，自分自身の政策選好を持つと同時に，自らが持つ情報を自分に有利なように利用する戦略的な存在である．

　ここでの情報とは官僚制自身あるいは外部の専門知識による場合もあれば，政策実施を通じて得られる知識もある．官僚制が前者を持つ保障はないが，政策の実施を担う機関である以上，後者を持つことは予定されている．とはいえ，官僚制がどの程度これらの情報を持つかというのは，外生的に与えられる条件ではない．官僚制自身が情報を得るために時間と労力を投資しなければならない．そうして獲得される情報の収集・処理能力を，官僚制の「技能（expertise）」と呼ぶ．

　官僚の持つ情報が重要だからこそ，政治家はそれを最大限に利用したいと考えるが，政治家に情報を直接左右する手段はない．情報はその保有者が伝達しない限り，外部の者は利用し得ないからである．そこで政治家は，官僚に情報の利用・伝達を動機づけようとして，権限の付与を行う．しかしそのことは，政治家たちが望む政策帰結を得るという目標を損ねる危険性も高める．情報を得るために，望んだ政策帰結が得られないのでは，本末転倒になる．

官僚制が持つ権限や政策選好を，政治家たちはどのような形で操作できるのか．ここで，組織編成，公務員制度そして決定手続きなどが登場する．私たちが官僚制について，具体的に観察しうる組織，人，ルールといったものは，政治家にとってもまた，官僚制に働きかけるポイントとなる．それが具体性を持つからこそ，働きかけができると同時に，観察可能ともなる．これらに着目しながら，官僚制という存在を，政治的な選択の産物と捉えること，そこから現代民主制における官僚制の議論は出発する．政治家たちにとっての政治制度とは，いわば自己組織化の結果である．議員たちが政党をいかに作るかに始まり，行政府の長，すなわち執政長官（首相あるいは大統領）の権力の大きさも，最後は政治家たちが選ぶことができる[7]．それに対して官僚制とは，政治家によって創出されなければ存在し得ないのである[8]．

それでは，政治家はどのような官僚制を創出するのか．いかなる組織編成を選ぶのだろうか．組織編成の鍵となるのは，「分立」と「統合」である．分立とは官僚制においてどのように水平的分業がなされるかを示すもので，分業の程度を強めるほど分立的（specialized），逆が総合的（general）である．統合とは垂直的に上位者が下位の人や組織の調整を行うことである（integrated）．逆に統合されていない状態（separated）とは，下位機関である省庁の独立性や自律性が高いことを指す．

具体例をあげてみよう．まず，どのような省庁を設置するかは，どのような利益が政府の政策として実現するかを大きく変える．スコットランド省や旧北海道開発庁のような地理的単位に基づく省庁の存在は，当該地域の声の反映を容易にする．福祉省や教育省から子ども省が切り出されることは，義務教育期までの子育て支援の手厚さにつながる．社会の中のさまざまな利益を政策に反映させるには，できるだけ多くの省庁を設ければ良い．しかし省庁が増えると相互の調整の必要は増大し，矛盾対立する政策を各省庁が実施する危険性も高

---

7) 憲法による制約はあるが，憲法によってどの程度の制約がかけられるのかということもまた，改憲が可能である以上，最終的には政治家たちと有権者の選択の産物である．
8) もちろん歴史的には，官僚制が現行の政治体制における為政者よりも先に存在していることもあるだろう．しかしその場合でも，各時点の為政者はいつでも官僚制の組織を作り替えることができる．過去のものを引き継ぐのもまた為政者の一つの選択なのであり，官僚制という組織はその意味で常に政治的選択の産物である．

まる．上位機関による統合の必要がそこには生じる．大統領・首相や内閣といった執政部による統合をどの程度強めるか，官僚制の中にそれを支える機構をどの程度用意するかが，組織編成においてもう一つの検討事項となる．

このように政治家による働きかけの第一の焦点が組織編成とすれば，第二の焦点は，政策形成に際して，官僚制にどれだけの権限を持たせ，いかなる政策選好と技能を持たせるかという点である．まず，政策形成において官僚制にいかなる選択肢を持たせるのか，すなわち，どれだけ官僚制に自由に政策選択を行わせるのか，逆に，政策形成上の手続きを課して制約づけていくかは，「権限委譲のコントロール」と呼べる．つぎに，官僚制がそもそもどのようなプレイヤーとなるのか，すなわち，どのような政策選好と技能を持つのかは，公務員制度の問題であり，政治任用をはじめとする任用の方法とその後の技能形成を左右する人事管理方法のコントロールといえる．このように，権限委譲と公務員制度を通じて，官僚制がいかなる特徴を備えるのかが規定された上で，官僚制による政策選択が行われていくのである．以下本書では，権限委譲と公務員制度を通じたコントロールを総称して「政治統制」と呼ぶ．また，政治統制，コントロール，介入，そして関与をほぼ同義として用いる．

組織編成ならびに権限委譲と公務員制度，すなわち組織，ルール，そして人に対する政治家の統制が，政治と行政の関係を形作る．だからといって，政治家が官僚制を100%自由に操作できるわけではない．政治家が強く統制すれば，官僚制の反発を招くこともあれば，政治家が政策の失敗の責任をとる羽目になることもある．そうしたことを警戒して，政治家は統制を抑制し，官僚制に自律性を与えるかもしれない．また，政治家の思惑とは別に，官僚制とはいかにあるべきかという理念や，どのような組織が望ましいかという改革アイディアも，影響を与えうる．加えて，官僚制自身もまた，裁量や自律性を拡充しようとして戦略的に，どのような技能を修得していくかを選択する．このような政治家と官僚制の戦略的選択の合成の産物として，官僚制の裁量や自律性は説明される．

政治家がどのような目標を持って，どのように官僚制に関与してくるかは，政治制度によって規定される．たとえば，一国全体に責任を負う首相や大統領は，官僚制に裁量を与え，その専門性を生かすことで，経済業績の改善を図る．

1.3 何を問うのか　11

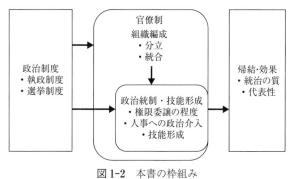

図 1-2　本書の枠組み

出典）筆者作成.

他方で，地元サービスに徹する議員は，公共事業の箇所付けのような官僚制の政策実施に深く介入しようとするだろう．政治家といってもさまざまであるが，その違いを理解する上で，第一に注目するのは執政制度の違いである．執政制度は政治家の種類とその関係を規定する．大きく分けて，立法府を構成する議員たちと，行政府を指揮監督する執政それぞれが，いかに選出されどのような役割を政策形成において担うのかを決める．第二に選挙制度にも着目する．どのような選挙で選出されるかは，議員たちの再選戦略を異なるものにする．それによって，議員たちがどのような政策を追求するのか，どのような形で自らを組織化するのか，すなわちどのような政党を形成するのかが決まってくる．当選のために地元サービスが必要か否かも選挙制度で決まる．それゆえ，社会の中のどのような利益や関心が政策に反映されるかは，選挙制度によって形作られるのである．

　議論をまとめよう．図 1-2 による整理を参照されたい．私たちが最終的に官僚制を通じて何を得るのかを理解するためには，組織編成ゲームと政治統制・技能形成ゲームという，入れ子関係にある二重のゲームを理解する必要がある．官僚制による社会や経済への働きかけがいかなるものとなるのか，すなわちどのような政策が選択され，実施されるのかを決めるのは，政治統制・技能形成ゲームである．このゲームにおいて，政治家と官僚制は，それぞれの利益や考えに沿った政策が実現するよう，お互いに戦略的に行動する．政治家はプリンシパルとして持つ権限を生かし，官僚制のインセンティブに働きかけを行う．官僚制は時にそれを受け入れ，時にそれを遮蔽しながら，政策を形成していく．

しかし，その官僚制のあり方そのものを決めているのも，また政治家の選択である．組織編成ゲームの結果として成立する官僚制が，政治統制・技能形成ゲームにおけるプレイヤーとなる．言い換えるならば，政治家たちは，まずは組織編成ゲームを通じて，つぎに政治統制・技能形成ゲームにおいて，2回にわたり関与を行う機会がある．そして政治制度は，この両面を通じて影響を与えるのである．

先行研究の検討（第2章）を踏まえた上で，組織編成ゲームと政治統制・技能形成ゲームの二つについて数理モデルを用いて定式化すること，そこから検証可能な仮説を導出する作業，それが第3章のめざすところである．できるだけ簡潔に，しかし同時に，政治家が官僚制に対峙するときに直面する選択の状況や，官僚制がとりうる対応手段をできる限りモデルに取り込むこと，それを通じて，一見しただけではわからないが，一旦，提示されればそれが成り立つ論理は了解されるような仮説を導き出すこと，それらが第3章の課題となる．この理論的検討の準備作業となるのが，第2章における先行研究の検討である．官僚制に関する幅広い研究を本書の枠組みに基づき整理していくことで，いかなる部分が手薄であり，それをどのような形で埋めることができるのかを検討しておく[9]．以上の第2章と第3章が，いわば本書の第1部を構成する．

理論から導出された仮説を，計量分析によって検証していくことを通じて，現代日本の官僚制の実態を明らかにすることが，第4章〜第8章の課題である．そこでは，現代を過去と比較することと日本を他国と比較することという二つの比較を行うが，他国との比較から議論を進めていく．たとえば，分立と統合が各国においてどのような実態を見せているのかを知らずして，現在の日本において内閣官房が強化されていることの意味も理解できないからである．もともと異例に統合の程度が弱かったものが平均に回帰しているのか，他国と比して特異な位置に至るようになっているのかによって，同じ強化でもその意味合いは異なってくるだろう．そこでまず第4章と第5章では，国際比較を行う．第4章では各国の組織編成の違い，第5章では各国官僚制における権限委譲と政治介入，そして技能修得の程度に注目する．これらの章が本書の第2部に相

---

[9] 近年の官僚制研究の動向一般については，他で紹介と検討を行った（曽我 2016）．本書第2章では本書の議論と関係する研究に絞って扱っている．

当する．

　つづいて第6章～第8章は，現代日本の官僚制，とりわけその2000年代以降の変化を扱う．第6章では，1990年代半ばからの官僚制に関する改革の動きなど歴史的文脈を押さえるとともに，現代日本の官僚制に関する先行研究の整理を行う．その上で第7章は，組織編成の変化を分析する．端的に言えば，分立の縮減と統合のある程度の強化という方向が，小選挙区中心の選挙制度への改革とどのような関係にあるのかが，分析の一つの焦点となる．そしてそのような政治制度による説明では十分に説明しきれない理由として，それ以前の状態からの改革という歴史的文脈の影響と，2000年代以降の時期をかけて模索を続けながらも，長期的な均衡には達していないという点を指摘する．第8章は技能形成と人事への政治介入について扱う．政治介入の可能性が高まるときには，官僚制はそれに対して戦略的対応をとるため，実際には政治介入が見られない．したがって政治介入は観測不能となる．この観測不能な存在を，官僚制の戦略的対応の側から影絵のように照らし出すことが，この章の一つの課題となる．もう一つの課題は，技能形成という，これまた捉えにくい存在を，どのようなバックグラウンドを持つ者の採用を進めているかを通じて明らかにしていく作業である．これらの作業を通じて，現代日本の官僚制もまた，政治介入の可能性や権限委譲の程度の調整を考慮しながら，自律性を確保しようと戦略的な対応をとっている存在として捉えられることを示す．また2000年代以降の介入可能性の高まりは，一層，防御的な対応をとらせていることも明らかとなるだろう．これらの三つの章が，本書のいわば第3部となる．

　官僚制の組織編成と権限委譲・政治介入・技能形成がいかなる効果を持つのかを検討することが，第9章の課題である．実効性，不偏性，透明性，代表性といった政治的効果や，政策の安定性，適応性，効率性といった政策的効果を各国の官僚制がいかに備えているのか，データに基づいて明らかにする．そこから，これらのさまざまな効果は，官僚制がもたらす統治の質と官僚制が備える代表性という二つの性質に集約できること，この二つの性質が官僚制に対する人々の信頼に結びついていることが示される．そして，官僚制の組織編成ならびに権限委譲・政治介入・技能形成の国ごとの違いが，統治の質と代表性の違いを生み出していることが描き出されていく．この第9章が第4部となる．

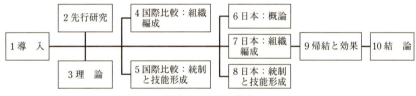

図 1-3　本書の構成

出典）筆者作成.

　こうした各国の傾向の中に日本を置くと，その特異な性質が浮かび上がる．日本の官僚制は高い統治の質を誇りつつ，代表性については下から数える方が早いという位置にある．ただしその特異な位置に至るロジックは各国にも共通するものである．政治との相互作用の中で戦略的に対応する官僚制が，政策形成の能力を高め，多くの権限委譲を受けることに特化した結果，統治の質の高さと代表性の低さに至ったのだと推論できる．最終の第10章では，日本の官僚制がこのような道をたどるに至った経過を考察するとともに，今後歩みうるいくつかの道筋を展望する形で，本書の結論を述べる．以上の章の構成を図示すると，図1-3となる．

　本書の構成は，今述べた通りであり，章立てに沿って進んでいくことが全体の理解を最も容易にするだろう．しかし，現代日本の官僚制についての議論をまず知りたいという場合には，第6章から読んでいただいて全く構わない．実証分析における仮説は，それぞれの実証作業に際して再掲しているので，理論から順に読まずとも，理解が可能なように書かれている．そして日本についての各章を読まれた上で，その理論や先行研究の状況，他国の実態に関する各章に戻っていただきたい．現代日本の官僚制に関する記述を読めば，なぜそのような仮説が成り立つのか，他国ではどうなっているのかという疑問が出てきて，前半部分に戻りたくなるものと，筆者としては期待している．

　最後に，こうした構成を持つ本書が探究していこうとする問いをまとめておこう．つぎのような現代日本の官僚制に関する問いに答えることが本書の課題である．そしてその問いはいずれも，国際比較の中に位置づけられてもいる．つまり，これらの問いは，現代日本について問うものであると同時に，それは他国ではどうなっているのかを同時に問うているものなのである．

Q1. 現代日本の官僚制の組織としての特徴は何か．どのような組織編成がとられているのだろうか．それを規定している要因は何なのだろうか．

Q2. 現代日本の官僚制に対して政治家はどのような統制をかけているのか．官僚制はそれに対してどのような対応をとっているのだろうか．官僚制はどの程度の技能を持っているのだろうか．これらはいかなる要因の影響を受けているのだろうか．

Q3. 組織としての特徴と政治統制および技能形成の特徴は，何をもたらすのだろうか．その帰結や効果という観点から見たときに，現代日本の官僚制の特徴とは何なのか．なぜそのような特徴が生まれるのだろうか．

これらの問いに対して，本書が示していく解答は，つぎの通りである．

A1. 現代日本の官僚制の分立の程度は他国に比べ低く，統合の程度も他国と比べると強くない．しかし以前より統合が強化されているのは確かで，2000年代以降，いくつもの方向への模索が続けられている．この変化は，1990年代半ば以降の政治制度改革の帰結であるのみならず，その後の政治状況とも連関している．

A2. 現代日本の官僚制において，政治任用や権限委譲の制限といった統制の程度は低い．これは官僚制の側が戦略的に政治介入を防御している結果である．2000年代以降，ジェネラリストを重視する傾向が強まっているが，それも政治の側の要求に予防的に対応した技能選択の結果といえる．

A3. 現代日本の官僚制は統治の質は高いが，その代表性は極めて低い．世界的に見てこれは特異な状態である．この特異な姿は，政治介入の可能性に対して，あくまで政策形成者としての能力に特化することで介入の実現を防ごうとしてきたことの帰結である．しかし代表性が弱いことは，官僚制に対する人々の信頼の低さの一つの要因と推定される．2000年代に入って，こうした傾向は昂進している．

以上が本書の問いと答えである．なぜそう言えるのか，本当にそうなのかという疑問を持たれたならば，是非とも，本書を読み進めていただきたい．

1.4 概念の整理

本格的に議論に入る前の準備作業として，基本的な概念の整理を行っておきたい．行政研究においては，自然言語を用いた理論化や質的データを用いた研究が多く，さまざまな類似概念が明確な定義なしに使用されることが，議論の混乱を招いている．本書は数理モデルと計量分析を中心とすることで，そうした弊害から抜け出すことを試みるが，議論の混乱を避けるため，重要な概念について整理をしておくことは必須の作業である．

まず，「官僚制」という概念である．これは多義的な概念だが，これまで主に二つの意味で用いられてきた．一つは一般的な用法であり，政府部門における公選によらない公務員集団およびその組織といったものである．もう一つは学術的な用法であり，ウェーバーが定式化した，近代合理主義を体現する組織形態としての官僚制である．階統制構造と規則による支配を最大の特徴とするものであり，政府部門のみならず民間企業などにも広く用いられるものである．本書は，このうち第一の用法にしたがい，官僚制を非公選の公務員集団およびその組織の意味で用いていく．これは，本書の議論の焦点が，職業公務員集団と公選政治家の関係，いわゆる政官関係にあるためである．民間企業との比較も含めて政府部門の組織形態について論じるならば，官僚制という用語をどちらの用法で用いるのかをめぐって混乱が生じるだろう[10]．しかし本書はそうではないので，混乱の心配はない．むしろ，行政機構や公務員という用語では，公選政治家で大臣職にある者なども含まれるので，そうした誤解を避けるために，官僚制という用語をここでは選んだ．

つぎに，官僚制組織を捉える上で鍵となるのが，「分立」と「統合」の概念であり，それに関係して，「分業」や「委任」の概念が存在する．異なる人々の間で，異なる機能や役割を果たしていくことを分業と呼ぶ．これを組織内で行うことで，分立と統合が生まれる．組織内での水平方向の分業を分立といい，

---

[10] そのため筆者も別所（曽我 2013）では，ウェーバーの定義した用法にしたがった．アメリカにおける行政学，あるいは政治学における行政研究においては，政官関係が主たる関心となったため，官僚制の概念は第一の用法にしたがっていることが多い．

分立した下位単位の調整を上位部門が行うことを統合という[11]．小集団やネットワーク型組織などで統合をせずとも水平的調整だけで維持される組織はありうるが，一定規模以上の組織の場合，分立は統合を随伴するのが通例である．そもそも組織とは，分業を体系的に構成することで形成されるものであり，組織内で分業が存在することは当然である．しかし，組織間や異なる主体間においては，分業は自然には成立しない．それぞれが自らの機能や役割を別個に担う単位として組織や主体が存在するからである．そうした組織間，主体間に分業を成立させるのが委任（delegation）である．保有する機能や役割の一部を他の組織，他の主体に委ねることは，それらの組織間，主体間に分業を成立させるということでもある．

　政治が行政に委任を行う際，何がどのように委ねられるかを捉えようとする諸概念が，「権限の大きさ」，「活動量」，そして「裁量（discretion）」といったものである．そもそも行政が政治から委任されて権限を与えられなければ，活動を行うことはできず，裁量を持つこともないという意味で，委任や権限は活動量や裁量の前提条件となっているが，委任や権限が増えれば，必ず活動量や裁量が拡大するわけでもない．

　ここでは，概念の重なりを回避するよう，つぎのように整理する．権限とは政治によって行政に認められた特定の活動を行えることである．権限付与を行うことを権限委譲あるいは委任と呼ぶ．委任された活動をどのように行うかについては，政治の側からの制約が加わりうる．そうした制約がかからない範囲，つまり権限のうち制約を受けない範囲が裁量ということになる．権限は，行政の裁量の範囲と，政治からの制約を受けながら行政が決定する範囲の二つに区分けされると整理することができる．この権限を一つの資源としつつ，金銭や人員など，他の資源を合わせて用いながら行政が活動する範囲が活動量ということになる．したがって，権限の大きさと活動量にはおそらく正の相関があるだろうが，全く等しいものではない．

11）　分立の逆，すなわち水平的分業がなされていない状態を「総合」と呼ぶ．換言するならば，分立の逆が統合なのではない．そもそも分立がなければ，統合が問題となることもない．その意味で分立は統合の前提をなす．なお，統合は狭い所管を持つ下位単位と調整機能を担う上位部門との間の，垂直的な分業と考えることもできる．

表 1-1　独立性・自律性・中立性

概念	対象	高い状態の例
独立性	資源（権限，金銭，組織および人員，情報）の調達	政治の承認がなくとも資源を獲得できる
自律性	官僚制の意思決定	（政治的コントロールを受けていても）自身の選好に沿った選択を行う
中立性	官僚制の政策選好や選択した政策	政策選好や選択した政策が特定の利益や主体の意向に沿っていない

出典）筆者作成．

　さらに，権限の大きさや裁量と関係を持ち，混乱を招きがちな概念として，「独立性」，「自律性」，「中立性」という，相互に関連性の高い三つの概念が存在する．先行研究でも，これらの概念が相互に置換可能な形で用いられたり，文献により異なる意味合いを与えられたりすることによって，混乱が生み出されてきた．ここでは，簡潔な定義を示し相互の関係を明確化しておくことで，少なくとも本書の中での混乱を避けたい．

　これらの概念の問題は，自律性という概念が幅広く用いられると同時に，独立性や中立性という概念とも置換可能な形で用いられているところにある．本書の対象でいえば，これらの概念は，行政の政治に対する独立性，自律性[12]，中立性という形で用いられる．以下では，三つの概念とも，政治と行政の関係において，行政の意思決定に対する政治による制約の程度を示す概念として共通することを認めつつ，政治と行政の関係の異なる局面を捉える概念として扱う．いわば，意味内容的な共通性は認めた上で，対象とする部分を分けることで，概念としての重なりを回避するのである．表 1-1 にまとめを示した．

　具体的には，独立性（independence）とは，組織のあり方を捉えようとする．行政組織の資源である権限，金銭，組織編成や人員，そして情報を自分たち自身の判断で調達できるかどうかを見るものである．政治の承諾などなくと

---

12)「自律」と「自立」（さらには「而立」）の使い分けが問題となることも多いが，政治と行政の関係においては，行政の自立性が論じられることはない．民主制であろうとなかろうと，何らかの統治者の存在なくして行政だけが存在しているということは想定できないからであろう．その点では，司法府や中央銀行のあり方や，中央・地方政府間関係とは問題の様相はやや異なる（それゆえ，とりわけ地方政府の場合は，「自治」という概念も用いられる）．しかしこの点を除けば，これらに共通する部分は多い．

も，これらの資源を確保できることが，その組織の独立性の高さを意味する．

これに対して自律性（autonomy）とは，組織の意思決定を捉えようとする概念である．行政の組織編成や人事に対する事前コントロール，さらに行政の行動に対する賞罰などの事後コントロールを受けつつも，官僚制の決定や行動が官僚制自身の手で決められていることが，自律性の意味である．政治介入が小さければ（裁量が大きければ）自律性の確保は容易だろうが，多くのコントロールを受けつつも，自らの意思を実現するということもありうる．

最後に，中立性（neutrality）とは，官僚制の政策選好や選択した政策の位置に関する概念と位置づける．官僚制の政策選好や選択した政策が政治の中の一部の意向に沿ったもの，すなわち党派性を帯びたものとなっていれば，中立性は欠けているということになる．中立性を失うのは，独立性が低い場合が多いだろうが，独立性が高くとも，自らの意思で党派的な存在になることもあるだろう．逆に中立性が高いのは，自律性を持っている場合だけではない．自律性はないにもかかわらず，政治勢力の打ち消し合いの結果として，行政の中立性が保たれていることもあるだろう[13]．

独立性の対象となる行政活動の資源のうち，情報についてはさらに説明が必要であろう．ここでいう「情報」とは，政策を作り実施していく上で必要となる，政治・社会・経済の実態についての理解を指す．国民がそもそも何人いるのかに始まり，いかなる経済・社会活動を行っているのかということ，政策を作っていく手順はいかなるもので，誰の合意を取り付けるのが必要かということ，どのような政策をどのように実施すれば，社会や経済の状態はどう変わるのかということ，これら全てが官僚制にとって情報という資源になる．そうした情報を体系立てて整理した知識もまた，ここでいう情報の一要素である．そして，適切な情報を収集し，利用していく能力を「技能」と呼ぶ．

なお，ここまでは議論の混乱を避けるため，政治と行政の関係に絞って三つ

---

[13] ここでの整理は数理モデル上ではより明確になる．官僚制の選択肢がいかなるものであるかにより独立性は捉えられる．独立性が低く，資源を他者に依存する場合，官僚制が有する選択肢は制限される．自律性は官僚制の選択と官僚制の選好の距離により捉えられる．選択の帰結が他のプレイヤーの選好とどのような位置関係にあるかが中立性を示す．この点については第3章で詳しく述べる．

の概念を説明してきたが，これらは政治と行政以外にも適用される．本書では，官僚制内部の行政中枢と省庁や，省庁内の上層部と中層部以下の関係にも，これらの概念を用いる[14]．

　以上が三つの概念の整理である．このように異なる対象に対して成立する概念とすることで，三つの概念の関係は独立したものとなる．すなわち，独立性はあるが自律性はないこともあり得るし，独立性も自律性もないが中立性は確保していることもあり得る．こうして，三つの概念の混同を避けつつ，各概念を用いる意味も確保できる．とはいえ，境界線上の事象は多い．たとえば政治任用と資格任用は，人材調達の方法とみれば独立性に関わり，人事政策の決定とみれば自律性に関わる．しかしあくまで，独立性は資源調達に関する概念であり人員の量的確保に政治の承認が必要か否かを指すのに対して，各ポストに誰をつけるかを政治が決める政治任用とは，自律性に関わる概念ということになる．

　以上で議論を進める準備は整った．早速，先行研究の整理から，論を展開していこう．

---

[14] したがって，先に述べた垂直的な統合の逆は，組織下部の自律性となる．

2 官僚制の政治学

2.1 これまでの研究の焦点

　現在の各国の官僚制のあり方にはどのような特徴が見られるのか．各国の特徴の違いは，いかなる要因によってもたらされるのか．官僚制の違いは，その活動やアウトプット，さらには社会・経済への効果にいかなる違いを生み出すのか．これら三つの問いが，本書の中心となることを第1章では述べてきた．本章では，これら三つの問いについて，欧米におけるこれまでの研究の蓄積によりどこまでが解明されてきたのか，どのような論点について研究課題が残っているのかを確認する．先行研究の蓄積を前にして，本書がいかなる学問的貢献を果たそうとするのかを明らかにすること，それが本章の目標である．ただし日本の研究については第6章においてとりあげるので，ここでは扱わない．ここでは主に1990年代以降の海外における先行研究のみを扱う．中でも，国際比較を通じて現代日本の官僚制の特徴を解明するという本書の目標に資する先行研究，すなわち，国際比較を試みているか，それを直接行っていなくとも，一般化に開かれている研究を中心に扱っていく．また，とりあげる個々の研究の内容について，詳しい紹介は行わない．それについては別処に委ねた（曽我 2016）．本章は研究の大きな動向をおさえ，全体の見取図を得ることを目的とする．

　先行研究の状況は，つぎの三点にまとめられる．第一に，各国の官僚制のあり方についての記述，それをもたらす要因についての研究，その帰結や効果についての研究はそれぞれに切り離されており，官僚制のあり方を従属変数とする研究と，それを独立変数とする研究を総合的に理解する視座に欠ける．第二に，国際比較を行う研究は，実態についての記述的研究が中心である．その規定要因や効果についての因果的推論を行う研究においては，一国を対象として，そこでの条件変化とその帰結を解明することが中心となっている．第三に，数理モデルを用いた厳密な理論化は，官僚制の違いを生じさせる要因，とりわけ

政治家による統制について進められているが，官僚制の組織編成の帰結など，それ以外の部分については萌芽的段階にある．

裏返すならば，これらの限界を乗り越えることが本書の課題となる．第一に，各国の官僚制の相違を描き出しながら，その規定要因と帰結を総合的に扱うことである．そうすることによってはじめて，ある要因によって生じた官僚制の変化が，最終的にそのアウトプットをいかに変えていくのかを理解できる．これまでの研究はこうした全体像を捉えることができていない．第二に，官僚制のあり方に影響を与える諸要因や，そのあり方がもたらす効果まで広げて，官僚制の国際比較を行いつつ，その因果関係を明らかにしていくことである．そのためにはどのような変数をいかに測定していくか，慎重な検討が必要になる．第三に，数理モデルの射程を，政治家による統制以外にも広げるとともに，実証分析と接合していくことである．

以下，つぎの順序で本書の議論に関係する先行研究を整理，検討していく．第2節から第4節では，いかなる要因が官僚制を形作るのかを考える．官僚制の違いをもたらす要因として，これまでの研究で指摘されてきたものは，三つにまとめることができる．一つは政治家である．官僚制というエージェントに対するプリンシパルとしての政治家が，いかに官僚制の統制を試みるかがここでの焦点となる．二つには官僚制を変革しようという理念やアイディアである．NPMをはじめとする行政改革の理念や規制改革などのさまざまな改革アイディアが官僚制を形作っていくという視点である．三つ目は政府外のアクターと官僚制との関係である．利益集団等との関係に着目して，官僚制の戦略的な行動を見ていく研究である．順に，プリンシパル・エージェント理論を用いて政治アクターの影響を明らかにする研究群（第2節），行政改革の理念やアイディアに注目する研究群（第3節），政府外のアクターと官僚制の自律性に注目する諸研究（第4節）の三つに分けて検討していく．

もちろん，これら以外にも，たとえば社会・経済の構造的な変化が官僚制に与える影響などを考えることもできる．しかし本書では，より直接的に官僚制に働きかける人々や集団，その利益や考え方を捉えようとする研究に絞って検討していく．官僚制の多様性は大きく，また変化も激しい．官僚制は私たちの社会や政治が作り出すものだというのが本書の基本的な立場である．

第5節では，官僚制の相違がいかなる帰結をもたらすかを解明しようとする研究を見ていく．行政活動のアウトプットや効果として，具体的にどのようなものをどのような指標でとりあげていき，いかなる知見を引き出すことができているのか，明らかにできていないのはどのような点かを検討していく．最後に第6節では，以上の検討をまとめて，次章以下で筆者が取り組むべき課題がどこにあるのかを明らかにする．

2.2 官僚制に対する政治家の影響

官僚制になぜ委任するのか

現代民主制における官僚制は，政治家たちが委任を選択したときにはじめて，政策形成に関与する立場を得る．しかし政策形成を委ねてしまえば，官僚制は勝手な行動に出るかもしれない．だからこそ，委任に際して政治家たちはさまざまな形で官僚制へのコントロールを試みる．それでは，政治家はいつ，いかなる理由で委任を行い，官僚制のどの部分にいかなる統制を試みるのか．この問いに対して，これまでの研究は，政治家にとって官僚制を統制すること自体は最終目標ではなく，政治家は再選や政策実現といった彼らの目標を実現するための手段として官僚制を統制することを明らかにしてきた．

それでは，政治家たちはいかなる目標のために，いかなる理由で官僚制への委任を選択するのか．先行研究は大きく二つに分けられる．政治家たちが共通して抱える問題を解決するための委任に注目する研究と，現時点で執政を握る政治家とそれ以外の政治家たちとの対立に起因する委任に注目する研究の二つである．前者の委任はわかりやすいが，政治家がいつも一枚岩であるわけではない以上，委任の多くは後者の形をとる．

前者の議論を見ていこう．最初にあげられるのは，政治家には不足する時間や労力（Huber and Shipan 2002），専門知識や情報（Epstein and O'Halloran 1999）を補うために委任するという議論である．大規模な非選出組織としての官僚制への委任を行う最も基本的な理由がこれらとなる．この他，選挙での再選の道具として官僚制を用いるという議論がある．たとえばイタリアでは，政党では

なく候補者個人による集票を促す選挙制度が採用されていたために，煩瑣な規制や大量の汚職等の特徴を伴った官僚制を，政治家たちが作り出してきた (Golden 2003). 他方で，責任回避のため，あるいは集合的決定における決定の循環を避けるために，官僚制への委任を行うことも多い. たとえば，市民の選好と政治家たちの選好が乖離しているときに，その争点が可視化することを避けるために，官僚制への権限委譲が生じる (Spence 1997, Krause 2003a).

これに対して後者は，政権を握る政治家たちが現時点において，あるいは将来的に，他の政治家と権力を分有するなり，彼らに権力を譲り渡すなりしなければならない場合に，官僚制への委任を行うというものである. 政権を握る政治家たちは官僚制を御する立場にある. そこで，政策の決定を他の政治家に委ねるよりも官僚制へ委任する方が，自分たちにとって有利な結果を得られると考えるのである.

他の政治家との権力の分有という観点から官僚制への委任を説明する研究の代表例は，アメリカの大統領・議会関係に注目する一連の研究群である. 大統領の所属政党と議会多数派の政党が異なる分割政府において，議会は大統領直属の官僚制への委任を避け，独立性の高い官僚制への委任を試みると予測される. 統一政府の場合はその逆となる. 実証研究としては，統一政府の下では，新規創設される行政機構の独立性が低く (Lewis 2003, Wood and Bohte 2004), 議会は大統領による政治任用を許容し (Lewis 2008), 大統領直属の省庁への権限委譲を増やし (Epstein and O'Halloran 1999), 大統領が行政命令を出すことに寛容になる (Howell 2003) といった結果が得られている.

さらに，大統領制においては大統領も拒否権を持つ以上，議会に加えて大統領が合意してはじめて権限を抑制できるので，両者の中間の政策選好を持つ官庁が最も多くの権限委譲を獲得しやすくなる (Volden 2002a). この命題はアメリカの州間比較の計量分析により実証されている (Volden 2002b). 大統領，議会の双方とも，自らが行政を統制することを追求するよりも，他者による統制の下に置かれることを回避しようとしていることを，政策執行に対する計量分析により解明した研究 (Whitford 2005) も同様の議論といえる.

ヒューバーとシッパンの研究は，大統領制，議院内閣制の双方を射程に含む貴重な研究である (Huber and Shipan 2002). 行政機構を統制する手段を多く持

つ政治家として，大統領制ならば大統領，議院内閣制であれば大臣が存在する[1]．ここで，議会多数派が彼らとは異なる選好を持ち，自分たちで法律を作成する能力があるならば，議会多数派は大統領（大臣）の下に置かれる官僚制の裁量を狭めようとするだろう．ヒューバーらはこのことを，アメリカの州間比較と欧州の議院内閣制の国家間比較を通じて検証する．そこでは，法律条文を通じた縛りは，大統領制では分割政府の場合に，議院内閣制では連立政権や少数与党の場合に強まることが確かめられる．ほぼ唯一の本格的な国際比較研究であり，法律条文を用いるという実証面の工夫も含め，高く評価できる．

　他方，通時的に見て，政権交代の可能性，すなわち政治的不確実性の存在が官僚制への委任を生むという議論もある．現時点の政権にとって，官僚制への委任は最善の選択肢ではないかもしれないが，政権交代の可能性を考慮すれば，確実に手に入る次善の選択肢といえる．政権交代などの政治的不確実性が大きい場合，権限委譲が大きくなる（Moe 1990, 1991, Horn 1995）．関連研究として，支配政党が政権交代の可能性に直面したときに資格任用制に移行したことを示すものや（Ting et al. 2013），アメリカの州間比較における実証分析がある（Volden 2002b）．

　これらの多くは一国を対象とした時系列比較であるが，モーとコールドウェルは，執政制度の違いを明示的に扱っている（Moe and Caldwell 1994）．政治的不確実性の問題に対して官僚制が解決策となるのは，大統領制に限られる[2]．議会多数派と執政の双方を同一勢力が握る議院内閣制においては，将来の政権交代後も現在の政策にコミットする手段として官僚制を利用することはできない．それゆえ，議院内閣制の下の官僚制の方が，効率的な政策形成や執行などを考慮した制度設計が行われやすい．このように議院内閣制においては，官僚制が強化されがちであるが，それへの警戒心もまた強まる．結果として，ウェストミンスター型以外の議院内閣制では，第二院，司法の独立，連邦制などの

---

1) 大統領とならんで議会委員会も行政機構を統制する有利な位置にあることから，同様の議論が委員会に対しても成り立つ（MacDonald 2007）．ただし委員会の影響力は，関与する委員会数が増え，その凝集性が下がると，低下していく（Clinton et al. 2014）．
2) 大統領制の場合，議会と大統領と官僚制は三すくみの関係にあり，そこから自律性を得やすいといえる．計量分析を用いて，アメリカにおける行政活動が基本的には官僚制の自律的判断に基づくことを示すものとして，Krause（1996, 1999）．

制度配置がとられるという．ただし，彼らはこの予測に対して，いくつかの例を示すのみで検証は行っていない．

このような制度間比較の延長線上に，司法制度や中央銀行，中央・地方関係の制度といった多様な制度を包括的に捉えようとするレイプハルトの研究が位置する (Lijphart 2012)．彼によれば，議会・執政から司法，中央・地方関係までを通貫する形で，議会多数派への権力集中を重視する多数主義型と，少数派による権力の抑制を重視する合意型という二つの民主制の形態が見られる，すなわち政治制度間には一定の連関が存在するという[3]．レイプハルトは官僚制を分析の対象として取り上げていないが，類似の視点から官僚制の類型まで論じるものとして，ゲリングとサッカーの研究がある．彼らは，単一制，議院内閣制，拘束名簿式比例代表制の組合せを求心的（centripetal）政治制度として，官僚制の専門性は高く，よいガバナンスを生み出すと主張している．求心的でない場合，官僚制への政治任用などが増え，官僚制の政治的性質が強まるという (Gerring and Thacker 2008)．

以上のいずれの議論も自然言語を用いた推論を行っているが，数理モデルによる解析もある．そこでは，政治的不確実性が官僚制への委任を生み出すことはあるものの，それは限られた条件の下に限られ，実際にはさほど多くないことが示される (de Figueiredo 2002)[4]．他方で，政権交代までいかずとも，議会でのアジェンダセッティングの機会などが与えられるとは限らないという不確実性があるならば，官僚制の専門的判断も自分たちの立場を支持すると予測する政治家は，官庁への委任を頻繁に選択するというモデルも存在する (Ting 2012)．

ここまで見てきたように，政治家による官僚制への委任に関しては，政治家を一枚岩として捉える見方から，2000 年代以降，その複数性に注目する見方に移行してきた．政治家と官僚制という二者関係で捉えるのではなく，複数の

---

[3] レイプハルトはさらに，この二つのモデルの効果としてマクロ経済運営や民主主義の質をとりあげ，合意型が優位性を持つことを主張している．

[4] 自然言語で展開された議論と同じ結論を導きながらも，それが成り立つ条件を厳密に検討すれば，それは極めて限られていることを示している点で，この研究は，数理モデルの強みをよく示している．

政治家間の関係が官僚制との関係を形作るという三者関係への視座の転換が進んだのである．そこでの官僚制の位置づけは，単なるエージェントにとどまらず，あくまで政治家間の競合の下で各方面から働きかけを受ける存在となる．

残された課題もある．政治家のインセンティブを形成する要因としての政治制度を明示的に取り入れつつ，数理モデルを構築し，実証までつなげることができている研究は少ない．国際比較の手薄さがその要因であろうが，唯一の例外であるヒューバーとシップァンの研究も，政治制度としては執政制度のみを見ており，多様な目標を追求しようとする政治家や，それに影響を与える政治制度を広く捉えることはできていないのである．

官僚制にどのように委任するのか

つぎに，政治家たちが官僚制に，どのように委任を行うのかをとりあげよう．白紙委任ではない限り，委任に際しては何らかのコントロールが試みられるのであり，どのように委任するかとは，いかなる統制を行うかともいえる．官僚制のどの部分に対して統制が行われるのか．いかなる統制がいつ用いられ，どのような効果をあげるのか．こうした一連の問いに答えるべく，理論的，実証的な研究が蓄積されていくのは，1990年代以降のことであった．

そこでの第一の焦点は，権限委譲の程度はどれほどか，その結果行政がどれだけの裁量を持つのかであった．民主制の中の非民主的部分である官僚制が政策形成においてどの程度の役割を持っているのか，官僚制への民主的統制は効いているのかという問題関心が直接的に表れるのがこの問いだからである．この問いに対して，議員や大統領は戦略的に権限を委任しているので，行政の裁量が大きいことと民主的統制は両立していることを，数理モデルによって示しつつ，権限委譲の程度を主要法律の文言の読み込みから数量化することにより実証したのが，エプスタインとオハロランである（Epstein and O'Halloran 1994, 1995, 1996, 1999）．彼女らの研究を一つの金字塔としつつ，それ以降も権限委譲をめぐっては，理論と実証の双方で多くの研究が蓄積されている．

中でも重要なのは，本当に権限委譲が情報提供を受けるために必要なのか，情報提供を受けた上でプリンシパルが自ら決めればよいのではないかという問いである．換言すれば，官僚制から得ようとする情報は，本当に権限委譲がな

ければ得られないのかという問いである．これに対して，官僚制へのインセンティブ付与の道具として権限委譲が用いられているという見方を示したのが，デザインの研究である（Dessein 2002）．この研究を画期として，官僚制にいかなるインセンティブを与えるのかをめぐる多くの研究が生まれていった．本節の最後でとりあげる官僚制の能力・専門性についての研究がそれである．

　第二の焦点となるのは，組織編成と人事を通じた統制である．より具体的には，組織編成において，どの程度執政からの統制が効きやすい組織とするか，それとも独立性の高い組織とするかが組織編成の焦点となる．人事については，公務員制度において政治家の人事への介入をどの程度許すか，任用において自由任用や政治任用をどの程度認めるかがポイントとなる．

　組織編成については，戦後アメリカの新設行政組織を対象とした計量分析であるルイスの研究（Lewis 2003）およびウッドとボーテの研究（Wood and Bohte 2004）が代表的な実証研究である．さらにチンは，同一機能を複数機関が重複して所管するリダンダンシーという組織形態がプリンシパルに与える帰結を数理モデルから予測し，プリンシパルがリダンダンシーを選ぶインセンティブは小さいことを示した（Ting 2002, 2003）．

　人事管理については，任用の制度選択と任用の実態という二つが関心の対象となる．制度選択については，行政運営に責任を負い効率化の欲求を持つ大統領と，市民から効率化要求を受けるようになった一部議員の連合が，アメリカ連邦政府における資格任用を導入する原動力になった（Johnson and Libecap 1994）．さらに，資格任用制への移行が，支配政党の勢力低下時に生じたことを，州単位で分析した研究もある（Ting *et al.* 2013）．

　他方，政治任用の実態については，任命者は自分と同質的な選好を持つものを任用するほど単純ではないことが示されてきた．たとえば，政策領域の専門性が高い場合は，大統領とは政策選好が異なっていても専門性を保有する者の任用が行われる（Lewis 2008）．そうした実態の分析は，理論的にも裏づけられていく．プリンシパルと政策選好が近似している官僚制の方が有用なエージェントであり，裁量や自律性を多く与えられるという同盟原則（ally principle）は，エプスタインとオハロランの研究をはじめとして，多くのモデルで繰り返し確認されてきた（Gailmard 2002）．しかしその後，任命者とは政策選好の異

なるエージェントが時として選ばれることを示すモデルが提示されてきた．たとえば，官僚制自身が努力の水準を選ぶとき，政治家とは異なる政策を追求している場合の方が，官僚制は大きく努力する．政治家と政策目標を共有する場合は，自らが委任を受けるために努力するインセンティブを持たないからである．このことを考慮して，政治家は自分と全く同じ選好を持つ官僚制を求めないこともある (Bendor and Meirowitz 2004)．あるいは，官僚制が利益集団と交渉しながら政策形成を進める場合，両者の中庸が最終的な政策結果となることを見越しているので，政治家は自分のクローンとなるような官僚制をつくろうとはしない．むしろ，政治家から見て利益集団とは逆の政策選好を持つ官僚制を作り出そうとするのである (Bertelli and Feldmann 2006)．

　まとめると，官僚制にどのような政策選好と能力を持たせ，どの程度の権限を与えるかが，政治家にとっての関心事であり，統制の中心となる[5]．政治家が官僚制のどのような側面に影響を与えるかという問いに対して，これまでの研究が与えてきた答えは，官僚制の組織や人事上の独立性と権限の幅という二点に絞られるというものなのである．これ以外の側面，たとえば，省庁の規模や人事管理手法の選択についての政治家の影響の分析などは少ない[6]．

　しかし本当に，政治家が官僚制に対して影響を与えるのは，これらの独立性と権限の大きさに限定されるのだろうか．そうであるならば，それはなぜなのだろうか．その答えは，第一の問い，なぜ委任するのかとあわせて考えることで浮かび上がってくる．委任の理由として，知識や情報の利用と複数政治家間の競争関係の二つがあげられていたが，前者を見る際には権限委譲の制限にばかり目が向けられ，後者に注目する時には組織編成の独立性ばかりに関心が寄せられた．しかし，この組合せに限定することでよいのかは，さらなる検討を

---

5) 裏返すならば，事前コントロールでも予算や行政手続を通じた統制，ならびに事後コントロールについては，実証研究は多くない．予算については，ニスカネン (Niskanen 1971) に始まる理論的研究，行政手続については，マカビンスらによる研究 (McCubbins *et al.* 1987) があるが，いずれも実証研究は少ない．事後コントロールについては，その不在はむしろ事前コントロールが効いている結果とされてきたため (Weingast and Moran 1983)，近年まで実証研究は少なかった (Bueno de Mesquita and Stephenson 2007)．ここにはアメリカにおける政治と行政の関係を反映したバイアスが存在している．
6) 例外として，業績給によって情報の非対称性をプリンシパルが解消しようとすることは，あまり生じないことをモデルで示した研究がある (Miller and Whitford 2007)．

要する．この点の検討は第3章における本書の理論的課題の一つとなる．

官僚制の能力・専門性とは何か

ここまでの議論において，官僚制が能力や専門性を持つことは，いわば前提となってきた．しかしそもそも，官僚制が有している能力や専門性とは，政策形成においてどのような機能や役割を果たすものなのだろうか．能力や専門性にはどのような種類があるのだろうか．

まず，初期の数理モデルにおいて，官僚制の能力とは，政策立案の際に重要となる政策環境についての構造的な知識と捉えられた．具体的には，政策内容に対して影響を与える外部ショックについての知識として表現されていた[7]．言い換えれば，これらのモデルにおいて情報の非対称性として捉えられているのは，政治家も保有しうるが未入手の情報や知識であった．

ここでも代表的な研究は，エプスタインとオハロランのものであり，政策の立案と執行において必要となる専門知識と権限委譲の関係を解明した．ただし，議会と行政機構の専門知識の保有の程度を直接，測定するのではなく，政策領域ごとに必要とされる専門知識の高低を議会でのヒアリング回数から推定し[8]，それらと権限委譲の程度の関係を示している（Epstein and O'Halloran 1999: chap. 8）．類似の研究として，政治家は自分たち自身で情報収集もできるので，官僚制の専門知識の意義は，政治家自身が持つ知識との相対的な比較で定まるというものがある（Gailmard 2002, MacDonald and Franko 2007）．

これに対して，2000年代半ば以降，精力的に取り組まれてきたのは，官僚制が保有する専門性や技能というものをより正確に捉えようとする研究である．それにより官僚制による情報収集独自の意義を突き詰めようとするのである（概観として，Bertelli 2012: chap. 4）．

数理モデルとしては，官僚制以外では調達できない情報が存在する状況を扱

---

7) これはもともと，議会研究における情報理論において用いられたモデルの援用であり，政策形成における政策選択と政策帰結・効果の関係の不確実性を念頭に置いたモデルである（Gilligan and Krehbiel 1987, 1989, 1990, Krehbiel 1991）．

8) 具体的にこの指標において，争点が複雑とされるのは予算割当，エネルギー，通商，軍事といった分野，争点が複雑ではないとされるのは農業，郵便，退役軍人である．

ったカランダーの分析が出発点となった．これにより，たとえ議会が政策内容を完全に決める場合でも，権限委譲が生じうる理由が示されたのである．政策についての理論的・一般的知識と事実に基づく経験的な知識の両方が存在し，前者は政治家も入手可能だが，後者は官僚制だけが持つ．前者によりある程度の予測が可能となりつつも一定の不確実性は残り，また既に経験したことや，それに類似することについての知識は相当に確実であるという状況をモデリングしている（Callander 2008, 2011）．

　これ以降，官僚制が保有する技能とは，政策執行を通じて得られるものであり，それゆえ官僚制だけがそれを持ち，また官僚制自身の選択によってその技能の程度は選択できるものだと捉えられるようになる[9]．こうした前提に立って，政策領域を問わない技能を持つジェネラリストと，特定政策のみで高い技能を持つが他では低いスペシャリストの二種類が存在するとき，プリンシパルはどのように権限委譲を行うかをモデリングしたのが，チンの研究である（Ting 2011）．政治家とは政策選好が異なり，能力が高いスペシャリストの官庁への権限委譲が行われることは少なく，多くの場合に政治家はジェネラリストを好む．スペシャリストの官庁は技能投資により，政治家が自分たちの持つ専門性に依存する状況を作り出せるが，依存を嫌う政治家たちは，結局，そのような官僚制への権限委譲を回避するのである．

　このような執行段階で得られる情報や知識を官僚制の専門性と捉えたとき，そうした専門性への政治家たちのニーズは，政治制度により異なる．時間とともに政策の実質的意味が変化することに対応するためには，政策の不断の見直しが必要となるが，そうしたアップデートを行うことが，政治家の間では手詰まり（グリッドロック）に陥って困難な場合，官僚制への権限委譲を行うことになる（Callander and Krehbiel 2014）．ここから推論を進めるならば，手詰まりを生じやすい，政策決定における拒否権を持つ者が多い制度配置の下で，官僚制への権限委譲は大きくなると予測できる[10]．

　9）　官庁が追加の情報を得ようとするインセンティブは情報により決定を変えうる場合に最も強くなる．そこからは，政策実施を予定していたが，その費用が増大したようなときに情報獲得行動は高まることが示される（Stephenson 2007）．
　10）　執行段階への着目とは異なる視点を取るものとして，ワークマンは，官僚制が持ち，

さらに，知識や技能が官僚制固有のものであり，官僚制による取得努力が必要なものならば，政治家はそれを促進できないのだろうか．ゲイルマードとパティがこの問題に取り組んでいる（Gailmard and Patty 2007, 2013b）．官僚が投資によって得られる官僚制固有の技能は関係特殊的なもの，すなわち官僚である限り生かされるが，民間企業など他の職場では生かせないものである．それゆえ，十分な処遇の保証を将来にわたり行わない限り，投資のインセンティブは生まれない．そして，官僚には政策内容に関心を持っている熱中家（zealot）タイプ[11]と，関心を持たない忌避者（slacker）タイプがある．すると，政治家にとっての実質的選択は，技能取得を行っている熱中家タイプと，技能を持たない忌避者タイプのどちらかというものになる．終身雇用，民間と比べて遜色ない給与，そして裁量の付与は，前者を育てるために必要な条件なのである．つまり，人事というと採用時の任用の方法に目が向けられがちだが，専門性や情報のことを考えると，採用後の処遇の方が重要だということでもある．

　これらの一連の研究を通じ，非対称情報を伴う政策形成ゲームのモデル一般とは異なる，言い換えれば，他にも置換可能な単なる情報提供者とは異なる，官僚制の特質が明らかになってきた．官僚制が保有する情報や知識の固有性を捉えつつ，その取得における戦略性が分析に含まれるようになったのである．これは，官僚制の理論研究の大きな進歩である．その中から，官僚制を動機づけるための働きかけも視野に入るようになった．プリンシパルは，単に統制をすればいいというものではなく，いかに動機づけするかも求められるのである．

　ただしそこからさらに検討を深めることはできていない．たとえば，動機づけと統制の間にトレードオフの関係がある場合に，どちらをどのように選ぶのかといった点の検討は残されている．情報や知識の新たな位置づけの下で，統制のあり方はどのように見直されるのか．あるいはそうした新たな情報や知識を取得する官僚制の内実はいかなるものなのか．このように関連する他の側面

　　政治家が持ち得ないのは，情報よりもむしろ注意を振り向けることだという．情報より注意の方が稀少資源だというのである．社会や経済の変化のどの側面を捉え，いかなる政策対応が必要かを決めることは，官僚制の注意を向ける能力の高さ故に可能になるのである（Workman 2015）．

11）　こうしたタイプと公共サービス精神（public service motivation: PSM）の関係については，Gailmard（2010）．

を見直していく作業は，まだ端緒についたばかりである．

2.3 官僚制に対する理念やアイディアの影響

各国の政治制度はそれぞれの社会が作り出してきたものであり，いずれもが人工物だが，その性格が最も強いのは官僚制である．プリンシパル・エージェントの連鎖の最も川下に位置し，プリンシパルによる統制を受けやすいという点からも，また政策を生み出していく道具的な位置づけからも，官僚制は変革の試みにさらされやすい存在である．官僚制は，常時，行政改革の圧力を受けているといっても過言ではない．したがって，どのような行政改革が試みられるかが，官僚制のあり方を相当に方向づけうる．

理念やアイディアが行政機構のあり方に影響を与えたという議論は，1980年代以降の制度を従属変数とする歴史的制度論の中で幾度となく提示されてきた[12]．ただし，各国の行政改革によって，何がどのように変化したのかを記述する研究は多いが，その大半は改革が掲げた目標と制度改革の内容を叙述するタイプの研究である（たとえば，Peters and Pierre 2001, 村松 2008）．

複数の理念やアイディアの間の比較を明示的に導入した研究は少ない．その例外が，ポリットとブッカートの研究である（Pollitt and Bouckaert 2011）．彼らは，1990年代以降の先進国の行政改革を主導する考え方として，新しい公共管理（New Public Management: NPM），新ウェーバー型国家（New Weberian State: NWS），そして新しい公共ガバナンス（New Public Governance: NPG）という三つを取り上げる[13]．NPMは行政が担う機能を企画と実施に分離し，両者を担う主体間の関係を契約化していくことで競争と透明性を導入し，効率的な行政サービスの提供をもたらそうとする考え方である．これに対してNWSは，市民や政治家にとってのエージェントであるという旧来の官僚制の構造を残しつつ，さらなる専門職化と開放化を進めることで，生産性と政治的

---

12) 日本でも，規制緩和（秋吉 2007），産業政策（内山 1998），地方分権改革（木寺 2012b）などにこのアプローチは用いられている．
13) 現在の官僚制の主たる形態がこの三つであることは，オルセンも指摘している（Olsen 2008）．

応答性の向上を図ろうとするものである．NPG は多数の民間企業やサードセクターとのネットワークの中に行政機構を位置づける考え方である[14]．さらに彼らは，この三つの考えが各国でいかなる様相を見せているのか，実態の分析も行っている．対象となるのは欧米先進国である 12 ヵ国である[15]．これらの諸国の行政が，1990 年代からの 20 年間でどのように変化してきたかを，財政，人事，組織，行政評価システムという四つの側面から概観していく．国と改革理念が一対一対応することはなく，各国が三つの要素のそれぞれを異なる比率で抱える姿が描かれていく．

　ポリットたちの研究は，行政改革の理念を NPM に絞ってしまうことなく，その多様な形態を捉え，改革内容への結びつきを解明しようとする点で評価できる．しかし，せっかく類型を提示しながら，理念と実際の改革内容の結びつきを明示できず，両者に関係が見られるとしてもその原因は歴史的経路依存であろうと推測を述べるに留まっている．実証研究としても，改革の過程を捉えつつ，各国の違いを示すことには成功している．しかし他方で，質的データに頼ることもあって，明確な基準で比較を行うことができておらず，各国の違いが目に付くばかりである．

　そこで，官僚制のあるべき姿を指し示す理念やその改革の方向を示すアイディアを測定し，どの程度の影響力を持っていたのかを検証することは，課題として残されている．理念やアイディアは具体的な形を取らないため，数量的な把握は難しいが，そこを乗り越えてはじめて，官僚制に対して理念やアイディアが持つ影響は明らかになる．行政改革の試みは幾度となく生じるだろうが，抵抗にあい挫折することも多い．官僚制の組織的硬直性や変化への抵抗の大きさが指摘されることも多い．理念やアイディアがどの程度の影響を持ちうるのかは，経験的な検証が必要な課題であり，そのためには数量データに基づく比較分析が必要なのである．

---

14) アメリカの現在の官僚制が多様な主体とのネットワークから成り立っていることを記述したものとして，Kettl（2008）．
15) 具体的には，オーストラリア，ベルギー，カナダ，フィンランド，フランス，ドイツ，イタリア，オランダ，ニュージーランド，スウェーデン，イギリス，アメリカである．

2.4 政府外の政治アクターとの関係と官僚制の自律性

官僚制に対して影響を与える要因として，プリンシパルである政治家，理念やアイディアをここまで取り上げてきた．第三の要因として考えられるのは，利益集団，専門家集団や市民など政府外の政治アクターとの関係である．ここではさらに，それを利用することで，官僚制が政治家に対する自律性を得ている点が注目される．以前は，捕囚理論（capture theory）に代表されるように，官僚制に対する利益集団の影響の大きさが強調されていた[16]．しかしその後，利益集団との関係も官僚制自身が戦略的に選択できるものであり，政治家からの自律性を得るために利益集団との関係が構築される面が，強調されるようになっているのである．

そうした観点を打ち出しているのが，近年の歴史的制度論による官僚制研究である．そこでは，利益集団や専門家集団のみならず広く市民が官僚制に対して影響を与えることを視座に含みつつ，官僚制はそれらといかなる関係を築くのか，それらは，どのような経路を通じて官僚制のどのような特徴に影響を与えるのかを解明することが試みられる．世紀転換期のアメリカ農務省と郵政省を題材としたカーペンターの研究（Carpenter 2001），20 世紀を通じた医薬品認可の歴史を描き出したカーペンターのもう一つの研究（Carpenter 2010），そしてアメリカの労働安全衛生機関を対象としたヒューバーの研究（Huber 2007）の三つが代表例である．

カーペンターの農務省・郵政省研究は，政府外に広がる専門家ネットワークとのつながりが官僚制の自律性の基盤となること，カーペンターの食品医薬品局（FDA）研究は，広く市民の間に公益の保護者という評判を確立することが，官僚制の権力につながることを描き出した．そしてヒューバーの研究は，そうしたネットワークや評判を獲得できない労働安全衛生局が戦略的中立性を維持すること，すなわち大企業と公衆のどちらからも強い批判を浴びることの

---

16) これは「市場の失敗」に対比される「政府の失敗」の最たる例とされる．公益を追求すべき行政機構が，利益集団のロビー活動や，それらが供与する再雇用の機会や金銭に影響を受け，利益集団の利益に沿った種々の決定を行うことが指摘される．

ないように注意深く政策実施を行うことで,行政改革の対象に晒されることなどを防いだことを明らかにしている.

これらの研究は単独の行政機関を対象とした時系列比較の分析である.分厚い記述を行っており,独立変数と従属変数の関係も単純ではない.したがって一見したところ,国際比較を試みる本書とは関係が薄いようにも見える.しかし,これらを総体として捉えるならば,国際比較も可能な仮説が導出できる.すなわち,これらの研究は,利益集団や市民との間に広範な,強固な関係を築けるならば,官僚制は政治家からの統制への緩衝を設けることができること,そうした緩衝材があれば,自分たちの選好を追求でき,自分たちが選好しないものを回避できることを示しているのである.

官僚制の自律性に注目するもう一つの研究群は,官僚制による政策決定の不確実性に注目する.たとえば規制行政において,許認可の決定が何をもたらすか,現時点では定かではないとする.一方では患者の治癒をもたらしうるが,他方では副作用の危険を持つ新薬の許認可のように,正負両方の結果をもたらしうる決定において,そのどちらがどの程度の確率で生じるのか,探索時間をかけるほどに明らかになっていくというのが,ここでの官庁が置かれている状況である.この時,官庁がリスク回避的である,あるいは懈怠しているということがなくとも,不確実性に対処するために,承認には時間がかかる(Carpenter 2003).この議論を発展させると,大企業が許認可において優遇されるのは,副作用を許容せず,しかし早期の新薬承認を求める消費者の声に官庁が合理的に応答した結果なのであり,捕囚理論がいうように官僚制が自律性を失っているからではない(Carpenter and Lewis 2004).この予測は,FDAによる新薬承認を対象として実証的にも支持されている(Carpenter *et al.* 2009).同様の研究として,アメリカの証券取引委員会予算を題材にして,官僚制がリスク回避的な場合,業務量の増大よりも毎年の予算変動の大きさの方が,予算要求の増大につながりやすいことを明らかにしたものがある(Krause 2003b, 2009).これらの研究はいずれも,利益集団への従属や官僚制の自己利益によって生じた病理現象として捉えられてきたものを,不確実性に対する合理的対応として捉え直す.官僚制が自律性を有するからこそ,こうした対応が可能になるのである.

まとめるならば,官僚制の自律性に注目する近年の研究は,官僚制の自律性

とは，官僚制が真空状態に置かれていることと同義ではないことを明らかにしている．官僚制の自律性とは，政治家からの統制への対抗手段として利益集団や専門家集団との関係を築くことにより獲得されるものである．そして官僚制の政策決定には，政策対象となる社会・経済や科学技術の不確実性がつきまとう．官僚制が政治家からの自律性を得ることは，逆に言えば，官僚制が政策決定環境の不確実性に対し，より直接的にさらされるということなのである．

近年の研究は，こうした官僚制の自律性の実態を描き出しているが，限界を抱えてもいる．それは，自律性の獲得条件を明示的に析出できているとはいいがたい点である．個別領域ごとの研究の積み重ねにとどまるため，いかなる場合に自律性が得られ，いかなる場合にそうでないのかが不鮮明なのである．

2.5　官僚制の効果や帰結

行政の質や行政活動の効果についての研究

ここまでは官僚制のさまざまな特徴をもたらす要因についての先行研究を見てきた．今度は目を転じて，官僚制の違いが私たちの社会や経済にいかなる効果や帰結をもたらすのかに関する研究を見ていこう．官僚制の効果や帰結については多様なものがありうるが，大きく二つ，官僚制の直接的なアウトプットと，より間接的な効果に分けることができる．

まず，行政機構のあり方やその行動が，行政の質や政策的特徴，さらに社会や経済に対する効果として，いかなるものを実際に生み出してきたかについては，多くの実証研究がある．たとえば，人事制度について，政治任用および自由任用と資格任用を組織上層と中層以下で使い分けることが，行政のパフォーマンスを高めることを明らかにした研究がある (Krause *et al.* 2006)．そこでは，歳入予測の正確さによって，行政のパフォーマンスが測定されている．また，専門性の高さがそれ故の過信から認知バイアスを生みやすく，業績の低下を招くことを明らかにした研究もある (Krause 2006)．実験を用いて，行政機構の人事管理手法がいかにアウトプットに変化をもたらすかを測定する研究も出てきている．たとえば，業績給とフラットな賃金に対する人々の応答の程度を実

験により比較すると，概ね，業績給によってアウトプットの増加を引き出すことはできないことが示されている（Miller and Whitford 2010）．

政治からの独立性がもたらす効果については，行政管理予算局，議会予算局，連邦準備制度理事会という，アメリカ連邦政府の財政政策に関わる三つの機関を対象として，マクロ経済予測の正確性により行政パフォーマンスの違いを捉えようとしたものがあるが，明確な関係は見出し得ていない（Krause and Douglas 2005）．これに対して，独立性の低い機関は，政治家の意向に沿った楽観的予測を行いやすいという分析結果も存在する（Krause and Corder 2007）．

このように実証研究は多いが，いずれもアメリカ国内を対象としており，多国間の国際比較を数量データに基づいて行う研究は少ない．さまざまな国の行政機構の多様な側面を数量的に捉える代表的な試みとしては，OECDによる『一目で見る政府（*Government at a Glance*）』があげられる（OECD 2009, 2011, 2013, 2015）．財政，人事，組織編成，規制政策，公共調達，情報公開など数百に及ぶ指標[17]について，2009年から2年ごとにデータが更新されており，短期間ながら時系列的な分析も可能である．データは各国の公式データを収集する他，独自のサーベイ調査に基づくものや，合成指標など複数の手法を組み合わせて作成されている．

ただし限界もある．対象国はOECD加盟国を中心とする先進国に限られる．多様な側面を対象としつつも，測定対象には偏向が存在する．OECDが推奨する先進的な行政のあり方に関わる側面が中心的に扱われるのである[18]．たとえば人事であれば，業績給の採用の程度など，行政機構に競争性を取り入れる試みが取り上げられる．さらに，この点と関わるが，種々の一次元尺度を並べ，各国を上から下に並べることが繰り返される．基本的には，OECDが推奨する改革をどの程度進めているのか，それとも改革が遅れているのかという一次元上に，各国は並べられる．

---

17) 指標は次第に拡充されているが，一部の指標についてはその時々の関心にあわせて収集される一時的なものとなっている．

18) 応答性，アカウンタビリティの確保，正統性の具備を目標とし，透明化，業績評価，組織再編成と市場型メカニズムの導入などを具体的手段とする官僚制の「現代化」と称される．詳しくは，OECD（2005）．

2.5 官僚制の効果や帰結

　このデータセットは，各国の行政機構のあり方を数量的に記述することを目標とする以上，その原因や帰結についての分析は含まれない．それは学術的な研究に委ねられているといえる．しかし，部分的な利用はあるものの，さまざまな指標を組み合わせて，総合的な理解を得ていこうとする研究は生まれてきていない．数量データを用いた国際比較の分析が行政学では弱いことの反映であろうが，せっかくのデータセットを活用していくことは，アカデミックの側の責務である．

　もう一つ，行政機構の諸側面について数量的に国際比較を可能とするデータセットとして重要なのは，スウェーデン・ヨーテボリ大学の「政府の質」研究所による専門家サーベイ調査である (Dahlström *et al.* 2011)．これは，2008 年から 12 年にかけて，135 の対象国について，各国の行政機構の実態に詳しい専門家[19]に対し共通の質問票への回答を求めることにより構築されたデータセットである．2016 年には第二次の調査が実施されている．

　質問の内容は多岐にわたるが，概ねつぎの三つにまとめられる．第一は，公務員制度のあり方，すなわち資格任用の程度や終身雇用の採用の程度，民間と比較した給与水準，上級官僚の任免に対する政治家の影響の強さといったものである．第二は，行政機構の質に関わるものであり，腐敗の程度や行政執行の公平性を測るものである．第三は，各国行政官の価値観を問うものである．効率性，政治的応答性，市民の援助，法令遵守，公開性などのいずれをどの程度重視しているかを明らかにする．

　このデータセットは，サーベイ調査を用いることで，行政官の価値観など，客観的測定が困難なデータを集めているのが強みの一つである．また同様に，政府の公式統計の整備が進んでいない発展途上国をカバーしていることも特徴的である[20]．二時点のデータが得られることも利点である[21]．データセットの

---

19) 最終的に 1035 人からの回答を回収できている．
20) サンプルを特定の国に限定すると異なる結論が導かれてしまうことは多い．たとえば，民主化研究において，経済発展は民主化の要因ではなく，権威主義体制化への抑止要因であるという研究結果がある (Przeworski *et al.* 2000)．しかし，それは第二次大戦後に分析対象を限った結果，途上国だけが対象となっているからであり，19 世紀半ば以降に対象を拡張することで先進国を含めれば，経済発展が民主化の要因であることがわかる (Boix and Stokes 2003)．

整備にあたった研究者を中心に，いくつかの研究が実施されているが，他のデータと接合しながら，原因や効果について包括的な分析を行うには至っていない．まだまだ多くの研究が可能な原石であるといえよう．しかしながら，調査時点の主観的評価に基づくものだけに，当該国の経済状況などに引きずられる形でデータがバイアスを受けやすいという限界は残る．したがって，とりわけ，その経済効果の分析を行う際には注意が必要である．

研究所の名称そのものが示すように，この研究集団の主たる関心は，官僚制のあり方がいかなる効果を持つかという点の解明にある[22]．しかし，本書においては，官僚制のあり方がもたらす効果だけではなく，それがいかにして形成されるのかという原因も明らかにしたい．いかなる政治的な力が官僚制を形作り，それが何を我々にもたらすのかを理解したいのである．よって，本書では，これらの国際比較データを異なる側面からも，すなわち第2節から第4節で取り上げた官僚制を規定する要因との関係にも着目しながら分析していく．

政治的効果，社会・経済的効果についての研究

官僚制のあり方のより大きな，それだけ間接的な帰結や効果としては，政治的効果と社会・経済的効果の二つがある．政治的効果としては，司法制度や中央銀行，中央・地方関係の制度に対する影響，たとえば自律的な官僚制が中央銀行の独立性を低めることなどが考えられる．体制レベルの効果としては，民主制と非民主制への影響，たとえば，官僚制の質が高いことは体制転換を抑制することや，政治腐敗の抑制につながることがあげられる（曽我 2012）．代表例としてローシュタインは，官僚制の不偏性が人々の健康や政治腐敗の抑制をもたらすと主張する（Rothstein 2011）．官僚制の不偏性は，腐敗の少なさ，平均寿命の長さ，低い乳幼児死亡率，主観的健康状態で測られる人々の健康，福祉国家の給付の気前の良さにつながること，さらに汚職と不平等と信頼の欠如という三者の間には相互強化の関係があることを国際比較データで確認してい

---

21) ただし，本書執筆の最終段階でこの最新のデータセットは公開されたため，本書では，これを含めた分析を行うことはできていない．
22) 実際に，このデータセットを用いた主要な研究成果も，行政機構のあり方を独立変数とする研究である（Dahlström *et al.* 2012）．

くのである[23]。

社会・経済的効果としては，経済発展や経済成長に対する効果があげられる[24]。関係して技術的イノベーションなども扱われる。代表例として，官僚制の能力が高ければ政策の質も高まり，経済発展に資することが，日本（Johnson 1982）や東アジア諸国（Wade 1990）を事例として主張されてきた。多国間比較としては，エヴァンズとラウシュの研究が代表例である（Evans and Rauch 1999, Rauch and Evans 2000）。他方で，因果の向きが逆ではないかという主張もある。官僚制の能力と経済発展の水準の間には相関関係があっても，官僚制の能力が高いことが成長率を高めてはいないことが確認されている（Rothstein 2011: 36-43）。

これらの経済発展や経済成長を従属変数とする研究は，二つの問題を抱える。一つは，官僚制の特徴のどの部分がどのように影響するのかを明らかにできず，官僚制の能力といった包括的な捉え方をするに留まっていることである。もう一つは，これと関係するが，因果の連鎖が遠すぎて，その論理を理論的に説明できていないことである。

これらの点を改善しようとする研究も散見されるようになっている。たとえば前者に関して，規制がビジネス環境を悪化させるのは，官僚制の裁量が制約されている場合に限られ，官僚制の裁量が制限されていなければ，規制改革を行ってもビジネス環境は改善しないことが，119ヵ国を比較対象とする計量分析によって明らかにされている（Duvanova 2012）。

後者に関しては，近年の数理モデルを用いた行政組織の意思決定の分析が，この問題に対する理論的基盤を与えつつある。ゲイルマードは，プリンシパルの側が複数になると，他のプリンシパルによる監視にフリーライドしようとする集合行為が発生し，エージェントに対する監視を困難にすると指摘する。このため，逆説的だが，プリンシパルによる監視能力が全体として高まると，フ

---

23) ただし実際には，不偏性の指標として用いられるのは，政府の有効性指標や政府の腐敗指標といったものである。つまり，独立変数として概念化している不偏性と，その効果や帰結が同語反復に近いのである。

24) さらに福祉国家や大きな政府をもたらすこともあげられるが，福祉国家が逆に官僚制の発展を促したとする行政国家論も存在し，因果の方向は定かではない。

リーライドの可能性も高まり，個々のプリンシパルによる監視の程度は低下するという (Gailmard 2009). 逆に，エージェントの側が複数存在するリダンダンシーも政治家の効用を低下させうる．政治家の決定に対する情報提供者として官庁を考えるならば，追加の情報提供者の存在は悪いことではないように思える．しかしそう単純ではない．既存官庁の方が情報提供をとりやめたり，あるいは追加の情報提供者による情報提供への妨害を行ったりすることも考えられる．こうした行動に時間とエネルギーが費やされる結果，一つの官庁だけが存在していたときより，政治家が手にできる政策の質はかえって悪化することもある (Gailmard and Patty 2013a, 2013b).

さらに，政策結果が市民の目から見てどの程度好ましいものになるか，すなわち市民の選好に近く，不確実性の小さなものになるかどうかは，官僚制に与えられる権限の大きさと自律性によって左右される．政治家と行政機構，そして市民の三者の選好の近接関係，ならびに官僚制の能力次第では，より多くの自律性と権限委譲が市民にとって望ましい結果を生む可能性は高いと主張される (Spence 2003).

これらの研究により，官僚制の行動がもたらす効果について，ミクロベースの説明が与えられつつある．しかし依然として，それらは実証分析と結びつけられていない．OECD をはじめとするデータセットの構築やそれらを利用した計量分析が，十分な理論的基盤のないままに行われているのが現状である．

2.6 何が残された論点なのか

官僚制の規定要因は何か．その問いに対する第一の答えは，政治家による委任と統制というものであった．政治家たちと官僚制の関係は，本人・代理人（プリンシパル・エージェント）関係の典型例であり[25]，委任と統制がその中

---

[25] もちろんこれは歴史的事実とは異なる．歴史的事実としては，官僚制は君主制や権威主義体制の下で王や支配者に仕える統治機構として，長らく存在してきた．そうした官僚制の中には，民主化の際に抵抗を見せ，民主化後も議会の統制に服しないものも見られた．しかし，たとえ事実としてそういった官僚制が存在するとしても，現代の民主制の下では正統性を得られない．正統性を備えない存在が長期にわたり持続することは不

心となる．ここでは政治と官僚制という二者の関係に焦点が絞られ，また，官僚制が情報や知識を保有することは前提とされてきた．

2000年代以降の研究は，これら二点がいずれも自明視できず，種々の政治プレイヤーとの相互作用を解明することなく，官僚制を理解することはできないことを明らかにしてきた．プリンシパルとなるのは，単独の政治家ではなく，さまざまな政治家たちである．それ以外の利益集団や専門家集団との関係は，政治家からの自律性を確保する上で役立ちうる．官僚制の情報や知識は技能形成の産物という側面もあり，官僚制の選択に依存する．したがって，プリンシパルも官僚制に対しては統制だけではなく，インセンティブ付与を考慮する．つまり，官僚制の選好や能力もまた，政治家との相互作用の産物である．しかも上述したとおり，複数の政治家がプリンシパルとなる．それゆえ，選好が同じく，能力が高い官僚制が常に選ばれるというほど単純ではない．また，官僚制が自律性を志向し，それを実現することもある．複数の政治家と官僚制との戦略的相互作用を無視して，現代の官僚制を捉えることはできないのである．

近年の研究は，このように政治家と官僚制の相互作用の解明という点において，2000年代初頭までの研究をさらに前進させている．しかし残る課題も多い．第一に，委任の理由と委任の際の統制について，情報の利用と権限委譲，複数政治家の競合と組織編成における独立性といった形が想定され，それ以外の結びつきが十分に検討されていない．第二に，新しい情報や知識の位置づけと，統制の方法についての関係も詰められていない．第三に，不確実性に満ちた政策選択において自律的な行動を取ることが，政治家との関係で何をもたらすのかは等閑視されている．第四に，プリンシパル・エージェント理論と改革理念についての研究も切り離されている．

こうした研究領域ごとの分断性は，官僚制の実態に関する研究，官僚制を規定する要因についての研究，そして官僚制の効果についての研究の間ではさらに強い．これら三つの研究が個別に進められており，それらを結びつける試み

可能である．歴史的事実には反するフィクションであっても，社会契約説に基づき代表民主制を捉えることが，その性格を理解する上で有効であるのと同様，官僚制もまた，現代民主制における本人・代理人関係の中に位置づけることが，その最適な理解の方法である．

は皆無といってよい．統治というプロセスの一部を担う政治的な存在であるという面と，大量の雇用者を抱え彼らが働き活動する場であるという面を兼ね備えているのが官僚制の特徴だが，それを総合的に捉えていくという行政学の長年の課題は，達成されているとはいいがたい．

　こうした先行研究の問題点が顕著に表れているのは，官僚制の組織編成における分立と統合についての議論が見られないことである．分立と統合は組織理論において中心的な視点であり，組織の効率性や有効性を左右する．にもかかわらず，官僚制の政治学的分析では扱われてこなかったのは，組織編成についてはその独立性を，複数のプリンシパルとの関係で見ることが中心になっていたことに起因する．そこでは官僚制は一枚岩的に捉えられ，その内部は等閑視されていたのである．また，複数のプリンシパルといったときに大統領制における議会と大統領にばかり注目し，首相と大臣や（連立）与党を視野の外に置いてきたため，統合の諸形態の違いも見落とされてきた．しかし本来，分立と統合は政治家の利益にも深く関わる．政策の形成から実施までの各局面で官僚制が果たす役割は大きく，そこでどのような単位で政策が扱われるかは，社会や経済の利益をどの範囲で代表するかを規定する．それは政治と無関係ではあり得ない．統合も，そうした利益表出が行われた上で，諸利益間に対立が生じた場合の調整を誰が担うのかを決めるものであり，まさしく政治と行政の交錯する場である．

　そして，省庁の区切りに示される分立と首相府などによる統合の視点を入れることは，官僚制の情報や知識を，官僚制の主体的な技能形成の結果として捉える見方の不十分な点を補うことにもつながるだろう．ゲイルマードとパティやチンの研究が注目しているように，技能形成についてはスペシャリストとジェネラリストの選択が一つの鍵となる．しかしこうした二つのタイプがなぜそもそも存在するのかは説明されない．それはモデルにおいては外生化されている．これを内生化する鍵となるのが，組織編成における分立と統合である．分立と統合それぞれの担い手を人的資源として表現したものが，スペシャリストとジェネラリストといえるのである．

　分立と統合，そして技能形成という二つの視点を導入することで，官僚制を理解する新しい視角が開けるのではないか．それが先行研究の検討から導き出

される一つの展望である．そしてそれは同時に，官僚制の帰結や効果を左右する要因ともなるだろう．先行研究の検討が示すように，官僚制の帰結や効果についての研究は，国際機関による改革の実践や，経済発展のように人々の関心を集めやすい問題についての実証研究に主導されており，理論研究が不足している．したがって本書でも，こちらの側面については数理モデルの構築までは試みず，分立と統合，技能形成が官僚制のパフォーマンスにいかなる影響を与えるのか，自然言語に基づく仮説導出と検証を進めていく．

　分立と統合，技能形成が，官僚制の規定要因と官僚制の帰結・効果の結節点となる．本書はこのことを先行研究の検討から見出した．次章では，この視角に基づいて，より詳細な理論化に取り組んでいこう．

3 理論で捉える：政治的産物としての官僚制

3.1 政治はいかに官僚制を形作るのか

　前章の最後に，官僚制の組織編成に関わる理論モデルは独立性を扱うものに偏っていること，そして組織編成と政策形成，さらにその効果についての研究が分離していることを述べた．実際のところ，それでは，日本の官僚制を十分に理解はできない．日本の官僚制について関心を集めてきた，省庁組織におけるセクショナリズムの問題や族議員との結びつき，あるいは官邸主導への移行が官僚制に与えた影響といったものは，欧米の理論研究では必ずしも正面から扱われていない．これらは，日本の現実を理解する上で必須であるだけではなく，理論的にも，官僚制のあり方を考える際に無視できない点を含んでいる．本書のモデルは，こういった日本の文脈において重要視されてきた官僚制の形態について，分立と統合という一般化された形で扱っていく．さらに，たとえば，セクショナリズムは行政の非効率性や土建国家と称されるような政策選択の方向性と結びつけられてきたが，そもそも，分立と統合という組織形態は政策形成にどのような影響を与えるのだろうか．こうした問いに，本書のモデルは答えようとする．

　そこで本章では，官僚制の組織編成，権限委譲の制限や政治任用に代表される事前コントロール，賞罰に代表される事後コントロール，官僚制の技能形成といった一連の要素について，数理モデルの構築を試みる．いかなる形態の官僚制がなぜ生まれてくるのか．その官僚制はどのような権限を委譲され，政治統制を受け，どの程度の技能を取得し，いかなる政策を選択するのか．これら一連の問いについてここでは考えていきたい．一つ一つのモデルをできるだけ簡潔にしつつ，これらの一連の要素の全てを扱う包括性を持たせ，また，実証研究と接合するようモデルのパラメータの解釈を丁寧に行い，仮説の導出を行うことがここでの課題となる．

　具体的には，官僚制をめぐる組織編成ゲームと政治統制・技能形成ゲームの

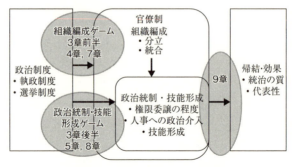

図 3-1 本書の枠組みとその分割
出典）筆者作成.

二つをモデリングする．これらの二つのゲームは入れ子の関係にある．すなわち，組織編成ゲームの結果として成立する官僚制の組織編成が，官僚制に対する政治統制や官僚制の技能形成における初期値を設定する関係にある．両者はそのような形で連結されてはいるが，同じ大きなゲームの二つの部分というわけではない．したがって，組織編成は組織編成で完結する．政治統制・技能形成ゲームに与える影響を考慮することなく，組織編成ゲームにおける選択は行われる．しかしその上で，組織編成ゲームの帰結が政治統制・技能形成ゲームのいくつかのパラメータを規定するという関係にある．

モデルの構築に入る前に，理論化を試みる対象の全体を俯瞰しておこう．図3-1 は，第 1 章で提示した本書全体の枠組みを基にして，この章で詳しく検討していくとともに，第 4 章以下で順に検証していく，三つの部分への分割を示したものである．第一に，種々の政治家が自分たちの追求する利益を実現すべく，官僚制の制度設計にあたるゲームを分析する．ここでは官僚制の組織編成を決めるという，いわば官僚制そのものを創出する段階を扱うので，官僚制の戦略的行動は分析に入ってこない．政治家による制度設計が分析の対象である．いかなる形の官僚制が政治的に生み出されるのかが，ここでの注目点である．本章前半でモデルを立て，第 4 章で国際比較の実証分析を行う．さらに日本については第 7 章で検証を進めていく．

第二に，そうして創出された官僚制に対して，どのような権限が委譲され，政治家からいかなるコントロールが試みられるのか．官僚制の側は，どのよう

に情報収集や技能形成を行い，政策形成に関わっていくのか．これらの諸点，すなわち政治統制・技能形成をめぐるゲームを分析する．ここでは官僚制を，専門性が備わった存在として仮定してしまうのではなく，専門性もまた官僚制の選択の対象であると捉え，モデルに内生化する．本章後半でモデルを示し，第5章で国際比較を用いた仮説の検証を進める．日本に関する実証研究は第8章で行われる．

　第三に，これらの帰結として成立した官僚制が政策を形成し，実施していくことを通じて，どのような統治パフォーマンスが発揮されるのかを見ていく．ここでは，官僚制が何を生み出すのかを見ていく．官僚制を従属変数ではなく，独立変数として考えていくということである．前章でも述べたとおり，これについては理論研究の蓄積の少なさから，数理モデルの構築は行わずに，仮説の構築と国際比較による検証作業，そして日本の位置づけの検討を全てあわせて，第9章で展開する．

　このように全体を三つに分割するということ自体，一つの仮定である．それは，ゲームのプレイヤーが見ている射程もまた，これ同様に分割されているという仮定である．つまり，組織編成ゲームにおいて，議会の議員や執政，すなわち首相や大統領といった行政府のトップおよび内閣や各省長官[1]は，自分たちの決定により形作られる官僚制組織のあり方が，官僚制への権限委譲の程度に影響することや，さらには，官僚制のパフォーマンスに影響することまでを考慮して，選択を行ってはいないとみなす．それは，議員や執政が官僚制のパフォーマンスを気にかけていないということではない．気にかけてはいるが，組織編成とパフォーマンスの関係がいかなるものかを見通すことは難しく，そこまで考慮して組織編成の選択を行うことはできないだろうということである．

　そうした政治家たちの選択において何が政治的利益とされるのか，それぞれの政治家たちがどのような政策を好むのかは，政治制度によって構造的に規定されるとともに，より短期的な政治的状況によっても変化する．モデルのパラメータの解釈にあたって，時間軸上の長短それぞれの視点をとることにより，

---

[1] 首相や大統領といった行政府のトップのことを「執政長官」と呼ぶ．行政機構を構成する省庁のトップである大臣や各省長官を執政長官とあわせて「執政（government, administration）」と呼ぶ．

政治制度の影響と政治環境の影響の二種類を導出し，実証分析につなげる．

政治制度については，プリンシパルである議会と執政に関わる制度として，選挙制度と執政制度の二つに注目する．選挙制度は有権者がいかにして議員を選出するかを定める．議員の再選戦略を規定することを通じて，議員の政策選好を形作るとともに，議員たちの組織化のあり方，すなわち政党システムと政党組織に影響を与える．これに対して執政制度は，執政長官がどのように選出されるか，いかなる決定権限を持つかを定める．この制度は，議会が政策形成をどこまで執政に委任するかに影響を与える．したがって，選挙制度と執政制度の二つが相まって，その国の統治機構がどの程度権力融合的になるのか，権力分散的になるのかが決まってくる．

権力融合的な政治制度がいかなる官僚制を生み出すのか，組織編成はどのようなものとなり，権限はどの程度委譲されるのか．それは権力分散的な政治制度の場合とどの程度異なるのか．そうした問いに答えると同時に，同じ論理を，より短期的な政治環境にも適用する．たとえば，権力融合的であることと，執政長官への支持率が下がっている状態は，ともに執政のアカウンタビリティが強く問われるという共通点を持つ．抽象的なモデルを構築するからこそ，政治制度と政治環境という，異なる射程を持つ要因を考慮できる．そのことは，実証研究を進める上で大いに役立つだろう．

3.2 組織編成ゲームを構築する

問題の設定

ここでは，政治家たちがいかなる官僚制を選択するのかを考えていく．いわば官僚制を創出する段階を扱うので，官僚制はゲームのプレイヤーとしては参加しない．プレイヤーとなるのは，議会と執政である．行政機構を率いる執政が官僚制の組織編成を左右することはもちろんだが，議会もまた，法律の制定などを通じて官僚制をいかなるものとするのかに影響を与えているというのが，ここでの基本構図である．

議員たちは，政策実現以外にも種々の政治活動に従事しており，時間と労力

には限りがある．自分が望む政策が実現するならば，政策形成を官僚制へ委任することを厭わない．しかし，複数の議員から構成される議会において，議会が追求する利益や関心は多様なものとなる．議会は，そうした関心や利益を政策として実現してくれる官僚制を好む．また，議員たちは利益や関心を異にしつつ，多数派を形成しなければ議会としての決定を行えず，誰も何も得られないという意味で，集合行為問題を抱える存在でもある．この集合行為問題を解決するために，議員たちは自らを政党として組織化するとともに，執政への権限委譲という選択を考慮する．ただし本章では，議会内の意思決定は捨象するので，政党と議会を互換可能なプレイヤーとして扱う．

政党が官僚制の組織編成を考える際には，政治的不確実性，すなわち，自らが多数派になるかどうかはわからないという状態におかれている．もちろん，一回一回の選挙が終了すれば，自らが多数派になったかは判明するが，制度設計時点で，その後何度も行われる選挙結果を見通すことは不可能である．ただし，各政党は，どの程度の確率で多数派になるかを，政治制度から予測できる．そうしたリスクの下で導出される均衡が長期的には成立する[2]．

つまり政治制度は，政治家たちがどのような形で自分たちが権力を握るかという予測の基盤を与えるものである[3]．政治家が官僚制の制度設計時に考えるのは，自分たちが追求する政治的利益を，どのような形で実現するかということである．それには，何が自分たちに政治的利益をもたらすのか，自分たちがいつ，どのような形で執政を握れるのかを計算せねばならない．その計算の基盤を与えるのが政治制度なのである[4]．

ゲーム理論のモデルを構築する際，明確化が必要なポイントは，大きく分け

---

[2] いわば，ロールズが言うような無知のベールと同様の制約下で，制度選択をすると考えるのである．実際には，さまざまな歴史的変遷を経て制度は形成されていくが，その行き着く先を予測する上では，無知のベール下で成立する均衡がいかなるものであるかを考えることが役立つ．

[3] ここでの制度の理解は，関係者に対する予期の根拠を与えるものとして制度を捉える青木の議論に示唆を得た（Aoki 2001）．

[4] このような方向から，政治制度の選択ゲームをモデリングしているものとして，Robinson and Torvik（2008），Jung and Deering（2015）．各国の執政制度の選択において，政治家たちがいかなる影響を与えているかを計量分析で解明する試みとして，Hayo and Voigt（2013）．

て二つある．一つは，決定に際してプレイヤーたちは何をめざしており，その決定から何を得られるのかということである．もう一つは，誰がどの順番で何を決定できるのかということである．この二つを明らかにしなければ，モデルの構築はおぼつかない．それでは官僚制の組織編成ゲームは，この二点について，具体的にいかなる特徴を持つのだろうか．

　第一に，議員たちと執政が官僚制の組織編成から得るものは，政府の政策の二つの側面，政策内容と政策の質である．それぞれが自分の望む政策内容を持ち，質の高い政策を実現することをめざしている．政策内容とは，政策に反映される利益や関心の広さであるが，ここでは組織化された集団の声に応えようとする個別利益志向の強さに注目する．政策の質とは，政府の政策全体の効率性である．官僚制の組織編成，すなわち分立と統合の程度は政策のこの両側面に影響を与える（Krause 2009）．分立は，政策領域や争点別に，どの程度の範囲の利益を一つのまとまりとして組織に反映させていくのかを左右する．分立的であるほど，政策の個別利益志向は強く，専門化の程度は高くなる．具体的な組織編成としては，分立は省庁の数として現れる．省庁数の多さは所管する政策領域の細分化を示す．省庁の数が少なく，大括りの省庁となっているほど，種々の利益が包括的に政策に反映されやすいことを意味する．逆に，省庁数が増えることは，各省の所管に特化する傾向を生み，専門性を高めやすくなる．たとえば，スポーツの所管が教育担当省の中に含まれている場合，スポーツは児童・生徒への教育の観点から捉えられるが，スポーツ担当省が存在する場合は，スポーツの産業的側面やインフラ整備の観点がより強く反映されることになり，逆に教育にとってスポーツが持つ意味の比重は下がるだろう．

　ただし，分立が専門特化の利点を生かし効率化をもたらすには，統合が必要である．分立した上で統合を行わなければ，利害対立の調整がなされず政策の方向性を失い，かえって政策の効率性は下がってしまう．分立を強めるほど専門特化が進み，統合は困難になっていく．組織編成において統合の程度は，具体的には，執政の中で，執政長官と内閣のいずれに調整権限を持たせるかという形で捉えられる．統合の主体として，執政長官およびそれに直属する行政中枢，大臣・各省長官によって構成される内閣，そのいずれによる統合も試みない分権的な行政組織という三つの形態が存在する．行政中枢とは執政長官直属

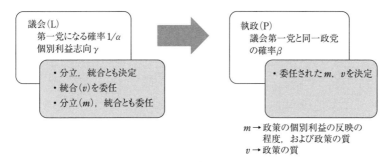

図 3-2 組織編成ゲームの展開

出典）筆者作成.

の官僚機構であり，大統領府や首相府と呼ばれる．日本では内閣官房と内閣府が該当する．本書では統合の強さを示す指標として行政中枢の規模や役割の大きさを用いていく．

　第二点に移ろう．議会と執政はどの順番で何を選択できるのか．ここでは，立法権を持つ議会が官僚制の組織編成権を有するが，それを執政に委ねることも可能であると捉える[5]．つまり，議会が先手をとり，自らの手で行政組織を決定する，一部を自分で決定し残りを執政に委ねる，そして完全に執政に委ねるという選択の幅を有していると考える．具体的には，つぎの選択肢を持つ．分立と統合のいずれも自分たちで決定をする，分立のみを決定し統合は執政に委任する，両方とも執政に委任する，以上の三つである．いかなる時に，議会は自分の手で官僚制の組織編成を行うのか，それとも委任を行うのかが，このゲームを考える鍵となる．

　政策内容と政策の質のうち，政策の質に第一義的に責任を負い，それを効用の要素とするのは執政の側である．他方で，議会政党は政策内容と政策の質の双方を効用の要素としうるが，政策の質への関心を持つのは，自分たちが多数派になった場合に執政を確実に握ることができる場合だけである．逆に，議会多数派であっても執政を握る保証がないのであれば，政策の質には関心を持たず，政策内容のみを効用の要素とする．その際は，社会のどの利益を官僚制に

---

[5] たとえば日本では，省庁の設置は国家行政組織法によるので，省庁再編には立法が必要となるが，イギリスでは枢密院令による設置改廃が可能であり，首相に実質的な編成権が与えられている（竹中 2013）．

反映させるのかが大事になる．政策の実施や統合を通じて効率性を向上させることは，議会政党の考慮の枠外となる．

単一の首相や大統領による統合を行わない場合，すなわち，各大臣が所管の政策領域の決定や実施に大きな責任を負い，内閣を通じて調整を行う場合，政策の質は，首相や大統領による統合により達成されるものよりも，低いものに留まらざるを得ない．さらに，そうした内閣を通じた調整において，政策の質を最大化する分立の程度は，首相や大統領といった単一の主体によるそれを下回る．合議制である内閣は集合行為問題を抱えるためである．

ゲームの展開を図示すると図3-2となる．以下では，ここまで述べた内容を，より厳密な形で定式化しておこう．なお，命題の証明は，補遺として本章最後に掲載している．また，数学的議論を必要としない場合は，「モデル」を飛ばして「仮説の導出」へと進んでいただきたい．

モデル

(1) プレイヤー

プレイヤーは議会（L）と執政（P）の二者である．議会政党は複数存在しており，政党数を $a \geq 2, a \equiv \mathbb{N}$ とすると，第一党になる確率は $1/a$ となる．政党の期待得票はどの政党も同じである．全ての政党は選挙に勝利する可能性を等しく持つという意味において対称的であり，同じ選択をすると考えるのである[6]．

議会第一党が執政職も得る確率を $\beta=0, 1$ とする．すなわち，$\beta=1$ は議会多数党と執政の所属政党が同一の統一政府（unified government），0は両者が異なる分割政府（divided government）と言い換えられる．議会政党は政策がどの程度個別利益を反映するかについて選好 $\gamma=0, 1$ を持つ．個別利益志向が強い場合が $\gamma=1$，弱い場合が0である．β, γ それぞれ二値とすることで一般性は失われるが，これを連続値とする場合については，後に検討する．

---

[6] したがって，選択を行い，その帰結から効用を得る主体は政党であり，複数の政党が存在するが，どの政党も同じ選択を選ぶことになる．そこで，全ての政党が共通して選ぶ選択肢を議会の選択と考えることができるので，叙述の簡略化のため，ここでのプレイヤーを議会として表記する．

(2) 行動プロファイル

ステージ1において，議会が，省庁数（分立の程度）$m \in [a, b]$, $m \equiv \mathbb{N}$, $b > a > 0$ と統合の程度 $v \in [0, 1]$ の双方あるいは分立のみを自分で決めるか，両方とも執政に委ねるか（ø）を決定する．決定には費用がかかるので，結果が同じならば，議会は執政に決定を委ねる．

省庁数は二つの効果を持つ．一つには，省庁が実施する政策の個別利益志向に影響を及ぼす．これを関数 $g(m)$, $g'(m) > 0$ で表現する．もう一つには，執政が実施する政策の質に影響を及ぼす．省庁数が多いほど専門化の利益は高まるが，調整費用も増大するので，ある省庁数まで質は向上し，その後は低下する．つまり，省庁と政策の質の関係は負の二次関数 $f(m)$ で表現され，$\tilde{m}$ において最大値となり，その時の質は正である．$f(a) > 0, f(b) < 0$ とする[7]．

統合は，執政長官への権力の集中の程度を示す．逆に統合が低い状態とは，各省長官・大臣の自律性が高い状態であると考える．統合の程度は政策の質を変化させる．統合の程度が高い場合，すなわち執政長官による政策の質 $f(m)$ に対して，統合の程度が低い各省大臣中心による政策の質は $f(m+s) - s$, $s < m$, $s \equiv \mathbb{N}$ と表現できる[8]．つまり，政策の質が s だけ低下することに加え，集合行為を抱える分，政策の質を最大化する省庁数が s だけ小さくなると考える．

議会が m, v について自身で判断を行わない場合は，執政に委ねる．ステージ2において，執政が省庁数と統合のうち，委任された部分の決定を行う．

(3) 効 用

政党の効用は，執政と議会多数党が同一勢力ならば，行政によって実施される政策の質によって構成される．このとき，政策の質から得られる効用は，各政党が執政長官を獲得する確率を $p(\alpha, \beta)$，入閣する確率を $q(\alpha, \beta)$ として，

---

[7] これは強い仮定だが，実際の各国の省庁数が少なくとも7はあることからすれば，最小の省庁数でも専門化の利益は既に発生していると考えてよいであろう．他方，省庁数の最大は40を超えるが，この場合の調整費用は極めて大きいと考えた．

[8] $f(m)$ を横軸方向にも，縦軸方向にも $-s$ だけ平行移動させることで得られる．両軸方向の移動の大きさが同じであるというのも強い仮定だが，主たる関心は統合が強い場合と弱い場合の違いなので，統合が弱い場合の中での多様性はここでは扱わないこととした．

$u_L = p(\alpha, \beta)f(m) + q(\alpha, \beta)[f(m+s)-s]$ となる.しかし,議会多数党であっても執政をとれる保証がない場合は,政策の質は効用の要素とならず,政策内容(個別利益志向の程度)のみで効用は構成され $u_L = g(m)$ となる.したがって,β を用い両者を合わせて表記して,$u_L = (1-\beta)g(m) + \beta\{p(\alpha, \beta)f(m) + q(\alpha, \beta)[f(m+s)-s]\}$ となる.

執政の効用は,政策の質のみで構成される.$u_p = f(m)$ となる.

(4) 均　衡

命題1　官僚制の組織編成ゲームの部分ゲーム完全均衡は,つぎの通りとなる.

　　if $\beta=0$, $\gamma=1$, for $\forall \alpha$, $\{s_L(m, v), s_P(m, v)\} = \{(b, \emptyset), (\emptyset, 0)\}$
　　if $\beta=0$, $\gamma=0$, for $\forall \alpha$, $\{s_L(m, v), s_P(m, v)\} = \{(a, \emptyset), (\emptyset, 1)\}$
　　if $\beta=1$, $\alpha=2$, for $\forall \gamma$, $\{s_L(m, v), s_P(m, v)\} = \{(\emptyset, \emptyset), (\check{m}, 1)\}$
　　if $\beta=1$, $\alpha\geq 3$, for $\forall \gamma$, $\{s_L(m, v), s_P(m, v)\} = \{(max(\check{m}-s, a), 0), (\emptyset, \emptyset)\}$

この命題を自然言語で述べるならば,つぎのようになる.①分割政府かつ個別利益志向が強い場合,政党数に関係なく,議会は官僚制を最大限,分立化した上で,統合を執政に委ねる.執政は統合を行わない.②分割政府かつ個別利益志向が弱い場合,政党数に関係なく,議会は官僚制の分立の程度を最小にした上で,統合を執政に委ねる.執政は統合を行う.③統一政府かつ政党数が2の場合,個別利益志向の程度に関係なく,議会は官僚制の組織編成を全て執政に委ねる.執政は政策の質を最大化するよう分立させた上で,統合を行う.④統一政府かつ政党数が3以上の場合,個別利益志向の程度に関係なく,議会は弱い統合とその下で政策の質を最大化する分立の程度(それが省庁数の下限に満たない場合は,省庁数の下限)を選ぶ.執政には選択の機会が回ってこない.

仮説の導出

命題1の意味するところを検討していこう.まず,大きな分かれ目となるのは,議会政党と執政の党派の一致性(β)と個別利益志向(γ),そして政党数(α)の条件である.政党数 α については,それが2であるか3以上となるかで大きく結果が異なることがわかった.そして,β で表現される執政の状態が

統一政府（$\beta=1$）の場合は，加えて政党数 α，分割政府の場合は，加えて個別利益志向 γ だけが帰結に影響する．分立と統合がもたらす効果のうち，統一政府の場合は政策の質，分割政府の場合は政策内容を政党が考慮すると考えるからである．

具体的には，分割政府の場合，議会は分立の程度については，自身の政策についての選好を反映させる形で決定を行う．個別利益志向が強い場合は省庁数を最大に，逆の場合は省庁数を最小にする．統合については執政に委任する．執政は省庁数が少ない場合のみ統合を行う[9]．

逆に統一政府の場合，議会政党の個別利益志向は帰結に影響せず，議会政党の数が帰結に影響する．政党数が2であり1/2の確率で執政をとれる場合，逆にいえば，単独与党となるか野党になるかどちらかである場合，執政権力を強めることの利益は，内閣を通じた統合で得られる利益を上回る．よって，統合を強めることを望む．政党数が3以上になるとこの関係は逆転するので，統合を行わないことを望む．分立の程度は，統合の程度に基づき，強い統合と組み合わせるならば分立の程度も高く設定する．執政は自身への統合の強化とその下で最適な分立を望む．政党数が2の場合は，議会政党と執政の両者の選好が一致するので，議会政党は執政に委任を行う．政党数が3以上の場合，両者の選好は一致しないので，議会は自身で統合と分立を設定する．

ここから，検証可能な仮説として，つぎの仮説を導出できる．

仮説 I-a 政治環境と官僚制の組織編成の間には，つぎの関係が成立する．

　統一政府かつ二大政党制や単独政権→やや強い分立と強い統合
　統一政府かつ多党制や連立政権→やや弱い分立と弱い統合
　分割政府かつ議員の一般利益志向→弱い分立と強い統合
　分割政府かつ議員の個別利益志向→強い分立と弱い統合

ここまでは帰結を追いやすくするため，β と γ を二値に限定したが，連続化するとどのような変化が生じるのだろうか．まず，γ を連続化すると，それに

---

9) 先においた仮定を，$f(b)>0$ と置き換えるならば，省庁数が最大の時でも執政は統合を選ぶ．

応じて選択する省庁数（m）が連続的に変化し，それにあわせて執政の統合はある段階まで行われるが，省庁数が閾値を超えると行われなくなるだろう．これに対して，βを連続化することは，帰結を大きく変える．βが0と1といった両極端ではなく中間の場合，議会政党にとっては政策内容と政策の質の双方が効用を構成するようになるので，政党の数（α）と政策志向（γ）の双方が同時に帰結に影響する．省庁数（m）は政党数と政策志向の双方に影響するが，両者が食い違う場合，つまり政策の質が要請する省庁数と政策志向が要請する省庁数が異なる場合，両者の間でバランスを取るように分立の程度は調整される．議会と執政の一致性が高まるほど，政策の質が要請する分立の程度に近づける形で調整がなされるだろう．

つぎに，政治制度との関係を考えていこう．まず，$\beta=1$，$\alpha=2$の場合とは，議院内閣制で小選挙区をとっており，二大政党制が成立し，政権は単独政権の形態をとる場合だといえる．この場合，官僚制の組織編成の権限は，首相に対する完全な委任となりやすい．首相の統治に対する評価は単独与党にそのまま返ってくる．連立パートナーや野党に統治の責任を負わせることはできない．単独与党は政策の質も含めて責任を負わされることを覚悟しなければならない．首相の統治活動の帰結と一蓮托生である以上，首相が統治を進めやすいようにすることが与党議員にとっての利益にもなる．首相は最も効率的な省庁数，つまり一定程度の分立と，強い統合を選ぶだろう．

同じ議院内閣制であっても多党制の場合（$\beta=1$，$\alpha\geq 3$の場合），つまり選挙区定数が大きく比例代表制がとられている場合，連立政権となることが多いが，こうした条件の下では，官僚制の組織編成は立法で縛られがちであり，分立の程度を低くするとともに，首相への集権化の回避が選択されるだろう．多党制で連立政権が常態である場合，首相を取れる確率は政党数の増大につれ低下するが，連立政権に入る期待確率は，常に二分の一を越える[10]．議会政党は，た

---

10) 首相と連立与党の関係については，二つの見方がある．連立与党のそれぞれが拒否権を持つというツェベリスの拒否権プレイヤーモデルや（Tsebelis 2002），連立与党が大臣職を通じて自分たちの利害・関心の強い政策領域を分担するというレイヴァーとシェプスリーの閣僚配分（portfolio allocation）モデルが一方にある（Laver and Shepsle 1996）．これに対して，連立政権であっても首相による大臣の統率は可能であるし，だからこそ政権合意を事前に結ぶことが実際の連立政権では見られることを指摘するストロームた

まにしか獲得できない首相の座よりも，安定的な確保が予想できる大臣職を重視し，その大臣が統率しやすい官僚制を形作ることを選ぶだろう[11]．

これに対して大統領制（$\beta=0$）の議会は，分立のみを自分たちで決定するだろう．大統領選挙が議会選挙とは別個に行われる以上，議会の政党は執政長官の選挙でも勝利する保証がない．自分たちの利益に沿った政策を追求しつつ，政策の質については，執政長官（大統領）に委ねるしかない．議員が追求する利益は，拘束名簿式比例代表制のように政党投票が中心の場合（$\gamma=0$），代表される利益の範囲を大括りにするよう，省庁数が限定されやすい．他方，単記非移譲式投票制や非拘束名簿式比例代表制のように個人投票が中心の場合（$\gamma=1$），狭く固い利益の反映のために省庁数は増やされるだろう．

首相や大統領といった執政長官は，委任を受けた場合に組織編成を行う．この際，自分自身に権力が集中するほど，自らの政権運営に対してアカウンタビリティを強く問われる．政権運営がうまくいけば自らの評価を高めることになるが，うまくいかなければ非難を集中的に浴びることにもつながる．逆に，官庁が議会から統制を受けており，さまざまな議員の利益や関心を反映する形で分断されている場合には，執政が政権運営を全て担うことは難しいものとなる．執政だけに責任が集中することもなくなる[12]．

以上の検討から，つぎの仮説を導出できる．

ちの立場が他方にはある（Strøm 1990）．筆者のここでの議論は，連立与党になり得るのであれば，大臣に自律性を持たせようというインセンティブを各政党は持つだろうが，ツェベリスやシェプスリーたちの前提が成立するかどうかは，そのインセンティブを反映するような官僚制機構を作り上げられるかに依存することを示しているといえよう．

11）　連立政権において，連立パートナーそれぞれが政権をモニターする手段として実際に大臣職が用いられていることを，日本の大臣職と副大臣職の政党間配分から示したものとして，Thies（2001）．他方で制度設計次第では，議会政党が大臣職を得ることはできないこともある．オランダ，ノルウェー，スウェーデンなどでは，閣僚と議員職を兼任することが禁じられる．このような場合，議院内閣制であっても執政の自律性は高くなる（大山 2011: 3章）．つまり，執政制度の細部の設計によって，執政の自律性は変化するのである．

12）　アモリム・ネトとサミュエルズは，大統領制では議院内閣制よりも政党以外からの入閣者が増えるとともに，閣僚配分において政党の議席シェアとの比例関係が薄れることを，各国データから示している（Amorim Neto and Samuels 2011）．

仮説 I-b 政治制度と官僚制の組織編成の間には，つぎの関係が成立する．
　議院内閣制かつ多数代表制→やや強い分立と強い統合
　議院内閣制かつ比例代表制→やや弱い分立と弱い統合
　大統領制かつ多数代表制→弱い分立と強い統合
　大統領制かつ比例代表制→強い分立と弱い統合

3.3　政治統制・技能形成ゲームを構築する

技能をモデルに内生化する

　組織編成ゲームにより官庁が創出された後，政治統制と技能形成のゲームが開始される．今度は，官僚制が戦略的選択をする存在として主要なプレイヤーとなる点が，組織編成ゲームとの大きな違いである．
　ここで捉えたいのは，つぎのような政治と行政の関係である．第一に，政治家を一枚岩とせず，議会[13]と執政の二つを分けて考える．第二に，これらの政治家たちは，官僚制に対して異なるコントロールの手段を有する．議会は法律を通じ官僚制の裁量を制約することができる．これに対し執政は，官僚制の人事に関与するとともに事後的な賞罰を与えることができる．第三に，政治家も官僚制も，政策の内容と同時にその質にも関心を持つ．第四に，政策の質は官僚制が技能投資することによって高められる．技能投資を行うか否かは，官僚制の選択に依存する．これら四つの側面を取り込みながら，どのような場合に官僚制への権限委譲が行われ，官僚制は技能投資を行うのか，言い換えれば官僚制の質は高いものとなるのか，また政治家による官僚制の人事への関与，すなわち官僚制の政治化がどのような条件で生じるのか．これらの問いを，ゲーム理論のモデルを用いながら考えていく．
　最初にゲームの展開を模式図で示しておく（図3-3）．事前コントロールは議会による権限委譲の制限と，執政による政治任用である．それらはいずれも政策内容を自分の考えに沿ったものにするが，政策の質は期待できないものにな

---

13)　注6と同じ理由で，政治統制・技能形成ゲームにおいても，議会をプレイヤーとして扱う．

3.3 政治統制・技能形成ゲームを構築する

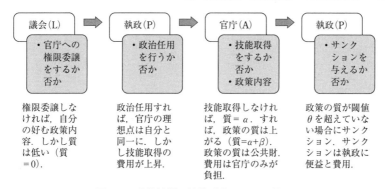

図 3-3 政治統制・技能形成ゲームの展開

出典）筆者作成.

る．官庁が技能取得を行うか否かの選択と政策内容の決定を行った後，執政が事後コントロールをかける．事後コントロールは政策の質を基準とする．

以下では，数式を用いてより厳密にモデルを記述した後，「検討」の項で解説を加えていく．その上で「含意」において，政治環境や政治制度によって，官僚制の技能の選択や政治家たちのコントロールの選択はいかに変わるのか，また，独立性，自律性，中立性はいかなる条件で成立するのかといった議論を展開していく．ここでも，数学的議論を不要とする読者は，「含意」へと進んでいただきたい．

モデルの内容

(1) プレイヤーと効用関数

プレイヤーは議会（L），執政（P），官庁（A）の三者．それぞれは政策の質と政策内容の双方から効用を得る．政策の質から得られる効用は $Q=\{0, \alpha, \alpha+\beta\}$ と表現する．つまり，政策の質は三段階であり，議会の権限委譲と官庁の技能投資により規定される．また，各プレイヤーは政策内容 x について選好を持ち，自分が最も望む理想点 $x_i, i=L, P, A$ を持つ．$x_L=0, x_P=1, x_A=[0, 1]$ と仮定する[14]．理想点が実現したときの効用を1とする．政策内容について

---

14) $x_L=0, x_P=1$ という仮定だけならば，一般性は失われないが，x_A が両者の間に位置するという仮定により一般性は失われる．しかし，議会と執政という二つのプリンシパル

は，政策結果が理想点から離れるほど，効用は単調減少する．よって，各プレイヤーの効用は，$u_i = Q + (1-|x-x_i|), i=L, P, A$ となる[15]．ここでは，政策の質から得られる効用はすべてのプレイヤーに共通だと考える[16]．

(2) 行動プロファイル

ステージ1：議会が官庁に裁量を付与するか（$d=\infty$），付与しないか（$d=0$）を選ぶ[17]．裁量を与えない場合，官庁の知識や情報が用いられず，政策の質は0となるが，政策内容を x_L にできる．裁量を付与すれば，官庁の知識や情報が用いられ，技能に投資する可能性を開くが，政策内容も変更される．

ステージ2：執政が政治任用を行う（pa）か否か（npa）を選ぶ．政治任用を行うことで，官庁の理想点を執政長官と同一にできる（$x_A=1$）が，官庁の技能取得の能力は低下する．具体的には，技能取得の費用が $c_A^H > c_A^L$ となる．政治任用を行わない場合，官庁の理想点は変わらず，技能取得の費用は $c_A^L > 0$ となる．

ステージ3：官庁が技能取得をする（i）か否か（ni）を選び，政策内容 x を決定する．技能取得をすることで，政策の質は $\beta \in [0, 1]$ だけ上昇する．技

のエージェントである官庁は，双方の間に位置する理想点を持つことが多いであろう．官庁の理想点が議会と執政の間にない場合，つまり独立性が極めて高い場合にモデルを拡張することも可能であるが，いたずらに煩瑣になるので，ここでは実際にほとんどのケースと考えられる状況のモデリングに限定した．

15) 政策の質から得られる効用と政策内容から得られる効用の和を全体の効用とするということは，政策の質と政策内容は独立していると想定しているということである．つまり，政策内容を好まない場合でも，その政策の質が高いことは正の効用を生むと考えるのである．仮に政策の質と政策内容が独立していないならば，好まない政策の場合はむしろ質が低い方が効用は高まるということになる．しかしそれでは，たとえばパイの大きさが政策の質で決まり，その配分を政策内容として決める状況において，自分に多くの配分が与えられないのならば，全体のパイも小さい方が望ましいと考えることになってしまう．

16) 政策の質が高まることはすべてのプレイヤーの公共財であり，その増減はすべてのプレイヤーの効用を同様に増減させると仮定している．この点をプレイヤーごとに多様にすることは，今後のモデルの拡張の一つの方向性である．

17) 裁量の幅を連続的に選択できるようにすることも，モデルの拡張可能性として残されるが，議会にとって政策の内容と質のどちらをとるか二者択一を迫られることに変わりはない以上，モデルの実質的な意味は本書のモデルと大差ないであろう．

能取得をしない場合の政策の質は $a \in [0, 1]$ である．ただし，技能取得を行うことには費用 $c_A^{L,H}$ がかかる．

ステージ4：執政が政策結果に対する賞罰を選ぶ．政策の質が一定の閾値 θ を超えなければ，サンクション s_A を官庁に課す．サンクションを課すことは執政に便益と費用を与える．便益と費用の差を s_P とする．

(3) 均　衡

命題2　政治統制・技能形成ゲームの部分ゲーム完全均衡は，つぎの通りである．

$\{L_1(d), P_2(pa), A_3(x, i), P_4(s_A)\}$

$$= \begin{cases} d=\infty, pa, (x_A=1, i), 0 \\ \quad \text{if}(1 \leq \alpha+\beta) \cap \{(c_A^H \leq \beta) \cap [(\alpha \geq \theta) \cup (\theta \geq \alpha+\beta)]\} \\ \quad \text{or}(1 \leq \alpha+\beta) \cap \{(c_A^H \leq \beta+s_A) \cap (\alpha < \theta < \alpha+\beta)\} \\ \quad \text{or}(1 \leq \alpha+\beta) \cap (1-x_A \geq \beta) \cap \{(c_A^L \leq \beta \leq c_A^H) \cap [(\alpha \geq \theta) \cup (\theta \geq \alpha+\beta)]\} \\ \quad \text{or}(1 \leq \alpha+\beta) \cap (1-x_A \geq \beta) \cap (c_A^L \leq \beta+s_A \leq c_A^H) \cap (\alpha < \theta < \alpha+\beta) \\ d=\infty, npa, (x_A, i), 0 \\ \quad \text{if}(x_A \leq \alpha+\beta) \cap (1-x_A < \beta) \cap \{(c_A^L \leq \beta \leq c_A^H) \cap [(\alpha \geq \theta) \cup (\theta \geq \alpha+\beta)]\} \\ \quad \text{or}(x_A \leq \alpha+\beta) \cap (1-x_A < \beta) \cap (c_A^L \leq \beta+s_A \leq c_A^H) \cap (\alpha < \theta < \alpha+\beta) \\ d=0, pa, (x_A=1, i), 0 \\ \quad \text{if}(1 > \alpha+\beta) \cap \{(c_A^H \leq \beta) \cap [(\alpha \geq \theta) \cup (\theta \geq \alpha+\beta)]\} \\ \quad \text{or}(1 > \alpha+\beta) \cap \{(c_A^H \leq \beta+s_A) \cap (\alpha < \theta < \alpha+\beta)\} \\ d=0, pa, (x_A=1, ni), 0 \\ \quad \text{if}\{(\beta < c_A^L) \cap [(\alpha \geq \theta) \cup (\theta \geq \alpha+\beta)]\} \cup \{(\beta+s_A < c_A^L) \cap (\alpha < \theta < \alpha+\beta)\} \\ \quad \text{or}(1-x_A \geq \beta) \cap \{(c_A^L \leq \beta \leq c_A^H) \cap [(\alpha \geq \theta) \cup (\theta \geq \alpha+\beta)]\} \\ \quad \text{or}(1-x_A \geq \beta) \cap (c_A^L \leq \beta+s_A \leq c_A^H) \cap (\alpha < \theta < \alpha+\beta) \\ d=0, npa, (x_A, i), 0 \\ \quad \text{if}(x_A > \alpha+\beta) \cap (1-x_A < \beta) \cap \{(c_A^L \leq \beta \leq c_A^H) \cap [(\alpha \geq \theta) \cup (\theta \geq \alpha+\beta)]\} \\ \quad \text{or}(x_A > \alpha+\beta) \cap (1-x_A < \beta) \cap (c_A^L \leq \beta+s_A \leq c_A^H) \cap (\alpha < \theta < \alpha+\beta) \end{cases}$$

この命題を自然言語で表現しておくと，以下のようになる．①技能取得時の政策の質が高く，技能取得の便益も大きい場合，および技能取得時の政策の質が高く，技能取得の便益は中程度だが，官庁の理想点が執政に近い場合，権限委譲がなされ，政治任用も行われる．執政の理想点の政策が選択され，技能取得が行われる．サンクションはない．②技能取得時の政策の質はやや高く，官庁の理想点はやや議会に近く，かつ技能取得の便益が中程度の場合，権限委譲がなされ，政治任用は行われない．官庁の理想点の政策が選択され，技能取得が行われる．サンクションはない．③技能取得時の政策の質が低く，技能取得の便益は大きい場合，権限委譲を議会は認めず，議会は自ら自分の理想点の政策を選択する．仮に権限委譲が行われれば，政治任用を執政は選ぶ．執政の理想点の政策が選択され，技能取得が行われる．サンクションはない．④技能取得の便益が小さく，サンクションのハードルが低い場合，あるいは，技能取得の便益が小さく，官庁の理想点が議会に近く，技能取得の便益は中程度である場合，権限が委譲されない．仮に権限委譲がなされれば，政治任用が行われ，執政の理想点の政策が選択される．技能取得は行われないが，サンクションはない．⑤官庁の理想点が執政と議会のどちらにも近くなく，技能取得の便益が小さい場合，権限委譲は行われない．仮に権限が委譲されれば，政治任用はなされず，官庁の理想点の政策が選択され，技能取得が行われる．サンクションはない．

検 討

この命題の意味するところを考えていこう．命題の意味をわかりやすく示すために，図を用意した．まず図3-4は，サンクションが発動される閾値θを横軸にとり，官庁が技能取得を行うことの便益βを技能取得の費用$c_A^{L,H}$と対比させながら，縦軸にとったものである．これにより次のことがわかる．サンクション発動の閾値が高いときと低いとき（図を縦に三分割したときの左側と右側）は，サンクションは効果を持たず，閾値が中間領域（縦に三分割した真ん中）において，サンクションははじめて効果を持つ．このため，前者においてはサンクションの大きさs_Aが領域を左右せず，後者においてのみs_Aが領域の違いをもたらしている．その効果は，それ以外の場合より技能取得の便益が小

3.3 政治統制・技能形成ゲームを構築する　65

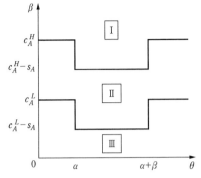

図 3-4　事後コントロールの発動条件
　　　　と技能投資
出典）筆者作成．

さくとも，官庁の技能取得を引き出すものとなる（IIの領域）．技能取得の便益が非常に大きい場合（領域 I）と非常に小さい場合（領域 III）には，事後サンクションにより官庁の技能取得を引き出すことはできない．

　つまり，事後コントロールというハードルは，高すぎても低すぎても効果を持たない．容易に飛び越えられるハードルも，決して超えられないハードルも，いずれも官庁の努力を引き出せない．他方で，飛び越えうるハードルならば，官庁は飛び越える努力をするので，実際には事後コントロールが発動されることはない．ハードルの高さは，α，すなわち官僚制の基本的技能が高まるにつれて，上げていかなければならない．官僚制の技能の状況に合わせて調整しなければ，事後サンクションは意味を持たなくなるのである．表面上，事後コントロールが観察されることはいずれにせよない．しかし，うまくハードルの高さを調整すれば，官庁がそれを超えようとすることを通じ，事後コントロールは潜在的に機能するのである．

　図 3-5 は，今度は横軸に官庁の政策選好をとった．縦軸には，官庁の技能取得の便益 β を今度は α と対比させながらとっている．こちらは，事前コントロールとしての議会による裁量付与と執政による政治任用の条件を示す．左の図は，図 3-4 で技能取得の便益が最も高い領域 I において，事前コントロールがどの条件で発動されるかを示している．この場合，官庁にとっても技能取得の便益が十分に高いために，執政は安心して政治任用を選べる．したがって，

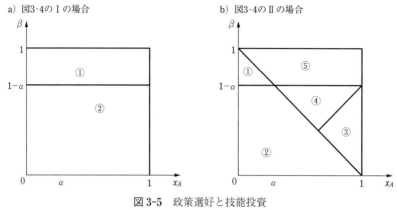

図3-5　政策選好と技能投資

出典）筆者作成.

官庁の理想点は結果に影響を与えない．議会は官庁の基礎的能力と技能取得によって得られる政策の質の向上だけを考慮して，後者が十分ならば裁量を与える．官庁の基礎的な能力 α が大きいほど，追加の技能取得の効果が小さくても裁量は与えられる．そして，政治任用がなされ官庁は技能取得を行う（①の場合）．しかし，技能投資の効果が小さい場合には，裁量は与えられない（②の領域）．

右側の図は，図3-4で技能取得の便益が中間の領域 II における，事前コントロールの発動条件を示した[18]．元々の官庁の政策選好が執政から遠く，また，十分に技能取得の便益がない場合には政治任用が行われるが，そのことは議会から見た場合に官庁に政策形成を委ねる利点を失わせしめる．したがって，非常に政策の質が高い場合（①の領域）を除いて，議会は裁量付与を行わない（②の領域）．この逆に，官庁の政策選好が執政に近くなればなるほど政治任用によって得られるメリットが小さくなる．したがって，技能投資の効果が大き

---

18) なお，図3-4の III の領域，すなわち技能投資をするための最低の費用ですら，官庁にとっては高い（c_A^L が β よりも高い）場合は，図示するまでもなく，そもそも権限委譲が生じない．官庁は技能投資を行わないので，政治任用に伴う技能投資への負のインセンティブを心配する必要はなく，政治任用が行われる．それならば議会にとっては権限委譲をする意味がないので，権限委譲は行われない．ここで仮に，執政が政治任用を行わないことを約束しても，執政が後手である以上その約束には信用性がないため，議会はやはり権限委譲を選ぶことはないのである．

い場合，政治任用は回避され，議会も裁量付与を行う（⑤の領域）．これより技能取得の便益は小さくても，執政は政治任用を行わないので，あまり官庁の政策選好が議会から離れておらず，官庁による技能取得のメリットも一定程度以上あるならば，官庁への裁量付与は行われる（④の領域）．しかし執政に選好が近くなると，議会は，政策の質を諦めてでも政策内容を自分の望むものとすることを選ぶ．このために裁量付与が行われない（③の領域）．

④と⑤の領域では，権限委譲がなされた上で，政治任用も行われないので，議会と大統領の双方の事前コントロールから免れる自律的な官僚制が生まれることになる．裏返すならば，官庁の政策選好と官庁の技能取得の便益と官庁へのサンクションの三つが一定の条件を満たしたときはじめて，自律的な官僚制が生まれるのである．ここでも，自律的な官僚制が存在しているという現象だけを観察して，政治によるコントロールが効果を持っていないと考えてはならない．政治によるコントロールは，そうした官僚制が存立しうる条件を制約する形で効果を発揮しているのである．

図3-5の左右における事前コントロールの発動条件を比較すると，二つの違いがあることがわかる．一つは，技能取得の便益が高い場合よりも中間程度の場合の方が，右側の図の④の部分だけ，官庁に権限が与えられることが増えることである．もう一つは，右側の図の⑤の領域において，議会から権限が与えられることに違いはないが，政治任用が行われなくなるということである．つまり，官僚制の能力が高いほど，その官僚制は政治的なコントロールから解放されるというほど，単純ではないのである．確かに能力が低ければ，能力を生かすために介入を控えるべきとプリンシパルが考えることはなくなる．しかし逆に能力が非常に高い場合も，政治介入を受けてもなお，官僚制自身の利益のために技能取得を行うと見られるため，介入を受けやすくなる．介入を控えれば，その見返りがあるとプリンシパルに認識されてはじめて，官僚制の自律性は生まれるのである．

さらに，そうした自律性を得るためには，その政策選好が，議会と執政の双方に近すぎないこと，すなわち中立性が必要であることもわかる[19]．議会と執

---

19) 第2章で紹介した，戦略的中立性を保つことが自律性の機能的代替物になるというヒューバーの議論は，こうした理論的根拠を持つといえる．

政の政策選好に違いがあり，かつそれぞれが自らの政策選好を実現する手段を持っている以上，そのどちらにも近からず遠からずの位置にあることが，双方の介入から自由になるための条件となる．もう少し精確にいうならば，両者から等距離ではなく，やや執政よりの政策選好を持つとき，自律性を確保できる可能性は最も高まる．議会が自らの政策選好を実現するための手段は，権限委譲を行わないことであるのに対し，執政のそれは政治任用である．それは権限委譲を確保した上でさらなる技能取得を諦めることである．つまり執政の方が介入によって失う専門性や情報は少ない．したがって，執政の方が介入可能性はより高く，それを防ぐためには，執政にやや近い政策選好を持っておくことが必要となるのである．

以上の議論の再確認となる部分もあるが，比較静学を用いることで，それぞれのパラメータの違いがどのような帰結の違いをもたらすのか，まとめておこう．

α（官庁の基礎的能力）：この値が大きくなるほど，事後コントロールが生じるがゆえに，技能取得の便益βが小さくとも官庁が技能取得を行う領域（図3-4のII）は，より大きな閾値θの方へ移動する．また，事前コントロールについては，政治任用が行われつつ議会の裁量付与がなされる領域（図3-5の①）と政治任用が控えられ裁量付与がされる領域（⑤）を，より低い技能取得の便益βの場合に拡張する．さらに，官庁の理想点が議会から遠いがゆえに，裁量を与えない領域（③）を縮小し，裁量が与えられ政治任用もなされない領域（④）を相対的に低いβと執政よりの官庁の理想点の組合せの方向に動かし領域としては縮小させる．

β（官庁が技能取得を行うことで得られる便益）：この値が非常に低ければ権限委譲は行われない．中程度の場合に権限委譲が行われ政治任用は回避される．この値が高ければ，権限委譲が行われた上で政治任用が行われる．

θ（サンクションを発動する閾値）：この閾値が低い場合と高い場合，事後コントロールが発動され得ないため，サンクションが帰結に影響を与えることはない．中程度の場合のみサンクションが帰結を変える．

s_P, s_A（執政にとってのサンクションの損得とサンクションの大きさ）：執政にとってサンクションの費用の方が大きいならば，サンクションの大きさは帰

結に影響しない．そうでない場合は，サンクションが大きいほど，より低い β であっても委任が生じうる．

x_A（官庁の理想点）：事後コントロールの発動とは無関係である．技能取得の便益が非常に大きければ，事前コントロールの発動とも無関係である．それ以外の場合，執政との近接性が高まるほど政治任用が回避される．逆に議会との近接性が高まるほど，権限委譲が選ばれる．

$c_A^{L,H}$（官庁の技能取得の費用）：c_A^l（政治任用されない場合の費用）の上昇は，β がある程度低い場合に，技能投資インセンティブを損ね，権限委譲の回避をもたらす．c_A^H（政治任用された場合の費用）の上昇は，β がある程度高い場合に，やはり技能投資のインセンティブを低下させるが，それが政治任用の抑制につながる．したがって，低費用が上昇し，高費用が低下するほど，技能投資が行われる可能性は小さくなる．

含　意

これらのパラメータの変化をもたらすものは何か．それは，このモデルでは外生化されている，プレイヤーたちに影響を与える制度や外部のプレイヤー，たとえば有権者の行動である．モデルを使って，いかなる制度配置やいかなる政治環境が，どのような官僚制を生み出すのかを考えてみよう．

まず，執政による事後サンクションを左右するのは，政策の質についてのアカウンタビリティを，有権者が執政にどの程度求めるかである．短期的に政策の質へのアカウンタビリティが求められる場合，すなわち雑な言い方をすれば，有権者が政府に多くを求めるほど，この閾値 θ は高く設定される[20]．もともと中程度の θ が高まる場合，他の条件が等しければ，図3-4のIIだった場合にIIIになること，Iだった場合にIIになることが生じやすい．もともとの θ が低かった場合は，IIIからIIへの変化とIIからIへの変化が生じる．Iおよび

---

[20] ここのモデルでは事後サンクションを課すのは執政であると想定したが，政策の質だけがサンクションの基準であり，かつ政策の質は全てのプレイヤーに同様の利得を与えると考えているのだから，サンクションを課す主体を議会と考えても，あるいは執政と議会の双方が事後サンクションを課すと考えても，ゲームの結果に変化は生じない．大統領制の場合では，議会が行政監視機能を担うことも多く，アメリカの政府監査院のような強力な機関を設置することもある（益田 2010）．

III への変化は権限委譲，政治任用，技能の全てを低下させる．逆に II への変化は権限委譲と政治任用，技能投資が増える可能性を持つ．つまり，アカウンタビリティを強く求めることは，多くの場合は官僚制の萎縮をもたらし，一部の場合にのみ官僚制の拡張をもたらすのである[21]．

　技能取得によらず発揮される α とは，官庁の基礎的能力を意味する．他方で議会の側から見ると，議会が権限委譲を行えば，政治任用の存否に関わらず得られるものなので，議会にとって権限委譲をすることのメリットともいえる．議会が政策形成に費やす時間や労力を節約できる利点を大きいと考える場合，裏返せば，議会が政策形成以外に行うべき活動や割くべき時間が多い場合に，この α は大きくなる．

　これに対して官庁の技能取得による便益 β とは，官庁が獲得する知識や情報が政策に反映されることで高まるものである．単に政策形成の時間や労力が節約できるだけではなく，政策の質が高まってはじめて議会は便益を得られるということなので，議会自身の能力が高く，政策専門性が高い領域において，議会にとって β の価値は大きい．

　この便益 β を内生的に，官庁の手で選べるならば，つまり独立性が存在しているならば，官庁は自律性の確保のために，β を高すぎず低すぎないよう設定するだろう．政策の質を官庁自身が高く評価すると，政治任用を抑制しなければ技能形成を行わないという脅しは信憑性がなくなる．政治任用により技能投資の費用が上昇しても，官庁にとっては技能を高めることの便益が上回るからである．自律性を確保するには，技能取得が持つ意味を，官僚制にとってもあえて中程度におさえておかねばならないのである．

　他方で，技能取得にかかる費用 $c_A^{L,H}$ は，官僚制が置かれている労働市場のあり方によって左右される．開放的な労働市場が成立しており，行政機構の外に出ても一度取得した技能が受け入れられる場合，技能取得を行う費用は相対的に安価なものとなる．民間との流動性が低い場合は，行政官としての技能は行政の外では評価されないことを懸念するので，技能取得の費用が高いものと位置づけられやすい．つまり，民間市場が閉鎖的だと c_A^H は上昇する．図 3-4

---

21) アカウンタビリティと統治パフォーマンスの関係が線形的でないことは，他の場面でもよく見られる．政治家と有権者の関係については，曽我（2015）．

を用いると，c_A^Hの増大は，Iだった領域がIIになるということを意味する．したがって，一定以上のαとβが確保されていることを前提とすれば，労働市場が閉鎖的な方が，政治任用の減少と技能取得インセンティブの増大をもたらしうる．労働市場の開放化が技能取得費用の低下をもたらすにもかかわらず，技能取得インセンティブを低下させるのは逆説的だが，費用低下は政治任用を招き，それが技能投資インセンティブを損ねるのである[22]．

さらに，低費用の場合と高費用の場合の差とは，政治任用することにより，官僚たちの技能取得のインセンティブがどの程度失われるかを示す．理想点へのこだわりがある熱中家タイプ（zealot）は，政治介入によって技能取得の意欲を失いやすい．言い換えると，c_A^Hが相対的に大きく上昇する．このことは，民間市場が閉鎖的な場合と同様，一定以上のαとβの値に対しては，政治任用の減少と技能取得インセンティブの増大をもたらしうる[23]．

最後に，議会，執政，官庁の政策選好，とりわけその同質性と乖離について考えよう．このモデルが示しているのは，議会と執政それぞれが官庁に対するコントロール手段を持つことから，議会であれ執政であれ，どちらかと選好が同質的な官庁は，もう一方のプリンシパルから強いコントロールを受けるようになり，それは結局関係者全体の効用を低下させることであった．したがって，官庁の理想点を官庁が自ら選択できる独立性を持つならば，自律性確保のために官庁は政策選好の中立性を確保しようとする．そして，αが高まるほど，すなわち議会にとって権限委譲の意味が大きくなるほど，政策選好を執政よりに

---

22) 民間企業においては，ホールドアップ問題が存在する．当該企業以外には評価されない企業特殊技能への投資を進めると，他の企業に移ることが難しくなることに経営者が付け入り賃金引き下げを持ち出しうる．このことを予測すると，従業員は技能投資へのインセンティブを失ってしまうという問題である（Hall and Soskice 2001, Iversen 2005）．本書の分析が示しているのは，官僚制といった政治介入が可能な組織には別種のホールドアップ問題が存在することである．この問題を解決するためには，政治介入を行わないことを公務員が信用できる形で示す必要がある．時として，公務員に対して身分保障を与えることに政治家が同意することは，この点から説明が可能である（Miller 2000: 308-22）．

23) 理想点に拘るタイプが多いほど，権限委譲が大きくなり政治任用が控えられる，すなわち，官庁に自律性が与えられるというのは，ゲイルマードとパティと同じ結論である（Gailmard and Patty 2007, 2013b）．

移動させるだろう．

　それでは官庁ではなく，議会ないし執政が官庁の選好を選べるならばどうだろうか．自分の選好に最も近いエージェントを選ぶのではないかと直観的には考えられるが，そう簡単ではない．たとえば，議会が最初から自分の選好に最も近い官庁を創出すれば，それは執政によって政治任用の対象とされる．その結果として執政の理想点が実現するよりは，両者の中間辺りの理想点を官庁に与え，政治任用を回避して，その官庁の理想点が政策結果ともなる方が，結局は議会にとって有利である．執政にとっても同様であり，自分の子飼いの官庁に対して，議会は権限委譲を回避してしまう．すると，政策の質は低いものに留まり，執政にとっても望ましい結果を得られない．ある程度，議会よりの理想点を持つ官庁を作り出し，議会による権限委譲を引き出すことが，執政にとっての効用改善につながる．プリンシパルが複数いる場合のエージェントの選択においては，誰がエージェントの選好を規定する力を持ったとしても，中立性の高いエージェントが創出される．

　別の言い方をすれば，政策選好についての独立性の不在は，自律性が得られない理由にはならない．この場合，独立性がなくとも中立性は得られ，中立性さえ確保できれば自律性も得られるからである．これに対し，先に述べたように，技能投資の価値についての独立性が不在だと，自律性が得られないことにつながりうる．第１章で示した独立性，自律性，中立性の相互の関係をこのモデルは明らかにしているのである．

仮説の導出

　以上に述べたことを整理して，いかなる政治環境が政治任用や技能投資をもたらすかについて，仮説を導出しよう．なお，権限委譲はそれがなされなければ，政治任用や技能投資が行われることもないという意味でそれらの前提となる．そして，実際に観察しやすい政治任用と技能投資について実証を行っていくことから，権限委譲については仮説の対象とはしない．

仮説 II-a　政治環境と政治任用の間には，つぎの関係が成立する．
- 執政に政策の質についてのアカウンタビリティを強く問うことは，技能投

資の価値が大きい場合には，政治任用を増大させる．技能投資の価値が小さい場合には，政治任用を減少させる．
- 議会の政策形成以外の活動に要する時間と労力の増大は，政治任用を増大させる．
- 政策領域の専門性や議会の立法能力がある範囲まで向上することは，政治任用を減少させるが，非常に高くなると政治任用は増大する．
- 官庁が政策選好を中立的なところに設定すると，ある程度技能投資の価値が低くとも，政治任用が回避される（自律性が確保できる）．技能投資の価値がさらに高ければ，官庁の政策選好がより執政に近くても，自律性を確保できる．
- 労働市場が開放的な場合，政治任用が拡大する．逆の場合，政治任用は回避されやすい．
- 官僚が理想点の実現に拘るタイプの場合，政治任用は減少する．

仮説 II-b 政治環境と官僚制の技能投資の間には，つぎの関係が成立する．
- 執政に政策の質についてのアカウンタビリティを強く問うことは，技能投資の価値が大きい場合には，技能投資を増大させる．技能投資の価値が小さい場合には，技能投資を減少させる．
- 議会の政策形成以外の活動に要する時間と労力の増大は，技能投資を拡大させる．
- 政策領域の専門性や議会の立法能力が向上することは，技能投資を拡大させる．
- 官庁が政策選好を中立的なところに設定すると，ある程度技能投資の価値が低くとも，技能投資が行われる．
- 労働市場が閉鎖的な場合よりも開放的な場合の方が，技能投資の水準は低い．
- 官僚が理想点の実現に拘るタイプの場合，技能投資は拡大する．

つぎに，政治制度との関係を考えていこう．政治制度の違いは，官僚制のあり方にどのような影響を与えるのか．執政制度として議院内閣制と大統領制の

二つを，選挙制度については多数代表制（小選挙区制）と比例代表制を考えると，それぞれの政治制度はモデルのパラメータにどのような影響を与えるだろうか．

政治制度が影響を与えるルートとしては，二種類のものがある．本章前半で取り上げた官僚制の組織編成を変えることを通じての間接的なものと，直接的なものの二種類である．官僚制の組織編成は，事後コントロールの強さ，そして官僚制の基礎的技能と投資によって得られる技能に影響を与える．他方で，政治制度の直接的な影響とは，議会や執政の政策選好を変えることである．

官僚制の組織編成の具体的な影響は，つぎのようになる．第一に，執政による統合の程度が高まることは，執政に対する有権者からの責任追及の動きを強めることにつながる．執政が行政を強く統制すると期待できるだけに，そのアカウンタビリティも強く問われるようになる．したがって，執政による統合が強まる議院内閣制の多数代表制と大統領制・多数代表制の場合に，θ の値は高い．逆に，執政が統合を行わない大統領制・比例代表制の θ は低い．議院内閣制・比例代表制の場合は，これらの中間に位置するだろう．第二に，官僚制の基礎的な技能の程度 α，言い換えれば権限委譲を行った時点で技能投資がなくとも発揮される技能とは，議会にとって権限委譲を行うことのメリットを示している．これが最大なのは，議会が集合行為問題を抱えやすく，それを執政への委任によって解消できない大統領制・比例代表制であろう．これ以外の制度配置においては，α の値は大きな差はないだろう．第三に，分立の程度が高まり裏返しに各省庁の規模が小さくなることは，専門特化に親和的である．官僚制の技能取得が行われた場合に得られる β の値は大きくなるだろう．議院内閣制・多数代表制が該当し，ついで大統領制・比例代表制となる．

他方で，行政組織のあり方とは別の側面に対して政治制度が直接与える影響として，議会と執政の政策選好の同質性があげられる．議院内閣制の場合に同質性は高く，大統領制の場合に異質性が高まる．議会多数派と執政の党派的な同一性が制度的に予定されている議院内閣制では，議会は執政と官僚制の同質化を許容するだろう．しかし大統領制の場合はそうではない．よって，議院内閣制よりも大統領制において，官僚制の理想点 x_A は議会の近くに位置するだろう．

表3-1 政治制度と政治統制・技能形成ゲーム

		執政制度	
		大統領制	議院内閣制
選挙制度	多数代表制	θ は高い α は小さい β は小さい x_A は議会より	θ は高い α は小さい β は大きい x_A は執政より
	比例代表制	θ は低い α は大きい β は大きい x_A は議会より	θ は中程度 α は小さい β は小さい x_A は執政より

出典）筆者作成．

以上の議論をまとめたのが表3-1である．

それでは，命題と結びつけることにより，政治制度がいかなる政治統制をもたらし，いかなる官僚制を生み出すと予測できるだろうか．大統領制・多数代表制は，α と β が小さく θ は高いことから，図3-4においてはⅡの右側となり，図3-5bにおいては，x_A が小さく，α と β ともに小さいことから，②になる確率が高く，ついで①になる確率が高いだろう．大統領制・比例代表制は，α と β が大きく，θ が低いとなれば，図3-4においてはⅠないしⅡの左側となり，図3-5aの①あるいはbの①になる確率が高いといえる．議院内閣制・多数代表制は，α が小さく，β が大きく，θ が高いので，図3-4においてはⅡの右側，図3-5bにおいては⑤になる確率が高いだろう．議院内閣制・比例代表制は，α，β とも小さく，θ は中程度ということなので，Ⅱの真ん中あたりとなり，図3-5bの④となる確率が高いと予測できる．したがって，政治任用がよく用いられるのは大統領制となり，その中でも比例代表制となる．そして大統領制・多数代表制は技能投資が行われにくく，比例代表制の方が，まだそれよりは行われやすいと考えられる．これに対して，議院内閣制の場合は，選挙制度にかかわらず，政治任用は行われないが，技能投資は行われるだろうと予測できる．

同じことをもう一度違う角度から述べて仮説を導出しよう．政治任用が生じる条件は，図3-4のⅠ，かつ図3-5aの①であるか，図3-4のⅡ，かつ図3-5bの①であるかのどちらかである．図3-4のⅠとなるほど β が大きいことはまれ

なので後者の条件に絞ると，官庁の理想点 x_A が議会よりであることが第一の条件である．その上で α が大きく，また θ が中程度であるという条件が加わる．表 3-1 と見比べると，官庁の理想点の条件を満たすのが大統領制の二つであり，さらに α の条件も満たすことから，大統領制・比例代表制において政治任用は最も生じやすいと予測できる．これに対して議院内閣制は官庁の理想点の条件を満たさないことから，政治任用は生じにくいが，どちらかといえば，θ の条件を満たすことから，比例代表制の方が政治任用を用いる可能性がある．これらをまとめると，次の仮説となる．

仮説 II-c 政治制度と政治任用の間には，つぎの関係が成立する．
　議院内閣制かつ多数代表制→政治任用が用いられることは少ない
　議院内閣制かつ比例代表制→政治任用が用いられることはやや少ない
　大統領制かつ多数代表制→政治任用が用いられることはやや多い
　大統領制かつ比例代表制→政治任用が用いられることは多い

次に技能取得が生じる条件については，一つが図 3-4 の I であることだが，これを満たすほど β が高いことはあまりないので，もう一つの条件が重要になる．それは図 3-4 の II，かつ図 3-5b の①④⑤ということである．したがってまず，ハードルが高すぎず低すぎず，α の大きさに見合った高さに設定されていることが第一の条件である．θ が中程度というこの条件を満たすのは，議院内閣制・比例代表制という組合せのみとなる．その上で，図 3-5b において①④⑤の領域というのは，結局，官僚制の理想点が真ん中からやや執政寄りであることを求める．この点でも議院内閣制の方が条件を満たしやすい．さらに，α が大きいこと，β が大きいことも，この領域を満たす可能性を高める．大統領制・比例代表制はこの双方の条件を，議院内閣制・多数代表制はこのうち一つの条件を満たす．以上をまとめると，議院内閣制・比例代表制の下で，官僚制は技能投資へのインセンティブを最も強く与えられる．ついで，議院内閣制・多数代表制，大統領制・比例代表制となり，大統領制・多数代表制は，技能投資のインセンティブを与えることが難しい制度配置ということになる．

仮説 II-d　政治制度と技能投資の間には，つぎの関係が成立する．
　議院内閣制かつ多数代表制→官僚制による技能投資がやや多く行われる
　議院内閣制かつ比例代表制→官僚制による技能投資が多く行われる
　大統領制かつ多数代表制→官僚制による技能投資が行われにくい
　大統領制かつ比例代表制→官僚制による技能投資がやや行われにくい

　ここで示した理論モデルは，実際の観察データによっても支持されるのだろうか．この検証作業に，次章以下で取り組んでいく．

補　遺

命題 1 の証明

　ステージ 2 において，執政は，与えられた $\dot{m}$ の下で，$f(\dot{m})>0$ ならば統合を行い，そうでないならば統合は行わない．m についても決定権を委任される場合は，$f'(\dot{m})=0$ となる $\dot{m}$ を選び，統合を選ぶ．
　ステージ 1 における議会の効用を考える．α が 3 以上の場合，第一党になる確率 $1/\alpha$，入閣する確率は，$(\alpha+1)/2\alpha$ である．α が 2 の場合は第一党になる確率と入閣する確率はいずれも同じで $1/2$ である．したがって，

$$u_L=(1-\beta)g(m)+\beta\left[\frac{1}{\alpha}vf(m)+\frac{\alpha+1}{2\alpha}(1-v)[f(m+s)-s]\right], \alpha\geq 3 \text{ の場合}$$

$$u_L=(1-\beta)g(m)+\frac{\beta}{2}vf(m), \alpha=2 \text{ の場合}$$

　したがって，$\beta=0$ の場合，$g(m)$ を最大化する $\dot{m}$ を選ぶ．$\gamma=1$ の場合，$\dot{m}=b$，$\gamma=0$ の場合，$\dot{m}=a$ となる．v については自らの効用の要素とならないので，執政に委ねる．
　$\beta=1$ の場合，かつ $\alpha=2$ の場合は，$v=1$ が効用を高めるので，v について委任を行う．m についても，自らの効用を最大化する m をステージ 2 で執政が選ぶことが予測できるので，委任を行う．
　$\beta=1$ の場合で，かつ $\alpha\geq 3$ の場合，議会の効用を v について整理すると，

$$u_L = \frac{1}{2\alpha}[2f(m)-(\alpha+1)f(m+s)]v + \frac{\alpha+1}{2\alpha}[f(m+s)-s]$$

v の係数は二次関数であるが，3以上の α と m および s が自然数である場合に，これは負となる．したがって，v を可能な限り小さくすることが議会の最適な戦略である．v について委任をすると $v=1$ となるので自ら $v=0$ を選ぶ．$v=0$ のとき，

$$u_L = \left[\frac{\alpha+1}{2\alpha}[f(m+s)-s]\right]$$

となるが，これを最大化する m は，$f'(\tilde{m}-s)=0$ なので，$\tilde{m}-s$ を選択する．ただし，これが a より小さい場合は a を選択する．

(証明終わり)

命題2の証明

逆戻り推論でステージ4から考える．執政は政策の質が不十分であり，かつ事後コントロールを行うことの費用を便益が上回る場合，サンクションを選ぶ．

$$P_2 = \begin{cases} s_A, \text{if}(s_P \geq 0) \cap (Q < \theta) \\ 0, \text{otherwise} \end{cases}$$

ステージ3において，官庁は，政策内容については，選択機会が回ってくる限り，自分の理想点を選ぶ．加えて，(i) 技能投資をせずともサンクションがないと予想できる場合，すなわち $\alpha > \theta$ ならば，技能投資による政策の質の改善がその費用を上回る場合のみ投資を選択する．他方，技能投資を行ったとしてもサンクションを回避できない $\theta > \alpha + \beta$ の場合も，同様となる．

$$A_3 = \begin{cases} i, \text{if}\{(\beta \geq c_A) \cap (\alpha > \theta)\} \cup \{(\beta \geq c_A) \cap (\theta > \alpha + \beta)\} \\ ni, \text{otherwise} \end{cases}$$

(ii) 技能投資を行わなければサンクションがあるが，投資をすることでサンクションを回避できる場合，つまり，$\alpha \leq \theta \leq \alpha + \beta$ の場合，サンクションを回避することで得られる効用も加えて，費用を上回るならば，投資を行う．

$$A_3 = \begin{cases} i, \text{if}(\beta + s_A \geq c_A) \cap (\alpha \leq \theta \leq \alpha + \beta) \\ ni, \text{otherwise} \end{cases}$$

ステージ2において執政は，政治任用の費用が便益を上回る場合のみ政治任

用を抑制する．それは，技能投資による効用上昇分が，執政にとっても政治任用による政策内容の改善分を上回り（$1-x_A<\beta$），かつ政治任用を行うと官庁の技能取得を損ねるが，行わなければ官庁は技能取得を行う場合である．それには二つの場合があり，(i) 官庁にとって，技能取得するか否かで事後サンクションは変わらないが，政治任用されない場合のみ，技能取得の効用が費用を上回る場合と，(ii) 官庁は技能取得を行わないと事後サンクションを受けるが，政治任用により技能取得のコストが上回ると，官庁が技能取得を行う理由を失う（技能取得による効用改善とサンクション回避のメリットすら，技能取得の費用が上回る）場合である．

$$P_2=\begin{cases} npa, \text{if}(1-x_A<\beta)\cap\{(c_A^L\leq\beta\leq c_A^H)\cap[(\alpha\geq\theta)\cup(\theta\geq\alpha+\beta)]\} \\ \text{or}\{(1-x_A<\beta)\cap(c_A^L\leq\beta+s_A\leq c_A^H)\cap(\alpha<\theta<\alpha+\beta)\} \\ pa, \text{otherwise} \end{cases}$$

ステージ1において議会は，裁量を与えなければ，政策内容において1（政治任用が行われる場合）ないしx_A（政治任用が行われない場合）の効用上昇を得られるが，政策の質$\alpha+\beta$（技能投資が行われる場合）ないしα（技能投資が行われない場合）を失うので，後者が大きい限り権限委譲を行う．(i) 政治任用がなされるが，技能取得も行われる場合，$\alpha+\beta\geq 1$ならば委任する（以下の式の最初の4行）．(ii) 政治任用が行われず，技能取得が行われる場合は，政策内容によって得られるx_Aの利得より質の低下によって失う$\alpha+\beta$の方が大きい場合のみ委任を行う（式の5行目と6行目）．これら以外の場合は，権限委譲は回避される．

$$L_1=\begin{cases} d=\infty, \text{if}(1\leq\alpha+\beta)\cap\{(c_A^H\leq\beta)\cap[(\alpha\geq\theta)\cup(\theta\geq\alpha+\beta)]\} \\ \text{or}(1\leq\alpha+\beta)\cap\{\cap(c_A^H\leq\beta+s_A)\cap(\alpha<\theta<\alpha+\beta)\} \\ \text{or}(1\leq\alpha+\beta)\cap(1-x_A\geq\beta)\cap\{(c_A^L\leq\beta\leq c_A^H)\cap[(\alpha\geq\theta)\cup(\theta\geq\alpha+\beta)]\} \\ \text{or}(1\leq\alpha+\beta)\cap(1-x_A\geq\beta)\cap(c_A^L\leq\beta+s_A\leq c_A^H)\cap(\alpha<\theta<\alpha+\beta) \\ \text{or}(x_A\leq\alpha+\beta)\cap(1-x_A<\beta)\cap\{(c_A^L\leq\beta\leq c_A^H)\cap[(\alpha\geq\theta)\cup(\theta\geq\alpha+\beta)]\} \\ \text{or}(x_A\leq\alpha+\beta)\cap(1-x_A<\beta)\cap(c_A^L\leq\beta+s_A\leq c_A^H)\cap(\alpha<\theta<\alpha+\beta) \\ d=0, \text{otherwise} \end{cases}$$

（証明終わり）

4 組織編成の国際比較

4.1 組織のどこに注目するのか

　現在の各国の官僚制の特徴を計量データによって捉え，それをもたらす要因を明らかにすること，これが本章と第5章の課題である．まず本章では，官僚制の組織編成を見ていく．第3章の理論的検討でも示したように，官僚制をどのように分立させ，統合していくかが，官僚制の組織編成を考える上での注目点である．

　分立の程度とは，さまざまな行政機能，たとえば安全保障，福祉，インフラ整備などをどの程度個別の省庁に細かく分けていくのか，それとも大括りの省庁とするのか，それらを何人の大臣・長官によって統率していくのかということである．これは，大規模組織としての行政機構が，いかに分業しているのかを解明する出発点となる．にもかかわらず，省庁の数を規定する要因は，これまで解明されていない．たとえば，現在の日本の大臣数19名[1]と1府13省庁という数字は他国に比して大きいのだろうか．これすら不明なのではないか．本章はここから議論を始め，第3章で検討したように，政治的産物として行政組織を見る視点から，この問題に対し理論的な解明が可能となることを示す．

　統合の程度とは，首相および大統領を直接的に支援する行政中枢（centre of government: CoG）を通じた統合なのか，それとも大臣や長官といった省庁のトップを中心にする古典的な統合なのか，あるいはいずれもが弱い形態であるのかによって捉えられる．行政中枢とは執政長官を直接支える組織であり，首相府，大統領府[2]などと呼ばれ，日本では内閣官房や内閣府が該当する．これ

---

[1] 内閣法第2条第2項には，国務大臣数は14名以内，ただし特別に必要がある場合は17名以内とする規定があるが，特別法および内閣法附則により増加が図られうる．19名というのは，復興庁設置法および東京オリンピックに関する特別措置法による増員の結果である．

[2] 呼称はさまざまであり，たとえば，ドイツの場合は連邦首相府（Bundeskanzleramt），カナダの場合は枢密院（Privy Council），ブラジルの場合は官房庁（Casa Civil）などで

らの執政長官直属スタッフがどの程度集められており，どのような機能を担っているのかが，ここでの着目点である．ここでも，日本の内閣官房が2000年代に強化拡充されてきたのは確かだとして，それが他国との比較においてどの程度のものなのかは明らかではない．明確な基準に基づく比較により，各国の行政中枢を把握し，そこに見られる共通性と多様性を見出すことから議論を始めていこう．

4.2 分立の程度を捉える：大臣数と省庁数

中央政府にいくつの省庁が存在し，どのように分業しているのかを把握することは，行政組織について考える初歩であろう．しかし，発展途上国を含めた世界各国についてデータを集めるのは意外と困難である．ここではまず近似値として，大臣数に着目する．バークマンやトマシらのIADB政治制度データセット（Chuaire et al. 2013）[3]に含まれている次官や副大臣を除いた大臣数の比較データの2000年から08年の平均をとったものがそれである．世界の187ヵ国についてのヒストグラムを描くと図4-1となる．最小だと一桁，最大だと50を越える大臣を持つ国があり，最も多いのは20を超えるあたりとなる．平均値は22.995, 標準偏差は7.767である．大国は大臣数が多く，小国はそれが小さいという傾向があるわけではない．実質GDPとの相関係数は0.166, 人口との相関係数は0.339にとどまる．

このような大臣数はどの程度安定的なのだろうか．大臣数データの時系列をさかのぼり，最も古いデータとして1980年代の平均値との比較を行う．すると，実際には，ほとんどの国がそれなりの変化を見せていることがわかる．もともと大臣数が極端に多く，40以上あるような場合は減少することがほとんどではあるが，そうでない場合は近年の方が増えているという国の方が多い．20年というタイムスパンで見れば，大臣数は変化する存在であり，いかなる要因がその変化をもたらすのかは解明されるべき問いである．

ある（OECD 2015: 92）.

3) データはつぎのURLから入手した．http://www.iadb.org/en/research-and-data/publication-details,3169.html?pub_id=IDB-DB-112

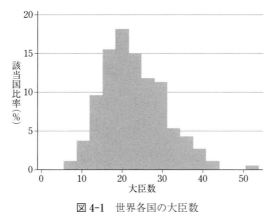

図 4-1　世界各国の大臣数
出典）Chuaire *et al.*（2013）に基づき筆者作成.

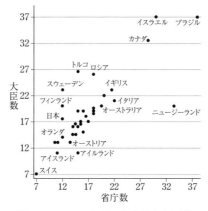

図 4-2　OECD 各国の省庁数と大臣数
出典）OECD（2009）に基づき筆者作成.

　ここまでは大臣数は省庁数の近似値であると考えてきたが，本当にそうなのだろうか．この点を確認するために，OECD 諸国のみではあるが，省庁数と大臣数の関係を見てみよう[4]．横軸に省庁の数，縦軸に大臣・長官の数をとり，各国の位置をプロットしたのが図 4-2 である．省庁の数と大臣の数が概ね一致している国が多いことが確認できる．その上で，先進国に限っても，省庁・大

4）　以下，OECD 関連のデータは全て，つぎの URL から入手した．http://stats.oecd.org

臣数には相当の多様性があることもわかる．省庁数の最小はスイスの7だが，これを筆頭に省庁数が少ない大括りの省庁になっている国として，エストニア，アイスランド，オランダ，日本，フィンランド，スウェーデンがあげられる．この逆に，省庁数が最大なのは38のブラジル[5]であり，これ以外にも省庁数が多い場合，一つの政府機能に関わる省庁が複数存在しうるリダンダンシーの傾向があるといえる．ニュージーランド，イスラエル，カナダがそれに該当する．これら以外の多くの国は省庁数が13から23に収まっている．

　さらに，省庁数と大臣数を比較することで，前者の方が大きければ一人の大臣に複数の省庁がぶら下がるマルチエージェント，逆に，後者の方が大きければ複数大臣が一つの省庁の所管に関わるマルチプリンシパルとなることがわかる．各国の違いを見ていくと，アイルランドとニュージーランドが省庁数の方が多いマルチエージェントのタイプであり，大臣数の方が多いマルチプリンシパルとなっているのが，ロシア，トルコ，スウェーデン，フィンランド，日本，イスラエル，カナダといったところである．これ以外の諸国は，概ね，プリンシパルとエージェントは一対一対応となっている．

4.3　統合の程度を捉える：行政中枢の組織と機能

行政中枢の組織

　つぎに，各国の行政がどの程度，垂直的な統合を強く受けているのかを見ていこう．実際の各国における行政中枢は，どの程度の規模であり，どのような役割を果たしているのだろうか．OECDによる各国の実態調査（OECD 2015: 91-7）をもとにして，この点を明らかにしていこう．

　まず，各国の行政中枢の規模を見ていこう．行政中枢で勤務する人数の絶対

---

[5]　ブラジルの連邦政府行政機構には，2016年9月現在で，国防省，財務省，文化省，スポーツ省，観光省，都市省など22の省，省と同格の特別補佐官が2，そしてカウンシルが24存在する．カウンシルは利益集団や市民団体の代表者を参加させており，経済社会開発カウンシル，民間保険カウンシル，高齢者の権利カウンシル，交通カウンシルなどがある．参照URLはつぎの通り．http://www.brazilgovnews.gov.br/federal-government/how-the-government-works/federal-executive-branch

規模は100人足らずから2000人強まで幅広く,平均は677人だが標準偏差は654と大きい.行政中枢の規模の大きさと,中央政府の行政機構の中で占める相対比率の間には,必ずしも線形の関係は存在しない.各国の差が大きいので自然対数化した上で職員数と相対比率を横軸と縦軸に取り,各国の値をプロットすると(この図の掲載は省略した.職員数については,後掲の図4-3の横軸を参照されたい),緩い線形関係があるようにも見えるが,この両方の値が低いイスラエル,ノルウェー,オランダを除いて考えると,両者の関係は消える[6].

各国は概ね,三つのグループに分けることができる.第一は,行政中枢に多くの人数を抱えるものの,中央政府全体に対する相対的比率は必ずしも高くない,フランスとイタリアである.ドイツとスペインもややこれに近い[7].第二は,行政中枢に多くの人数を抱え,中央政府全体に対する比率も高いイギリス,カナダ,ニュージーランドといったアングロサクソン諸国である.メキシコ,チリ,そして韓国といった大統領制諸国も同様の位置づけを持つ.第三は行政中枢の絶対的規模,相対的比率の双方が高くないグループである.ベルギー,フィンランド,デンマーク[8],エストニアといったところが該当している[9].日本については,基本的には,第一の欧州大陸諸国と同様のところに位置しているといえるが,中央政府全体の職員数が極めて少ないことと相まって,相対的比率は若干高く,イギリスに近いようにも見える[10].ともかく,留保をつけつつ,現状の位置づけとしては第一の集団に入れることが適切であろう.

---

6) 実際,すべての国を対象とすれば,二つの変数間の相関係数は0.589だが,イスラエル,ノルウェー,オランダの三国を除いた場合,相関係数は0.098となり10%水準でも有意ではない.
7) これらの国はいずれも,ポグントゥケたちがいうところの大統領化が進んでいる国でもある(Poguntke and Webb 2005: chs. 3-5).
8) 逆に,デンマークはポグントゥケたちの分析対象の中で,最も大統領化が進んでいない国の一例である(Poguntke and Webb 2005: ch. 7).
9) スイスはこれらのいずれにも属さない例外的な国である.行政中枢の絶対規模はフィンランドなど第三集団と同じだが,相対的な規模は極めて高い.中央政府全体の職員数が小さいためであり,むしろイギリスなどと同様の位置づけと捉えるべきであろう.
10) OECDデータでは,日本について内閣官房のみが含まれ,内閣府は除かれている.そもそも何を行政中枢に含めるのかということ自体が問題であり,国際比較の難しさがここには表れている.

行政中枢の機能

行政中枢の役割の広さについては,以下の15の機能について,各国の行政中枢が専管しているのか,他の省庁との共同所管となっているのか,それとも全く所管していないのかに着目する.その機能とは,閣議の準備,政府見解の広報,行政機構の戦略的人事管理,行政機構改革,戦略的計画,リスク管理・戦略的予測,政府計画の準備,政策分析,政策調整,規制の質と一貫性の確保,政策執行のモニタリング,地方政府との関係,議会との関係,国際開発援助,国際的調整の15である.専管の場合を2,共管の場合を1,所管していない場合を0として,それぞれの所管状況を整理したのが表4-1である.ほとんどの国が,閣議の準備については行政中枢が専管で担当しているほか,政策調整,議会との調整,計画機能を果たしていることも多い.逆に国際関係を所管する国は少数である.

各国の行政中枢がこれらの機能をどれだけ担っているのかは,このポイントを合計することによって示される.そのポイントと行政中枢の規模との関係を見たのが,図4-3である.職員数と機能の大きさには概ね正の関係が存在するが(両者の相関係数は0.519),大きく三つの群に分けることができる.第一

表4-1 行政中枢の機能

機 能	平 均	標準偏差	最小値	最大値
閣議の準備	1.821	.5479	0	2
政府見解の広報	1.357	.4879	1	2
行政機構の戦略的人事管理	0.535	.6929	0	2
行政機構改革	0.892	.7373	0	2
戦略的計画	1.464	.5762	0	2
リスク管理・戦略的予測	1.035	.6929	0	2
政府計画の準備	1.5	.6382	0	2
政策分析	1	.5443	0	2
政策調整	1.678	.4755	1	2
規制の質と一貫性の確保	1	.7200	0	2
政策執行のモニタリング	1.428	.6900	0	2
地方政府との関係	0.785	.7382	0	2
議会との関係	1.5	.5091	1	2
国際開発援助	0.214	.4178	0	1
国際的調整	0.714	.5345	0	2

出典)OECD(2015)に基づき筆者作成.

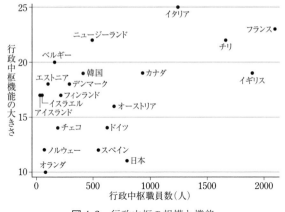

図 4-3 行政中枢の規模と機能
出典）表 4-1 と同じ．

は，職員数も多く機能も大きい，フランス，イギリス，イタリア，チリといったグループである．第二は，職員数がそれほど多くなく，機能の大きさが中程度の国々である．ニュージーランド，ベルギー，韓国，カナダ，デンマーク，フィンランドなどが該当する．第三は，職員数はさほど多くなく，担っている機能も限定的な国であり，日本，ドイツ，スペイン，ノルウェー，オランダといった諸国である．

このように担っている機能の大きさに違いがあるだけではなく，それぞれの国には，どういった機能を担うかについても違いがあるのだろうか．この問いに答えるため，因子分析を行うことで15の機能とその所管について共通する因子を探索した．主因子法を用いて因子分析を行ったところ，固有値1以上の因子として五つが発見されるので，それらについてプロマックス回転をかけた結果を表4-2に示した．

因子1は行政内部の管理や改革の因子負荷量が大きいことから，行政府全体にまたがる管理機能を示す因子と位置づけられる．そこでの行政管理とは，日常的な予算管理や人事管理ではなく，人材の戦略的な配置や組織再編といった，官僚制を不断に見直すための包括的管理である．この因子については，規制の質と一貫性を保つ機能も関わっている．規制効果分析（Regulatory Impact Analysis: RIA）のように個別の事業官庁を横断する形で規制改革を進めるこ

4 組織編成の国際比較

表 4-2 行政中枢機能の分類

変　数	因子1 包括的行政 管理	因子2 マルチレベ ルの調整	因子3 戦略的方向 づけ	因子4 対中央省庁 外調整	因子5 執政補佐
閣議の準備	0.1141	−0.0792	−0.2145	0.0774	**0.7688**
政府見解の広報	−0.1423	0.1589	−0.3276	**0.6724**	0.0860
行政機構の戦略的人事管理	**0.8247**	0.0237	0.0018	−0.0678	0.0972
行政機構改革	**0.9207**	0.1924	0.1195	−0.0457	0.0297
戦略的計画	0.0087	0.2263	**0.5622**	−0.2565	0.3689
リスク管理・戦略的予測	0.2567	−0.0907	**0.7292**	0.0161	−0.2212
政府計画の準備	−0.0559	−0.1058	**0.8244**	0.0404	−0.0435
政策分析	−0.2676	0.3320	0.3339	0.4488	0.0983
政策調整	0.0589	0.1081	0.2549	0.1248	**0.6091**
規制の質と一貫性の確保	**0.5194**	−0.0693	−0.1911	0.2717	0.0116
政策執行のモニタリング	0.0603	0.1687	0.2870	**0.5247**	−0.1977
地方政府との関係	0.1226	**0.8090**	−0.0199	−0.0106	0.0710
議会との関係	0.2368	−0.4258	0.1370	**0.6159**	0.1925
国際開発援助	0.2459	**0.6645**	−0.2301	0.1435	−0.0960
国際的調整	−0.0444	**0.6887**	0.0468	−0.1191	−0.0591
固有値	2.3814	2.155	2.1521	1.7896	1.4437

注）太字は因子負荷量が 0.5 以上のもの．
出典）表 4-1 と同じ．

とは，行政中枢による行政全体の管理の主要な一部を構成していることがわかる．

　二つ目の因子は，マルチレベルの調整機能を示す因子といえる．因子負荷量として大きな値を示している変数が，地方政府との関係，国際開発援助，国際的調整の三つだからである．内務省等の地方所管官庁や外務省といったマルチレベルの調整を専門に所管する省ではなく，行政中枢がマルチレベルのガバナンスの中で政策機能と領域をまたぐ形で調整機能を果たしている姿が，ここからは浮かび上がる．

　第三の因子に対して高い負荷量を示す変数は，戦略的計画，リスク管理・戦略的予測，政府計画の準備の三つである．いずれも政府としての計画立案に関わるものであり，中長期的なタイムスパンのもと，総合的・包括的に政府の行動を方向づけていく機能を表している．

　因子 4 は，政府見解の広報，政策執行のモニタリング，議会との関係の三つにおいて大きな因子負荷量を示している．これらに共通する側面を見出すのは

容易ではないが，立法府との関係に加え，エージェンシーや地方政府，さらにはNPOを含めて政策実施に関与する諸機関・団体や市民との関係を含むので，中央省庁以外とのインターフェイスを担う機能といえる．第二の因子がマルチレベルの調整であったのと対比して，この第四因子は同じ中央レベルで，行政機構の外との関係を調整する機能である．

最後に，五つ目の因子としては，閣議の準備と政策調整という機能をまとめたものがあげられる．これは古典的な行政中枢による内閣の補佐，個別省庁間の総合調整といった機能を示している．

このように，現代の行政中枢の機能は，包括的行政管理，マルチレベルの調整，戦略的方向づけ，対中央省庁外調整，執政補佐の五つにまとめることができる．それでは，どのような国がどのような機能を果たす行政中枢を持つのか．図4-4および図4-5にこれを示した．古典的かつ中核的な機能と考えられる執政補佐の機能を円の大きさで示した上で[11]，包括的行政管理の機能を横軸に，マルチレベルの調整を縦軸に取ったのが図4-4，戦略的方向づけを横軸，対中央省庁外調整を縦軸に取ったのが図4-5である．包括的行政管理とマルチレベルの調整の双方の機能を行政中枢が保有する国は少なく，どちらか，あるいはどちらも持たない国が多い．戦略的方向づけと対中央省庁外調整については，どちらも保有するという国が多い．さらに，戦略的方向づけの機能だけは持っているという国も相当数ある．これら四つの機能の保有状況と円の大小には特段の関係が見られない．つまり，執政補佐という古典的な行政中枢の機能とそれ以外の近年拡充している行政中枢の機能の保有には必ずしも相関がないということである[12]．古典的な機能については大きな役割を果たしていても，新しい機能の拡充は進まない国もあれば，古典的機能については小さい役割のままで，新しい機能の拡充を進める国もある．

いくつかの類型を抽出してみよう．第一はイタリアとフランスであり，執政

---

11) ただし，執政補佐機能を構成する変数は最も平均値の高い二つの変数である．つまり，執政補佐機能はほとんどの国が有しており，そうした機能を持たない国がわずかに存在している．

12) 執政補佐機能と他の機能の間の相関係数はいずれも0.2以下であり，10%水準でも有意な関係を持たない．また他の四つの機能間においても，最大は包括的行政管理と対中央省庁外調整の間に0.327の相関係数（有意確率は8.9%）があるにすぎない．

90　4　組織編成の国際比較

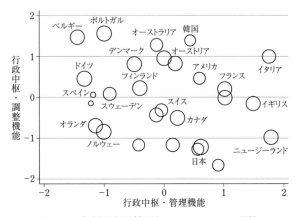

図 4-4　包括的行政管理とマルチレベルの調整
注）丸の大きさは執政補佐機能の強さ．
出典）表 4-1 と同じ．

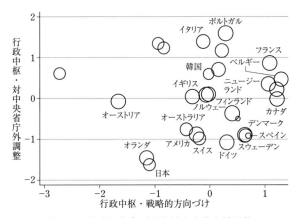

図 4-5　戦略的方向づけと対中央省庁外調整
注）丸の大きさは執政補佐機能の強さ．
出典）表 4-1 と同じ．

補佐の機能をそれなりに持っていることに加え，新しい四つの機能のいずれをも担うようになっている．行政中枢の強化が最も顕著な国といえる．第二に，どれか一つの機能は有していないが，それ以外の機能を有している国々がある．マルチレベルの調整機能以外の四つの機能を有するのがニュージーランドであり，包括的行政管理以外の機能を有するのが，ポルトガルやベルギーである．

第三に，デンマーク，フィンランド，スウェーデンといった北欧諸国やドイツは，マルチレベルの調整と戦略的方向づけにおいて，行政中枢が果たす役割が大きいタイプであると位置づけられる．第四に，古典的な機能に加え，行政管理機能を有するタイプの典型例がイギリスである．第五に，新しい機能の拡充が進んでおらず，せいぜい古典的な執政補佐機能のみを持つタイプの諸国もある．アメリカ，オランダ，スイスがその例である．日本も，執政補佐機能は，それほど大きいわけでもなく，その他の機能として有しているのは，行政管理の機能をやや強く持つ程度である．イギリスにやや近いが，基本的にこの最後の類型に属する．

統合の他の指標：権限と金銭資源の配分方法

官僚制の統合を測定する別の指標として，官僚制が活動していく上で用いる資源を，どのような形で配分しているのかに注目しよう．個人や集団に対する規制の権限，そして税などで調達した金銭があってはじめて，官僚制は血肉を備えた存在となり，活動を展開できる．そのため，規制と予算に関わる制度は，行政活動の中心的部分として，不断の改革の対象となってきた．

分立と統合という観点から規制や予算に関わる制度を見たとき，注目されるのは，省庁横断的な統一基準に基づく資源管理と，資源管理を担う独立行政機関の創出である．規制や予算の各側面において，これらの動きが見られるようになったのは，2000年代以降の一つの特徴である．これらについては，毎年のように新たな手法が生み出されており，どの程度導入するかが各国の行政改革や行政刷新の程度を示すかのように捉えられることも多い．OECDをはじめとする国際機関は，これらを指標化しランキングを作成することで，各国にその順位を高めるよう競わせようとしている．

しかし本章の以下の分析は，行革競争におけるトップランナーや後続者といったものは存在しないことを明らかにする．存在するのは各国の行政の多様性であり，それを規定する要因としての政治制度や政治の多様性である．OECDの指標を用いつつ，それを換骨奪胎して，異なる結論を導いていくことになる．以下，規制改革と予算改革について，指標の中身を述べていこう．

規制政策は各国の社会・経済に対する政府の関与の主たる部分を占め，その

影響の大きさから，国家と市場，あるいは国家と社会の関係の大宗をなす．1980年代以降のグローバル化の進展に伴い，大きく変容している領域でもあり，各国が規制政策をどのような形で実行しているかは，その国の行政のあり方をよく反映する．

組織面では，規制政策を監視する機関がいくつ設置されているかに注目する．さまざまな産業分野や環境など種々の規制をかけていく事業官庁とは別に，規制のあり方を見直し，助言していく専門部局や機関が設置されるようになっている．これらは内閣官房や首相府など内閣レベルに設置されることもあれば，独立機関として設置されることもある．規制権限を持つ省庁に対し，カウンターバランスをとる機構だといえる．こうした機関が不在であることは，規制政策において統合性が弱く，独立機関が設置されていればそれよりも統合の程度は高く，専門部局が行政中枢にある場合が最も統合の程度が高くなる．

権限に関しては二つの指標が考えられる．第一は，省庁横断的な規制政策に関する枠組みがどの程度，導入されているかである．規制政策の方針の明文化，規制導入時の標準手続きの確立，規制改革担当大臣の設置，規制監視機関の所管の広さといった10の項目について，該当する場合に1を与えるスコアを作成した（資料はOECD 2015: Table 8.1）．第二は，RIAがどの程度本格的に導入されているかである．RIAとは規制の実施・非実施に伴う費用便益効果の同定・測定を体系的に行うことである．明確化された分析手法を省庁横断的に適用することから，この手法は，既存の事業官庁の利害を超えて統合を行う指標として捉えられる（資料はOECD 2015: Table 8.4）．二つの指標は概ね正の関係にあるので（相関係数は0.447），因子分析を行い第一因子の因子得点を算出することで，規制改革スコアとして用いることとした．

横軸に規制監視機関数をとり，縦軸には規制改革スコアをとったのが，図4-6である．まず，両者の間には大まかに正の関係がある（相関係数は0.575）．監視機関数が多い場合は，必ず規制改革が進展している．しかしさらによく見ると，監視機関数が少なくても規制改革が進んでいる国も多い．監視機関数は規制改革の十分条件ではあるが必要条件ではない．三つのタイプがここからは浮かび上がる．第一は，多くの監視機関が存在し，規制改革が進んでいる国である．ドイツ，スイス，イギリスを筆頭に，スウェーデン，ポーランドといっ

4.3 統合の程度を捉える：行政中枢の組織と機能　93

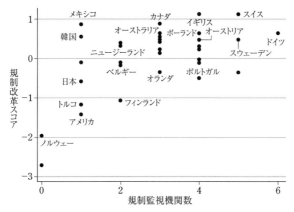

図 4-6　規制改革スコアと規制監視機関数
出典) OECD（2015: Table 8-1, 8-4）に基づき筆者作成.

たところが該当する．第二は，監視機関数は少ないが，規制改革が積極的に行われている国である．韓国とメキシコが代表例である．第三に，監視機関数が少なく，規制改革があまり進んでいない国である．フィンランドとノルウェーといった北欧諸国，トルコといった中進国の他，日本とアメリカがこの典型的な例ということになる．

　つぎに，予算制度について，統合はどのような形をとるだろうか．ここでは，予算編成においてどの程度，政策評価や行政評価と予算配分が結びつけられているか，単年度主義をとらず中期的な経済状況に合わせた予算編成がどの程度行われているか，そして，独立した予算編成機関が設置されているかという三点を見ていく（OECD 2013: ch. 4）．

　政策評価の利用は，業績情報の作成，報告，その予算への反映といった 11 の指標の平均として作成されたものである．中期的予算編成は，中期計画の存否と，そこで扱う期間の長さや含まれる予算項目，未執行予算の繰り越しの容易さなどからなる 10 の指標に基づくものである．独立した予算編成機関とは，2010 年に創設されたイギリスの予算責任局のように，経済予測などに基づく予算編成の基礎情報を提供したり，予算に対する評価を実施したりする独立性の高い機関のことである（三角・柴崎 2011）．マクロ経済予測，長期的財政持続性の分析，財政ルール遵守の監視，政策に伴う負担の算出，選挙公約に伴う負

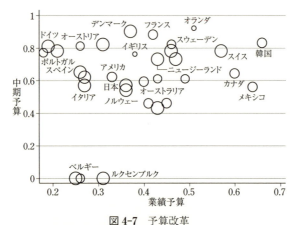

図 4-7　予算改革
注）丸の大きさは独立予算機関の存否および役割の大きさを示す．
出典）OECD（2013: ch. 4）に基づき筆者作成．

担の算出という五つの機能を完全に担っているか，部分的に担っているか，他の部署との共管かに応じて3段階に分け，ポイントを合計した．こうした機関が未設置の場合，ポイントは0とした．

　独立機関の役割の大きさを丸の大きさで表現しつつ，横軸に業績評価情報の利用，縦軸に中期的予算編成の導入の程度を取り，各国の位置づけを示したのが，図4-7である．業績評価情報の利用が進んでいるのが，韓国，カナダ，メキシコ，スイスといったところであり，中期的予算編成の導入は，オランダ，スウェーデン，フランス，デンマークといったところで進んでいる．これらのいずれにも消極的なのが，ベルギーやルクセンブルクであり，業績評価の利用に消極的なのが，ドイツやポルトガルということになる．日本は，ノルウェー，アメリカ，イタリアなどと同様，どちらの側面でも，あまり予算編成方法の革新が行われていないタイプの国ということができるだろう．

4.4　政治制度と官僚制はいかなる関係にあるのか

　ここまで，各国の官僚制における分立と統合の実態について，いくつかの指標を通して概観してきた．それでは，ここに見られる各国の違いを，どのように説明できるだろうか．第3章の理論モデルは，どの程度，これらのデータを

統一的に説明できるだろうか.

まず，政治制度と官僚制の組織編成の関係を見ていこう．第3章で示した仮説を再掲しておく．

仮説 I-b 政治制度と官僚制の組織編成の間には，つぎの関係が成立する．
議院内閣制かつ多数代表制→やや強い分立と強い統合
議院内閣制かつ比例代表制→やや弱い分立と弱い統合
大統領制かつ多数代表制→弱い分立と強い統合
大統領制かつ比例代表制→強い分立と弱い統合

それでは政治制度をいかにして把握するのか．執政制度と選挙制度という二つの政治制度が鍵となる．本書ではつぎの二つの分類方法を用いた．第一は，世界銀行の政治制度データベースに基づくものである[13]．執政制度については議院内閣制と大統領制を区分し[14]，選挙制度については下院選挙に基づいて，多数代表制，拘束名簿式比例代表制，非拘束名簿式比例代表制の三つに区分した[15]．第二は，ゴールダーによる政治制度データセットに基づくものである[16]．ここでは，執政制度については議院内閣制と大統領制[17]に分け，選挙制度については，多数代表制と比例代表制，それらの混合制の三つに分けている．

---

13) 最新版は，キーファーを中心として2013年1月に更新されており，次のURLから入手できる．http://go.worldbank.org/2EAGGLRZ40
14) この二つに加えて議会・選出大統領制という類型が用意されているが，該当数は極めて少ない．そのうちエストニアについては議院内閣制に分類し直し，他の多くの国は北朝鮮に代表される独裁国であったため，欠損値として扱った．
15) 比例代表制と拘束名簿方式の指標を組み合わせて，三つの区分それぞれに該当するダミー変数を作成した．
16) つぎのURLから入手可能である．http://mattgolder.com/elections
17) ゴールダーの分類では準大統領制という区分がある．大統領制として分類されている国は，先進国の中には存在しない．以下では，この両者を併せて大統領制としてリコードし，また，そこで軍事体制となっているものについては欠損値として扱った．世銀データセットとゴールダーの分類では執政制度の位置づけが食い違う国が，合計23ヵ国ある．ポーランドやウクライナのような半大統領制の国が多く，これらを半大統領制として別類型とすることも考慮したが，必ずしも食い違いの理由はそれに限らないことから，ここでは二つの指標をそのまま使い，分析の頑健性を確かめる形をとることとした．

表 4-3 分散分析：政治制度と分立

	偏差平方和	自由度	平均平方	分散比（F 値）	有意確率
モデル全体	709.516	5	141.903	5.65	0.001
選挙制度	205.000	2	102.500	4.08	0.027
執政制度	208.283	1	208.283	8.30	0.007
選挙制度×執政制度	565.301	2	282.650	11.26	0.000
残差	753.060	30	25.102		
合計	1462.576	35	41.787		

出典）本文記載のデータに基づき筆者作成.

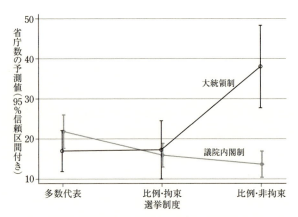

図 4-8 政治制度と分立の分散分析の結果（1）
出典）表 4-3 と同じ.

　分散分析を用いながら，政治制度によって省庁数や大臣数にどのような違いがあるのかを確認しよう．政治制度については世銀データ，省庁数についてはOECDデータを用いて，分散分析を行った結果は表 4-3 となる．それぞれの類型の予測値と 95% 信頼区間を示したものが図 4-8 である．

　この図を見るとわかるように，議院内閣制の場合は選挙制度が比例代表制になると省庁の数は少なくなるのに対して，大統領制の場合は選挙制度の個別利益志向の強まりは，省庁数の増大をもたらす．議院内閣制の多数代表制では省庁数は 21.8[18]，これが拘束名簿式比例代表制では 15.9，非拘束名簿式比例代表

---

18) 議院内閣制・多数代表制の典型例であるイギリスにおいては，特にブレア政権以降，首相と各大臣の二者関係が主となり，内閣による合議が減少していること，首相府の強化や特別顧問の多用が見られることが指摘されている（Poguntke and Webb 2005: ch. 2）.

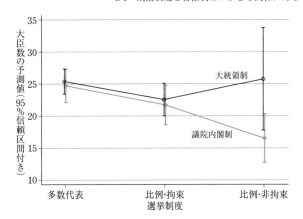

図 4-9 政治制度と分立の分散分析の結果 (2)
出典) Chuaire *et al.* (2013) に基づき筆者作成.

制では 13.7 となる．逆に大統領制については，多数代表制の下では省庁数の予測値は 17 であり，これと拘束名簿式比例代表制ではほとんど違いがないが，非拘束名簿式比例代表制になると 38 となる．この分析結果は，対象国数が少ないため，特定の国の影響が大きく，95% 信頼区間は広がりを持つものとなっているが，選挙制度，執政制度，それらの交互作用のいずれもが 5% 以下の水準で統計的に有意であり，これらの差が意味を持つものであることが確認できる[19]．

さらに分析の信頼性を高めるため，つぎの二つの方法でも検証を加えた．まず，対象国を広げて確認を行うために，2000 年から 08 年にかけての大臣数の平均を用いた．分散分析に基づく信頼区間を示したのが図 4-9 である．ここに示されるように，途上国までを含めると，大統領制で多数代表の選挙制度を持つ国の大臣数は必ずしも小さくないという点は，仮説とは異なる．しかしそれ以外は，先進国を対象にして得られた結果と同様の結果が得られる．

もう一つの頑健性の確認として，政治制度の分類を異なる基準，具体的には

---

[19] 念のために附言すれば，95% 信頼区間が重ならないことと，両者の違いは 5% 水準で統計的に有意であるということは異なる．95% 信頼区間が重複しない場合，両者の違いが統計的に有意である確率は 5% よりずっと小さい．両者を混同しないよう注意されたい．このことは，本書の以下の分析全てに当てはまることである．

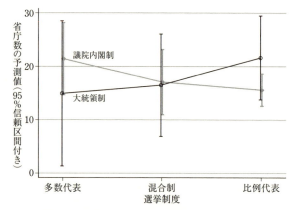

図 4-10 政治制度と分立の分散分析の結果（3）
出典）Bormann and Golder（2013）に基づき筆者作成．

ゴールダーによる政治制度データセットに換えて再分析を行った（図 4-10）．すると，多数代表制を用いる場合，議院内閣制では省庁数の予測値は 21.4 だが，大統領制では 15 にとどまる．混合制の場合は，執政制度にかかわらず，18 程度の省庁数となる．そして比例代表制を用いる国については，議院内閣制の場合は 15.6，大統領制の場合は 21.7 の省庁を有するということがわかる．ただしこの場合，95% 信頼区間の大半が重なっていることに示されているように，分散分析の結果では，執政制度，選挙制度，両者の交互作用のいずれにおいても 5% 水準では統計的に有意な差はない．

　以上に見たように，頑健性においては留保が必要ではあるが，ほぼ仮説通りに執政制度によって選挙制度が分立の程度に与える影響は反転する傾向が見られることが示された．

　つづいて，仮説のもう一つの要素である，執政による統合の程度に目を転じよう．まず，行政中枢の規模と行政中枢が担っている機能の大きさについて，政治制度による違いを見る．分散分析を行い，それぞれの制度配置の下での予測値とその 95% 信頼区間を，規模については図 4-11，機能の大きさについては図 4-12 に表示している．残念ながら，行政中枢についての観測数が限定されており，大統領制については選挙制度による違いを観察することができていない．こうした限界はあるものの，行政中枢の規模，役割の大きさはほぼ同じ

4.4 政治制度と官僚制はいかなる関係にあるのか　99

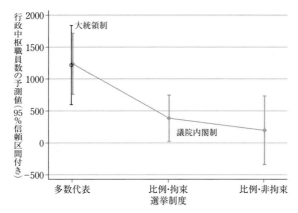

図 4-11　政治制度と行政中枢の規模
出典）表 4-1 と同じ.

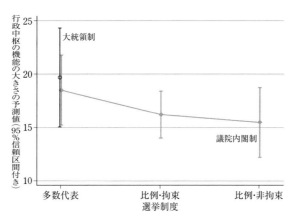

図 4-12　政治制度と行政中枢の機能の大きさ
出典）表 4-1 と同じ.

傾向を示しており，選挙制度が多数代表制，拘束名簿式比例代表制，非拘束名簿式比例代表制となるにつれて，行政中枢の規模は小さく，役割も小さくなる[20]．多数代表制では 1246 人の行政中枢が 18.5 ポイントの機能を果たしてい

---

20) たとえばスウェーデンでは，各省を担当する大臣は省を指揮して原案作成を行うが，決定については，多くの無任所大臣を含め頻繁に開催される閣議によってなされる．政策の実施は 300 を超える実施庁が行い，大臣は直接の指揮監督関係を持たず，内閣による予算割当と長官指名が行われる（川人 2015: 4 章）．こうした仕組みは，議院内閣制・

ると予測されるのに対し，拘束名簿式比例代表制の各国においては，389人で16.2ポイントの機能を果たしている．非拘束名簿式比例代表制もこれと大差ないが，203人で15.5ポイントの機能を果たしている．分散分析の結果は，機能の大きさについては5％水準で有意ではないが[21]，規模については有意であることを示している．大統領制については多数代表制の国しか予測できていないが，議院内閣制で多数代表制の国とほぼ同じ1222人で，より多くの19.7ポイントの機能を抱える行政中枢が存在していると推定される．これらの結果は，大統領制の下での選挙制度の違いについては不明であるが，その点を除けば，仮説と合致する傾向を示している．

4.5 政治制度・政治環境と組織編成の関係を検証する

前節では，政治制度ごとに分立と統合の程度を比較し，仮説I-bによる説明が事実に反していないかを確認してきた．ここでは，改革アイディアによって説明がどの程度可能なのかを確認した上で（モデル1），分散分析の分析結果が従属変数と独立変数の両者に共通して影響を与える交絡要因によるものではないのかを確認し，分析の頑健性を確かめる（モデル2）．さらに，仮説I-aに見たような，さまざまな政治環境の違いを測定し，それが分立と統合をどの程度説明しうるのかも確認していく（モデル3）．推定はいずれも通常最小二乗法を用いている．仮説I-aを再掲しておこう．

仮説I-a 政治環境と官僚制の組織編成の間には，つぎの関係が成立する．
統一政府かつ二大政党制や単独政権→やや強い分立と強い統合

比例代表制における内閣による統合，裏返せば首相および行政中枢による統合の回避の一例だといえる．

21) 本章第3節で抽出した行政中枢の五つの機能別に見ていくと，包括的管理，戦略的方向づけ，執政補佐の三つについては，機能の大きさ全体とほぼ同様の傾向が見出された．これに対して，マルチレベルでの調整機能や外部とのインターフェイスについては，拘束名簿式比例代表制の各国において，多く担われている傾向が見られる．このように機能別に見たときに異なる傾向が存在していることが，合算した機能数全体の傾向を曖昧にしているのであろう．

統一政府かつ多党制や連立政権→やや弱い分立と弱い統合
分割政府かつ議員の一般利益志向→弱い分立と強い統合
分割政府かつ議員の個別利益志向→強い分立と弱い統合

指標とデータ

　具体的にどのような指標を用いていくのか，説明しておこう．まず，議会多数派と執政長官の政策選好を直接，測定した指標は存在しないので，それに近いものとして，議会多数派を形成する政党と執政長官の所属政党の同質性ならびに，政権を構成する政党の同質性を用いる．前者については，政権党の議席シェアを見る．これが 0.5 未満であれば，大統領制の場合は分割政府，議院内閣制の場合は少数与党であることを意味する．議会選挙と大統領選挙が別途行われる大統領制において分割政府になることは，議会多数派が首相を選出する議院内閣制における少数与党の場合よりも多いと考えられる．政権を構成する政党の同質性については，政権がどれだけ単一の政党を基盤としているかを捉えるために，政権党の分裂性指標[22]を 1 から引いて，値が高いほど単一の大きな政党から構成されていることを示す指標を作成した．これらの値は，世界銀行の政治制度データセットを用いた．ただしこのデータセットでは，大統領制における政権党とは，主要争点で大統領を支持する政党や議席を有しているが大統領選に候補者を送らなかった政党を含む広義のものとなっている（Beck et al. 2001）[23]．したがって，大統領制の場合でも政権党の同質性指標は 1 より小さな値をとる．実際の数値を見ると，政権党の同質性が低い連立政権であることは，議院内閣制の方が多いが，大統領制にも散見されること，政権党の議席シェアが 5 割を下回ることは，議院内閣制では極めて限定的だが，大統領制では頻繁に見られることがわかる．

　議員の個別利益志向については，キャリーとシュガートが作成した，議員の

---

22) 分裂性指標は，政権党からランダムに二人の議員を抽出した際，その二人が異なる政党に所属している確率を示すものである．

23) 実際のデータファイルはヨーテボリ大学「政府の質」研究所のものを用いた．議会の立法能力，議員の個別利益志向，経済発展の程度と民主制の程度についても同様である．URL はつぎの通りである．http://qog.pol.gu.se/data/datadownloads/qogstandarddata

個別利益志向を強める選挙制度についての13の要素からなる合成指標を、ジョンソンとウォラックが2005年までをカバーするよう拡張したものを用いた（Johnson and Wallack 2012）。1から13の値をとり、値が大きくなるほど、その国の議会のうち定数が大きい方の院が個別利益志向の強い選挙制度を持つことを示す。

官僚制のあり方に関する主要なアイディアについても指標を作成する。本書の主たる主張は、官僚制は基本的には政治的存在として、つまりそれがおかれている政治制度や政治環境によって説明できるというものである。しかしそう考えるからといって、政治要因以外の要因が官僚制に影響を与えることを否定することにはならない。官僚制に関する理念やアイディアもまた、官僚制を規定する要因の一つであり得る。

官僚制のあり方に関わるアイディアとして、ポリットとブッカート（Pollitt and Bouckaert 2011）に倣って、NPM, NWS, NPGの三つを主たる改革アイディアとして取り上げる。一言でいうならば、NPMとは行政の市場化、NWSとは行政の再強化、NPGは行政のネットワーク化である（本書第2章第3節を参照）。具体的な指標は、各国官僚制についての専門家サーベイ調査の回答から作成した（Dahlström *et al.* 2011）。これは、官僚制を含む公共部門についてのさまざまな特徴について、各国がどの程度該当するかを7段階で回答させるものである[24]。NPMについては、「公共部門の目標は効率化である」「公共部門は民間企業やサードセクターとの競争にさらされている」「税よりも料金や保険を用いるようになっている」という三つの質問への回答の平均を用いた。NWSについては、「公共部門の目標は政治的応答性である」「官民の雇用は異なる法律で規制されている」「公務員は終身雇用である」の三つの要素の平均を用いた。後二者はNWSが従来型の官僚制を前提としている点に着目したものである。NPGについては、「公共部門の目標は市民の援助である」「公務員

---

24) 一連の質問に因子分析をかけることで因子を析出する方法を試したが、行政改革に積極的な国とそうではない国の違いが大きく出る、つまりNPM, NWS, NPGのいずれの要素も備える国とそうではない国の違いが大きく出て、その中での違いがうまく浮かび上がらなかった。そこで、改革アイディアをよく表現していると思われる質問の単純な平均を取った。

表 4-4 改革アイディアの指標

変　数	観測値	平　均	標準偏差	最小値	最大値
NPM	107	3.7475	.6661	2.0833	5.3333
NWS	107	5.1181	.5890	2.8888	6.3333
NPG	107	3.7042	.2873	2.5	4.5

出典）Dahlström *et al.*（2011）に基づき筆者作成．

たちは規則に従うことに躍起とはなっていない」という二つの要素の平均として捉えた．行政機構が直接公共サービスを供給せずに，多くの主体と調整を行いながら，それらの活動を公共問題の解消に資するよう方向づけるという NPG の性質を捉えうるものとしてこの二つを用いたが，指標として距離があることは否めない[25]．

三つの指標の記述統計は表 4-4 の通りである．途上国まで含めて見ると，NWS が最も多くの国の方向性となっていること，NPM については採用している国とそうではない国に分かれることが見て取れる．学問的な議論の重点とは異なり，従来の官僚制を再強化していく NWS という漸進的な改革アイディアが最も多くの国で採用されているのは，よく考えれば不思議ではない．また，これら三つの改革潮流は，必ずしも相互排他的ではなく両立するところもあるが，これら三つの考え方すべてを追求することは難しい．実際，これら三つの間には相関関係を見出すことはできない[26]．

各国の値を見ると，多様な形態が浮かび上がる．図 4-13 は横軸に NPM，縦軸に NWS を取り，円の大きさで NPG の程度を示したものである．ただし NPG は標準偏差が小さいことからわかるように，各国の差があまりない．これを見ると，まず，先進国は途上国に比べれば相対的に改革志向がどの方向にも強い国が多く，右上の方に位置する国が多くなる．とはいえ，途上国であっても NPM，NWS それぞれに高い値をとる国も少なくなく，逆に OECD 加盟国でも，メキシコやスロヴァキアといった国は双方の値が低い．その上でさらに各国の違いを見ていくと，まず，NPM 志向に大きく傾くのがニュージーランド，つづいてオーストラリア，イギリスといった諸国であり，これらアング

---

[25] NPG の代表例であるアメリカの NPG 指標が 3.81 にとどまっているのは，その例である．

[26] 相関係数は 0.2 以下であり 10% 水準でも有意ではない．

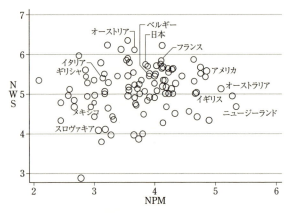

図4-13　各国の主たる改革アイディア
注）丸の大きさは NPG 指標の値.
出典）Dahlström *et al.*（2011）に基づき筆者作成.

ロサクソン系諸国で NPM の流れが強かったという通説はここでも裏づけられる．逆に NWS 志向の強さが顕著なのが，オーストリア，フランス，ベルギーといった欧州大陸諸国であり，日本もこれらに近い．さらに，ギリシャやイタリアなどは，NWS 指標はそれなりに高いが，NPM 指標の低さが顕著な例となる．

　以上に見たような官僚制に影響を与える変数の他に，本章と第5章，さらに第9章の分析を通じて，必要に応じ，経済発展の程度と民主制の程度を制御しておく．経済発展につれて特定の政治制度，たとえば執政制度であれば議院内閣制をとる国が増え，同時に，政治任用が減少するといったことが見られる．したがって，経済発展の程度を統制しなければ，本来関心がある変数の効果を正しく推定できない場合がある．そこで，経済発展の程度について統制を行う．経済発展の程度については，ユネスコ統計局による各国の国民一人あたりGDP（米ドル換算）を対数化したものを用いた．

　これに対して政治体制については，そもそも，民主制と官僚制の関係は一筋縄ではなく，単純な線形の関係を想定できないものだが（曽我 2012），第5章および第9章において従属変数に影響を与える可能性がある場合には統制するので，ここであわせて紹介しておく．民主制の程度の具体的な指標としては，フリーダムハウスの政治的権利と市民的自由の二つの指標の平均，それとポリ

表 4-5 独立変数の記述統計

変 数	観測数	平 均	標準偏差	最小値	最大値
政権党議席率	170	.6561	.2064	0	1
政権一体性	172	.7763	.2767	.1323	1
個別利益志向	124	5.7338	4.0587	1	13
対数化一人あたり GDP	177	8.8882	1.2650	5.8596	11.3476
民主制指標	163	6.3195	3.0981	0	10

出典）本文記載のデータに基づき筆者作成．

ティ指標のそれぞれを 0 から 10 で値が大きいほど民主的であるようにして両者を平均した値を用いた．

以上の変数の記述統計については，表 4-5 にまとめた．複数年時にわたって得られる場合は 2010 年のデータを用いている．議会の立法能力と議員の個別利益志向については，2010 年のデータが存在しなかったので，2005 年のデータを用いている．つまりこれらは単一時点のクロスナショナルデータである．

仮説の検証

準備が整ったのでいよいよ分析に入っていこう．分立について仮説 I-a と仮説 I-b を検証した結果が表 4-6 である．ここでは，先進国のみが対象となってしまうが，省庁数を従属変数の指標として用いた．統制変数として経済発展の程度を投入している．するとモデル 1 に示されるように，基本的に，経済発展している国ほど省庁数が少ない傾向が見られる．改革アイディアについては，民間を通じたネットワークを用いて公共政策を実施していく NPG の考え方が強い国で省庁数が多い[27]．

そこでこれらの要因を制御しつつ，政治制度と政治環境が官僚制組織に与える影響を見たのが，モデル 2 とモデル 3 である．まず，モデル 2 に示されている政治制度との関係を見ていこう．執政制度二つと選挙制度三つの組合せで合計六つの類型があるので基底類型として大統領制・多数代表制をとった上で，残る五つの類型を選挙制度と執政制度，さらに両者の交差項によって捉える．大統領制・多数代表制の場合に推定される省庁数は定数の 27.32 である．これ

---

27) ただし，分析対象国のうち NPG 指標が高い国は順にオーストラリア，ニュージーランドとなっており，NPM 指標との重なりも大きい．

表 4-6 分立の規定要因 (1) 省庁数

	(1)	(2)	(3)
拘束比例制		0.426	
		(4.186)	
非拘束比例制		20.11***	
		(6.123)	
議院内閣制		5.132	
		(3.306)	
議院内閣制×拘束比例制		−5.741	
		(4.830)	
議院内閣制×非拘束比例制		−28.44***	
		(6.773)	
対数化一人あたり GDP	−9.034***	−3.324	−11.28***
	(3.020)	(3.283)	(2.858)
NPM	2.714	−0.0939	2.300
	(2.072)	(1.880)	(1.922)
NWS	1.304	−1.540	2.813
	(2.576)	(2.301)	(2.312)
NPG	10.43**	8.644**	10.90**
	(4.752)	(3.909)	(4.305)
政権党議席率			−2.862
			(25.37)
政権一体性			−21.88
			(19.45)
個別利益志向			4.544*
			(2.398)
政権党議席率×政権一体性			26.85
			(32.97)
政権党議席率×個別利益			−6.380
			(4.251)
定　数	53.82*	27.32	71.30**
	(31.13)	(30.10)	(32.57)
観測数	35	35	33
調整済み R 二乗	0.295	0.609	0.608

注) 括弧内は標準誤差. ***$p<0.01$, **$p<0.05$, *$p<0.1$
出典) 筆者作成.

が，大統領制で非拘束名簿式比例代表制をとる場合，省庁数は 20.11 増大し，逆に同じ選挙制度が議院内閣制の下で採用されている場合，8.33[28]だけ省庁

---

28) 交差項を用いているので，議院内閣制・非拘束比例制の効果は，非拘束比例制の係数，議院内閣制の係数，議院内閣制・非拘束比例制の交差項の係数のうち有意なものの合計として算出される．

の数が少なくなることが1%水準で統計的に有意である．多数代表制の場合には執政制度の違いは分立に効果を持っていない．この結果は，仮説I-bを概ね支持する．多数代表制の場合には議院内閣制の方が分立の程度は高くなるという点は，符号はあっているものの統計的に有意な関係にはない．しかし，大統領制で非拘束名簿式比例代表制の場合に分立が高まること，逆に議院内閣制では分立は抑制されることは，いずれも仮説通りの結果であった．

次に仮説I-aの検証結果を検討しよう．モデル3では，政権党議席率を用いながら，それが低い場合と高い場合で，政権の一体性や議員の個別利益志向が，分立にどのような影響を与えているのかを見た．結果としては，議員の個別利益志向が強いことは，分立の程度を高めるという結果が得られた．仮説では，政権党議席率が低い場合にのみ，議員の個別利益志向が分立の程度を高めると予測しているので，必ずしも仮説I-aを支持する結果が得られたわけではない．とはいえ，仮説に反する結果が得られたわけでもない．したがって仮説I-aについては，検証されたとはいえないが，反証が示されたわけでもないと結論づけておこう．

つづいて指標を大臣数とすることで，発展途上国まで対象を広げて，仮説I-aとI-bの検証を行ってみよう．結果は表4-7にまとめた．統制変数のうち，経済発展の程度はやはりここでも統計的に有意な負の影響を持つ．つまり，貧しい国ほど分立の程度が高いことがわかる．改革アイディアで分立の程度を説明できるものは，ここでは見られないという結果になった．

本書の主張に関わる変数を見ていくと，まず，政治制度について統計的に有意なところを取り上げると，大統領制・多数代表制が定数の17.11となり，大統領制・拘束名簿式比例代表制は12.89，議院内閣制・多数代表制は21.11，議院内閣制・非拘束名簿式比例代表制では6.93になると予測される．これらは，大統領制・非拘束名簿式比例代表制を除き，概ね仮説I-bの予測する通りである．議院内閣制・多数代表制が最も分立の程度が高くなり，大統領制・多数代表制がそれにつづき，議院内閣制・比例代表制が最も分立の程度が低くなるのである．

仮説I-a，つまり政治環境が分立に与える影響についても，概ね予測通りの結果が得られている．政権党議席率と個別利益志向ならびに政権一体性の交差

表4-7 分立の規定要因（2）大臣数

	(1)	(2)	(3)
拘束比例制		−4.222*	
		(2.122)	
非拘束比例制		1.806	
		(5.035)	
議院内閣制		3.998*	
		(2.373)	
議院内閣制×拘束比例制		−4.136	
		(3.104)	
議院内閣制×非拘束比例制		−14.18**	
		(5.683)	
対数化一人あたりGDP	−2.082***	−0.788	−1.710**
	(0.692)	(0.842)	(0.792)
NPM	0.510	−0.303	−0.0165
	(1.119)	(1.172)	(1.277)
NWS	2.050	1.597	1.439
	(1.282)	(1.327)	(1.401)
NPG	1.591	2.236	3.433
	(2.517)	(2.385)	(2.614)
政権党議席率			26.19
			(17.96)
政権一体性			2.950
			(11.66)
個別利益志向			2.786***
			(0.805)
政権党議席率×政権一体性			0.0214
			(18.12)
政権党議席率×個別利益志向			−3.896***
			(1.305)
定　数	24.14*	17.11	−0.861
	(12.79)	(12.61)	(19.28)
観測数	99	88	81
調整済みR二乗	0.101	0.326	0.274

注）括弧内は標準誤差．***$p<0.01$, **$p<0.05$, *$p<0.1$
出典）筆者作成．

項を独立変数に含んでおり，個別利益志向およびその交差項が統計的に有意な変数となっている．政権党議席率が低く個別利益志向が強い場合に従属変数には正の，政権党議席率が高く個別利益志向が強い場合は，従属変数には負の変化が生じる．つまり，政権党議席率が低い場合には個別利益志向が強くなるほど，分立の程度が強くなる．これに対して，政権党議席率が高い場合には逆に

4.5 政治制度・政治環境と組織編成の関係を検証する　109

表 4-8　統合の規定要因（1）行政中枢規模

	(1)	(2)	(3)
拘束比例制		0	
		(0)	
非拘束比例制		0	
		(0)	
議院内閣制		342.1	
		(466.8)	
議院内閣制×拘束比例制		−972.3***	
		(299.7)	
議院内閣制×非拘束比例制		−1095***	
		(339.0)	
対数化一人あたり GDP	−641.1	−73.07	−214.4
	(559.5)	(577.1)	(486.8)
NPM	−176.5	−379.2	−98.05
	(339.9)	(290.6)	(331.9)
NWS	107.9	−29.05	146.7
	(437.7)	(387.8)	(389.1)
NPG	−557.8	−732.5	−514.7
	(653.6)	(570.7)	(524.9)
政権党議席率			2075
			(2820)
政権一体性			448.7
			(3758)
個別利益志向			419.0
			(485.2)
政権党議席率×政権一体性			1161
			(7377)
政権党議席率×個別利益志向			−628.9
			(908.2)
定　数	9545*	6181	2238
	(4639)	(4466)	(4916)
観測数	21	21	20
調整済み R 二乗	0.244	0.667	0.759

注）括弧内は標準誤差．***$p<0.01$, **$p<0.05$, *$p<0.1$
出典）筆者作成．

個別利益志向が強くなるほど，分立の程度は弱くなる．これは仮説 I-a の予測に合致する結果である．

つづいて統合について，どの要因が影響を与えているのかに目を転じよう．統合については多様な指標があるが，総じて政治制度についての仮説 I-b は支持されるものの，政治環境による説明（仮説 I-a）は支持されない部分が多い．

表 4-9 統合の規定要因（2）規制改革

	(1)	(2)	(3)
拘束比例制		1.129	
		(0.901)	
非拘束比例制		−0.684	
		(0.455)	
議院内閣制		1.161**	
		(0.553)	
議院内閣制×拘束比例制		−1.847*	
		(0.988)	
議院内閣制×非拘束比例制		0	
		(0)	
対数化一人あたりGDP	0.732	0.601	0.657
	(0.516)	(0.549)	(0.722)
NPM	−0.295	−0.439	−0.360
	(0.297)	(0.315)	(0.334)
NWS	−0.789**	−0.706*	−0.910*
	(0.383)	(0.386)	(0.468)
NPG	−0.888	−0.929	−0.865
	(0.671)	(0.656)	(0.761)
政権党議席率			7.738*
			(4.469)
政権一体性			−1.314
			(4.138)
個別利益志向			0.996*
			(0.557)
政権党議席率×政権一体性			4.013
			(7.740)
政権党議席率×個別利益志向			−1.823*
			(1.034)
定　数	1.069	2.172	−2.110
	(4.860)	(5.037)	(6.858)
観測数	33	33	31
調整済みR二乗	0.199	0.352	0.308

注）括弧内は標準誤差．***$p<0.01$, **$p<0.05$, *$p<0.1$
出典）筆者作成．

　また，行政中枢が担当している機能の数と予算編成の改革については，政治制度や政治環境で有意な結果を持つ変数が見当たらなかったので，これ以外の行政中枢の規模と規制改革について結果を報告する（表 4-8・4-9）．

　行政中枢について，経済発展の程度や改革アイディアで説明力を持つものはない．政治制度については，大統領制の観測数が少ないため，大統領制におけ

る選挙制度の違いは分析できない．しかし，仮説 I-b のいうように，議院内閣制の諸国において，拘束名簿式比例代表制，非拘束名簿式比例代表制となると，多数代表制の場合よりも，行政中枢は小規模になりがちであることが示された．他方で，政治環境については，有意な変数を見出すことはできなかった．

つぎに，規制改革については，まず，経済発展の程度は影響を与えないが，NWS 型改革を進める国は規制改革に消極的であるということができる．NWS のポイントが 1 上がるごとに，規制改革スコアは 0.7 から 0.9 程度下がる．国家の再強化を図ろうとする改革が規制緩和などには消極的な態度をもたらすというのは，理解できる結果である．

政治制度については，大統領制よりも議院内閣制の方が，規制改革の導入に積極的だが，しかし，拘束名簿式比例代表制を採用している場合には，多数代表制の場合よりも消極的になることが示されている．選挙制度によらず大統領制を基準として，議院内閣制・多数代表制は 1.16 大きな，議院内閣制・拘束名簿式比例代表制は 0.69 小さな改革スコアになる．これは仮説 I-b に合致する結果といえる．他方，政治環境の方を見ると，政権党議席率が高い場合に規制改革が進み，そのような場合でありかつ個別利益志向が弱い場合ほど改革が進む．逆に，政権党議席率が低い場合は個別利益志向が強い場合ほど改革が進むという結果を得ている．政権党議席率が高い場合については仮説 I-a と適合するが，低い場合には仮説とは反するものとなる．

4.6 多様な組織形態の理解へ

国により異なる官僚制の分立と統合の程度を，いかにして説明するのか．この問いに対して，執政や議会の政治家たちによる制度設計の産物として，相当程度の説明ができるというのが本書の主張である．本章ではこのことを，各国の官僚制に関する種々のデータを用いて明らかにしてきた．分立については，省庁数や大臣数を通じて，統合については，行政中枢の組織と機能，規制や財政における省庁横断的改革の進捗を通じて把握を行った．

各国の官僚制が採用する組織形態は実に多様である．そのことが，本章が示す一つの主張である．官僚制の組織形態を捉えるこれらのいくつかの指標につ

4 組織編成の国際比較

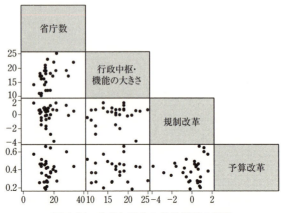

図 4-14 分立と統合の各指標間の関係
出典）筆者作成．

いて，統一された傾向は存在しない．図 4-14 は分立と統合の各指標間の関係を，横軸と縦軸にそれぞれの指標をとって各国の値をプロットした散布図（たとえば，最下段の一番左の図でいえば，横軸は省庁数，縦軸は予算改革）でまとめて表示したものである．分立と統合の間，また統合の諸側面の間には特定の関係が見られないことは一目瞭然であろう．つまり，現在の官僚制はさまざまな方向の改革を試みられ，その結果として多様な形態を見せている．改革の進んだ国とそうでない国といった一定の序列は存在せず，経済発展の程度によりそれが規定されるといったこともないことは，回帰分析の結果が示す通りである．また，改革アイディアにしたがって，ある方向の改革がそれぞれの国で行われる結果，いくつかの類型が見られるといったこともない．このため NPM などの改革アイディアが官僚制の組織形態を説明する力は弱いことも，回帰分析において見てきた通りである．

このように各国の官僚制は分立と統合という組織形態において多様な姿を見せる．その多様性を前にすると，それが政治制度や政党政治と執政権力のあり方といった政治的要因によって，ある程度説明できるということは，いかに理論からそう導けるといっても，些かの驚きである．とりわけ分立については理論の予測に概ね合致しており，議院内閣制・比例代表制が最も分立の程度は低く，多数代表制はどちらの執政制度においてもそれよりも高い．大統領制・比

例代表制についての結果は不安定だが，途上国を除いた省庁数データでは，仮説通り最も分立の程度は高い．これに対して統合については，政治制度が仮説通りの結果を見せたのは，行政中枢の規模，規制改革に限られる．政治環境による説明の適否は分かれた．

つまり，分立については，第3章で提示した理論モデルで説明できる部分が大きいのに対し，統合にはそれ以外の側面も強く影響し，特に，規制改革や予算改革については，それぞれの改革固有の条件が大きく関わってきているということもできよう．これらについては，政治的選択の産物としての官僚制という説明そのものが貫徹しないような，官僚制の側からの遮蔽の試み，官僚制の自律性が影響しているという可能性が考えられる．この点は，日本の現在の分析を行う際に留意すべき点であり，とりわけ統合において官僚制の自律性がどのような影響を持ちうるのかについては，実態に即して具体的に明らかにしていく必要を本章の分析結果は示しているといえよう．

また，政治環境による説明は仮説には反していないまでも，仮説を裏づける結果があまり得られず，政治制度の方が分立と統合に対する説明力は高いことも明らかになった．官僚制の組織編成という短期的には変化しにくいものを説明しようとしているのだから，これは当然の結果ともいえる．しかし，官僚制への政治統制や官僚制の技能形成といった特徴については，もう少し短期的な要因が説明力を持つのかもしれない．第5章では，そちらに目を転じよう．

5 統制と技能の国際比較

5.1 統制と技能のどこに着目するのか

　議会や執政といった政治アクターは，いかに官僚制を統制しようとするのか．それに対する官僚制の戦略的対応はいかなるものか．第3章では，この問題について，数理モデルを用いて理論的な検討を行った．そこで示されたのは，官僚制の自律性や能力というのは，一定の条件の下で政治アクターたちと官僚制との相互作用を経て選択された結果，すなわち政治的産物であるということである．ただし，政治的産物とは政治によって全てが決められるという意味ではない．官僚制の有する知識や技能の程度は外生的に決められるものではなく，それ自体の選択の結果である．戦略的に組織存続を図り自らのあり方を選ぶ官僚制の姿もそこには現れている．政治環境の下で戦略的に生存を図る存在，それが現代民主制における官僚制なのである．

　ここでは，このモデルから導出される仮説が実際に成り立っているのかを，世界各国の官僚制の比較を通じて確かめていく．モデルの中のパラメータを示す指標を具体化し，それぞれの条件の下で予測される帰結が生じているのかを統計的に検定していく．モデルにおいては，各プレイヤーの選択として，政治任用の存否，権限委譲の有無，官僚制による技能や知識の取得の存否，官僚制による政策選択が検討されてきた．以下では，政策選択を除く最初の三つについての検証を行っていく．政策選択がいかなるものか，それがプリンシパルである政治家や市民の意向に沿ったものであるのかは，間接的な形ではあるが官僚制が生み出す帰結や効果について考える第9章で取り上げる．

　本章で具体的に見ていくのは，一つには，官僚制が権限を委譲され，技能や知識の取得に努める状態が成立しているのは，どのような場合かということである．もう一つには，政治任用という直接的な政治統制が発動されるのは，いかなる場合かということである．つまり，理論上は，官僚制に対する政治統制として権限委譲の制限と政治任用があり，官僚制の選択として技能取得がある

のだが，本章の実証研究においては，権限委譲と技能取得を併せて官僚制の質として捉え，それと政治任用の二つを観察する．それが，具体的に観察可能な対象であることが理由の一つだが，もう一つには，このように捉えることで，帰結や効果の分析につなげやすくなるという理由もある．多くの権限委譲を受けつつ技能取得を行う官僚制とは，結果的に，政治家ひいては市民のエージェントとして望ましい存在になっているといえる．政治任用とは官僚制の政策選好に対する関与であるので，裏返せば，官僚制が自律性を有するのはいかなる場合かを明らかにすることだといえる．本章でこれらが成立する条件を探り，その帰結を第9章で考えるのである．

以下，第2節において，従属変数となる官僚制の質と政治任用の程度を，どのように測定していくのかを述べる．第3節では，政治制度に関する仮説の検証を行う．第4節では，いかなる政治環境がどのような官僚制をもたらすかについて，仮説の検証を進めていく．それを受けて，民主主義の類型を考える際に，官僚制を含めるとどうなるのかを第5節では考えてみる．

5.2 政治統制と技能形成を捉える

権限委譲と技能取得

権限委譲の程度と官僚制の技能・知識を国際比較が可能な形で把握するのは難しい．官僚制に対する権限委譲の程度，言い換えれば裁量の与えられている権限の広さを，国際比較可能な形で捉えようとしたものとしては，法律の条文の長さから官僚制に与えられる裁量を推定するというヒューバーとシッパンの試みがある（Huber and Shipan 2002）．この方法は，客観的指標であるという利点を持つものの，各国の法制定形式の違いもある中で，条文の長さと裁量の関係について確証は得がたく，どの分野の法律を用いるのか，各国言語の違いをどのように換算するのかなど技術的な課題も多いため，本書では用いない．

本書が用いるのは，専門家サーベイ調査を利用して，権限の広さと技能・能力を総合した形で捉えるという方法である．具体的には，つぎの二つの指標を標準化した上で平均をとることにより合成した[1]．第一は，コロンビア大学国

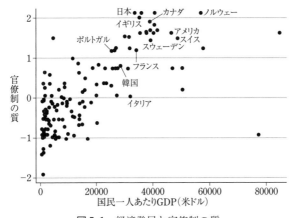

図 5-1　経済発展と官僚制の質
出典) 本文記載のデータに基づき筆者作成.

家能力調査における，つぎの質問への回答の平均値である．どの程度，公務員たちが統治者の恣意やレントシーキングから自由であり，プロフェッショナリズムが保護されているかを 7 段階で尋ねるものである (Chuaire et al. 2013)．第二は，世界各国リスクガイド (ICRG) の官僚制指標である．これは，民間企業のビジネス展開に対するリスク要因として，官僚制が政治的変動に伴う政策などの変化に対する防波堤の役割を果たしているか否かを捉えようとするものである．具体的には，各国の官僚制が政策の大きな変化や行政サービスの中断なく行政を進めるだけの強さと能力をどの程度持つかを 6 段階で尋ねるものである．これへの回答の 2000 年から 2005 年までのデータを平均したものを用いた[2]．

権限の広さと技能・能力の高さ，これらの合成を以下では「官僚制の質」と呼ぶ．官僚制の質のヒストグラムを確認すると，低い国，中間程度の国，そして高い国の三つに大きく分かれることがわかる．また，官僚制の質は，基本的には経済発展の程度と相関を持つ．そのことは，国民一人あたり GDP を横軸

---

1) 両者の相関係数は 0.675．平均をとる際，どちらかが欠損値の場合は一方の標準化した値をそのまま用いた．
2) 前章同様，データはヨーテボリ大学「政府の質」研究所の提供するデータセットから入手した．

にとり，縦軸に官僚制の質スコアをとった図5-1によく示されている．ただし，これらの因果関係については両方向を想定しうる．経済発展した国において，質の高い官僚制を持ちうるだけではなく，官僚制の質の高さが経済発展の基礎となるという面もある．さらに図をよく見ると，経済発展の程度が低い場合には，官僚制の質は相当に多様である．国名を付しているOECD諸国の場合，相関が強くなることからもわかるように，経済発展の程度が高い国の場合に，官僚制の質と経済発展の関係性はより強くなっている．しかしOECD諸国の中でも，たとえば一人あたりGDPには大差がない日本，フランス，イタリアの間で，官僚制の質には標準偏差二つ分ほどの違いが存在しており，これらの違いをどのようにして説明するのかは残された課題である．

政治任用の指標

政治任用がどの程度行われているかについては，三つの指標を用いる．上級管理職における政治任用の程度を示す二つの指標と，中級職以下も含んだ自由任用の程度についての指標である．上級管理職の場合，政権と進退を共にする政治任用であるのに対し，中級職以下では，必ずしも任命権者が政権を去る際に自らも去るとは限らない自由任用である．本書の分析は，政策形成に関与する官僚制を主たる対象としていることから，理論の適合性は上級管理職の方が高いが，中下級職にも対象を広げることで，分析の頑健性を確かめておきたい．

第一の指標は，OECDによる，上級管理職における政治任用の程度の指標である（表5-1）．政治任用による上級管理職を持つ国としては，アメリカ，ポルトガル，メキシコといった諸国に加え，トルコ，ハンガリー，ウクライナ，スロヴァキア，チリなど中進諸国があてはまる．これに対して，政治任用の程度は低い国もある．カナダ，ニュージーランド，デンマーク，ノルウェーとならんで日本もここに該当する．ドイツ[3]，フランス，ベルギーなどはこれらの

---

3) ドイツの場合，局長級以上については一時休職の仕組みが存在し，政権交代時には，前政権下の官僚幹部の一部は職を解かれる．しかし，政治家と官僚の役割意識の違いは残っており（原田1997），そもそもその該当者数は400名ほどであり，実際の政権交代後の移動の数は100名強だという（村松2008: 180-8）．連立政権であり与党に一定の連続性があることと，政権そのものの安定性が高いことを考慮すれば，行政組織の安定性に与える影響は表面上ほど大きくないことにも注意が必要だろう．

表 5-1 上級管理職の政治任用の程度

政治任用スコア	国　名
13	トルコ
12	ハンガリー，ウクライナ
9	スロヴァキア，チリ
8	チェコ
7	アメリカ，メキシコ，ポルトガル，ギリシャ
6	イスラエル，ロシア，イタリア，韓国
4	アイスランド，ベルギー，フィンランド，ドイツ，ポーランド，フランス
3	アイルランド，スペイン，スウェーデン，スロヴェニア，エストニア，イギリス
2	オーストリア，スイス，オーストラリア
1	オランダ
0	ニュージーランド，日本，カナダ，デンマーク，ノルウェー

出典）OECD（2011: 127）に基づき筆者作成．

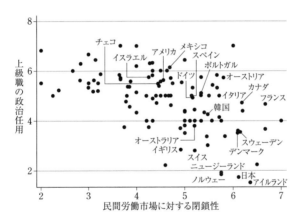

図 5-2 上級管理職の政治任用（途上国含む）と民間労働市場に対する閉鎖性

出典）Dahlström et al.（2011）に基づき筆者作成．

中間に位置づけられる．

　第二の指標として，同じく上級管理職の人事について，今度は専門家サーベイを用いることで，途上国まで対象を広げてみてみよう．これは，上級管理職の任免が政治家により左右されている程度を問うものである．図5-2ではこの値を縦軸に，横軸に上級管理職が職業公務員の経験を経ているか否か，言い換えれば上級管理職を対象とした官民労働市場の流動性の低さをとって，各国をプロットした．この官民労働市場の流動性の低さは，本章後半で回帰分析を行

う際に，独立変数の一つとして用いるものである．

途上国まで含めてみると，労働市場が開放的かつ政治任用の程度が高い国が相当に多いが，それらと比べると先進国は，上級管理職にも相当程度，職業公務員が昇進している．それだけ，職業公務員に昇進可能性を保証しているといえる．その上で，先進国の中の違いを見ると，まず，上級管理職に政治任用が導入されておらず，多くが職業公務員の昇進によるという点で，自律性が高いタイプの官僚制を採用しているのが，日本，アイルランド，ノルウェー，ニュージーランドである．スウェーデン，デンマーク，スイス，イギリスといった諸国もこれに準じる．これに対して，民間からの採用は行わないが，職業公務員を政治任用するのが，フランスを筆頭に，オーストリア，カナダ，イタリアであり，ポルトガル，スペイン，ドイツもそれに近い．三つ目に，民間への開放の程度，政治任用の程度とも高い，いわゆる回転ドアの仕組みを取るのが，アメリカを代表例として，イスラエル，メキシコ，チェコである．

さらに第三の指標として，同じ専門家サーベイを用いつつ，今度は中下級職公務員まで広げて，公務員の自由任用の程度の裏返しとしての資格任用の程度を用いる．途上国を含めた中下級職公務員についての自由任用となると猟官制の意味合いも強く，第3章におけるモデルの前提からは外れる部分も大きいが，分析の射程を確認するために，これについても見ることとした．図5-3では，

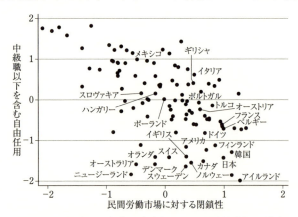

図5-3　中級職以下を含む自由任用と民間労働市場に対する閉鎖性

出典）図5-2と同じ．

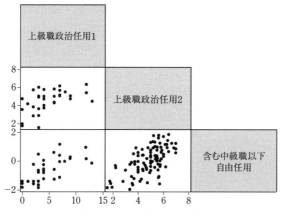

図 5-4　政治任用の三指標の関係
出典）筆者作成．

資格任用の程度の指標を裏返して縦軸に取ることで，値が大きいほど自由任用の程度が高いように示した上で，やはり横軸には，民間労働市場に対する開放性の程度を示した[4]．これについても，先進国と途上国の違いをまず見ておくと，民間に対する開放性が高く，自由任用の程度も高いという国は，途上国に限られることがわかる．

　その上で先進国の中での違いを見ると，中下級職も含め全体として閉鎖的であり資格任用が用いられているのは，アイルランド，日本，韓国，カナダ，フィンランドの他，スウェーデン，ノルウェー，イギリス，アメリカというのもここに近い．先ほど見た上級管理職とは違い，アメリカでも中下級職公務員については，資格任用制と閉鎖的公務員制度が採用されていることがわかる．これに対して，中下級職において民間への開放の程度が高いのが，ニュージーランド，オーストラリア，デンマーク，オランダである．中下級職における雇用の流動化を進めていることがうかがえる．自由任用の程度がやや高いのが，ベ

4）　具体的には，つぎの四つの質問への回答を因子分析にかけ，最初の二つと主たる関係をもつ第一因子の因子得点に −1 をかけたものを縦軸に，残る二つと関係の深い第二因子の因子得点を横軸に取っている．「公務員の採用に際しては，応募者の技能と能力が採否を決める」「公務員の採用に際しては，応募者の政治的つながりが採否を決める」「公務員は公式の試験制度を経て採用される」「一度公務員となったものは，その後の職業人生を通じて公務員であり続ける」．

ルギー，フランス，ドイツ，オーストリア，トルコ，ギリシャ，イタリア，ポルトガルといった大陸諸国である．特に，ギリシャとイタリアはその傾向が強く，情実任用の慣行が一部に残っていることをうかがわせる．最後に，途上国に近く，民間への開放の程度も自由任用の程度も高い国は，メキシコ，スロヴァキア，ハンガリー，ポーランドといった諸国である．これらの中進国は，途上国時代の慣行から脱する途上にあると推測できる．

政治任用の三つの指標の間の関係を確認しておこう．上述したように，政治任用と自由任用には政権との距離に差はあるものの，官僚制が人事の自律性を保っているか否かという観点からいえば，共通するものである．実際にこれら三つの指標の相関関係が強いことは，図5-4に明瞭に示されている．

5.3 政治制度に関する仮説を検証する

ここまで見てきた政治統制と技能形成についての各国の違いはどのように説明できるのだろうか．第3章で導出した仮説を検証していくことで，この問いに答えていこう．まず，政治制度によって官僚制の質はどのような違いを見せるのか確かめてみよう．第3章で導かれた仮説はつぎの通りである．

仮説 II-d　政治制度と技能投資の間には，つぎの関係が成立する．
　議院内閣制かつ多数代表制→官僚制による技能投資がやや多く行われる
　議院内閣制かつ比例代表制→官僚制による技能投資が多く行われる
　大統領制かつ多数代表制→官僚制による技能投資が行われにくい
　大統領制かつ比例代表制→官僚制による技能投資がやや行われにくい

この仮説を確かめるために，前章と同じ世銀の政治制度指標とゴールダーによる政治制度指標を用いて，執政制度と選挙制度，その交互作用についての分散分析を行った．その上で，議院内閣制と大統領制それぞれについて，選挙制度を横軸に，官僚制の質の推定値を縦軸にとった図を作成した．

まず，世銀の指標を用いた場合（図5-5），仮説II-dのいう通り，議院内閣制の方が大統領制よりも官僚制の質が高く，いずれについても多数代表制であ

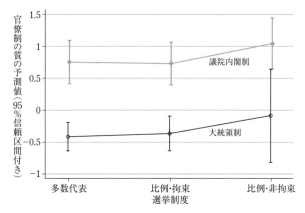

図 5-5 政治制度と官僚制の質（1）
出典）筆者作成.

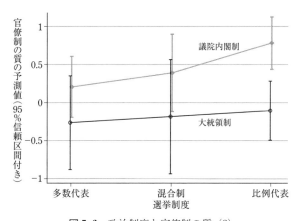

図 5-6 政治制度と官僚制の質（2）
出典）筆者作成.

るよりは比例代表制の方が，また比例代表制の中でも拘束名簿式よりも非拘束名簿式の方が，官僚制の質が高いという結果が示されている．ただし，それぞれの選挙制度の違いはさほど大きなものではなく，この違いは統計的に有意ではない．執政制度の違いは1%水準で統計的に有意なものである．

つぎに，ゴールダーによる政治制度の分類に基づく結果を，同様に図示してみよう（図5-6）．この場合も結果の大筋は変わらない．議院内閣制と大統領制では，前者の方が官僚制の質が高く，それぞれにおいて多数代表制よりも比例

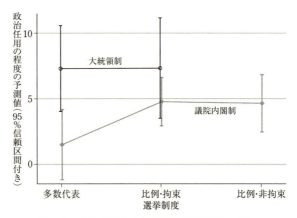

図 5-7 政治制度と政治任用の分散分析の結果
出典）筆者作成.

代表制の方が官僚制の質が高くなる．混合制の場合はその中間に位置することになる．図 5-5 と比べると，執政制度の違いがやや小さくなることもあって，分散分析の結果からは，議院内閣制でありかつ比例代表制をとる場合に，官僚制の質が高くなることのみが，1% 水準で統計的に有意な差となる．

つづいて，政治任用の程度に目を転じよう．政治任用について，第 3 章で導かれた仮説は，つぎの通りである．

仮説 II-c 政治制度と政治任用の間には，つぎの関係が成立する．
　議院内閣制かつ多数代表制→政治任用が用いられることは少ない
　議院内閣制かつ比例代表制→政治任用が用いられることはやや少ない
　大統領制かつ多数代表制→政治任用が用いられることはやや多い
　大統領制かつ比例代表制→政治任用が用いられることは多い

この仮説の通り，政治制度が政治任用の程度の違いをもたらしているかについて，分散分析を行い，その結果を図示したのが図 5-7 である．大統領制かつ非拘束名簿式比例代表制については，該当する国が少なく推定値を得ることができていないが，これを見ると，議院内閣制よりも大統領制の方が政治任用の程度が高く，大統領制の中では選挙制度による違いはないことがわかる．議院

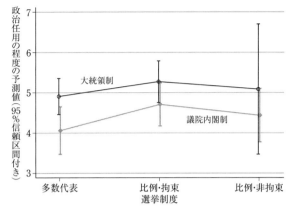

図 5-8 政治制度と政治任用の分散分析の結果（途上国含む）
出典）筆者作成.

内閣制の中では，多数代表制よりも比例代表制の方が政治任用が多い．このうち，統計的に有意な差であるといえるのは，執政制度による違いである．大統領制の間で選挙制度による違いがないという点を除けば，いずれも仮説 II-c に沿った結果が得られている．

図 5-7 では政治任用の程度を OECD 諸国に限定したが，発展途上国を含めて検討するため，専門家サーベイの結果を用いた指標に置き換えてみよう．結果は図 5-8 の通りであるが，ここでも先ほど見た傾向はほとんど変わらない．議院内閣制よりも大統領制の方が政治任用の程度は高く，それぞれにおいて，選挙制度については，多数代表制よりも比例代表制において政治任用が多く用いられるというものである．このうち，分散分析の結果から統計的に意味を持つのは執政制度であり，5% 水準で有意な差がある．この分析結果も，やはり仮説 II-c が予測するところに沿ったもの，あるいは少なくともそれに反するような結果を見せていないものということができる．

5.4 政治制度と政治環境に関する仮説を検証する

前節では，政治制度が，事前コントロールとしての政治任用や，官僚制に委ねられる権限ならびに技能投資について，いかなる影響を与えるのかについて，

まずは分散分析を用いて確かめてきた．そこからは仮説 II-c, II-d に即した結果を得ることができたが，それは従属変数と独立変数の双方に影響を与える交絡要因の結果として生じているのかもしれない．とりわけ，経済発展の程度はその可能性が考えられる．この点を確認するために，回帰分析による検証も行う．ここでは，第4章と同様，経済発展の程度と改革アイディアを統制変数として投入した上で，政治制度や政治環境が，政治任用や技能投資に与える影響について検証を行っていく．推定方法は通常最小二乗法を用いている．

もう一度，第3章で導出された政治環境に関する仮説のうち，以下で検証の対象となる部分を掲示しておこう．

仮説 II-a 政治環境と政治任用の間には，つぎの関係が成立する．
- 執政に政策の質についてのアカウンタビリティを強く問うことは，技能投資の価値が大きい場合には，政治任用を増大させる．技能投資の価値が小さい場合には，政治任用を減少させる．
- 議会の政策形成以外の活動に要する時間と労力の増大は，政治任用を増大させる．
- 政策領域の専門性や議会の立法能力がある範囲まで向上することは，政治任用を減少させるが，非常に高くなると政治任用は増大する．
- 労働市場が開放的な場合，政治任用が拡大する．逆の場合，政治任用は回避されやすい．

仮説 II-b 政治環境と官僚制の技能投資の間には，つぎの関係が成立する．
- 執政に政策の質についてのアカウンタビリティを強く問うことは，技能投資の価値が大きい場合には，技能投資を増大させる．技能投資の価値が小さい場合には，技能投資を減少させる．
- 議会の政策形成以外の活動に要する時間と労力の増大は，技能投資を拡大させる．
- 政策領域の専門性や議会の立法能力が向上することは，技能投資を拡大させる．
- 労働市場が閉鎖的な場合よりも開放的な場合の方が，技能投資の水準は低い．

表 5-2 独立変数の記述統計

変数	観測数	平均	標準偏差	最小値	最大値
議会の立法能力	157	.4919	.1965	0	.84
執政長官交代頻度	174	.3333	.3081	.0244	1
官民流動性の低さ（上級職）	107	4.6412	1.0849	2	7
官民流動性の低さ（全体）	107	−.0000	.7627	−2.0823	1.3772

出典）筆者作成．

　それぞれの仮説を検証するための指標を整理しておこう．議会の立法能力については，執政府に対する議会の力の強さを測定した合成指標を用いた．これはフィッシュとクローニッヒが作成したもので，議会の制度化された自律性，権限の広さ，能力について，専門家調査や二次文献，法律文書の解析などから32の指標をつくり，そのうちどれだけの割合で議会の力を示す類型に該当しているかを示したものである（Fish and Kroenig 2009）．

　執政のアカウンタビリティが有権者に問われる程度については，直接的にそれを観測することは難しいので，それを一定程度反映している指標として，執政長官の交代頻度を用いる．交代理由は色々とあろうが，少なくとも有権者の目が厳しい場合に，交代が増える可能性は高まるだろう．執政長官の在職年数を逆数にしたものを用いた．値は，世界銀行の政治制度データセットから得ている（Beck *et al.* 2001）．

　議員が政策形成以外に要する時間と労力については，第4章の分析でも用いた議員の個別利益志向を代理指標として用いる．議員の個別利益志向が強まるほど，選挙区の支持者向けの活動などに時間と労力が振り向けられると考えられるからである．

　最後に労働市場の流動性については，上級職を分析対象とする場合には，図5-2で横軸にとった上級管理職の民間労働市場に対する閉鎖性，中下級職までを分析対象とする場合には，図5-3で横軸にとった民間労働市場への閉鎖性の指標を用いた．これら本章のみで用いる独立変数の記述統計は，表5-2にまとめた．

　まず，官僚制の質についての検証結果から見ていこう．結果は表5-3にまとめた．いずれのモデルにおいても，経済発展と改革アイディアとしてのNPM

表5-3 官僚制の質の規定要因

	(1)	(2)	(3)	(4)
拘束比例制		−0.316*		
		(0.176)		
非拘束比例制		−0.178		
		(0.419)		
議院内閣制		0.584***		
		(0.197)		
議院内閣制×拘束比例制		0.268		
		(0.260)		
議院内閣制×非拘束比例制		0.158		
		(0.473)		
対数化一人あたりGDP	0.546***	0.396***	0.495***	0.381***
	(0.0585)	(0.0702)	(0.0846)	(0.077)
NPM	0.292***	0.304***	0.373***	0.349***
	(0.095)	(0.098)	(0.108)	(0.094)
NWS	0.112	0.0705	0.194	−0.154
	(0.109)	(0.110)	(0.123)	(0.128)
NPG	0.001	0.0204	0.168	0.126
	(0.213)	(0.198)	(0.230)	(0.200)
議会の立法能力			1.193*	1.498***
			(0.600)	(0.524)
執政長官交代頻度			−0.153	−0.254
			(0.218)	(0.191)
個別利益志向			0.009	−0.016
			(0.018)	(0.017)
民間との流動性の低さ				0.370***
				(0.075)
定数	−6.475***	−5.169***	−8.063***	−6.719***
	(1.084)	(1.050)	(1.232)	(1.103)
観測数	97	87	79	79
R二乗	0.580	0.699	0.653	0.743

注) 括弧内は標準誤差. ***$p<0.01$, **$p<0.05$, *$p<0.1$
出典) 筆者作成.

は1％水準で正に有意である．ただし，経済発展と改革アイディアの双方とも，官僚制の質との因果の向きは双方向が考えられる．

　その上でモデル2に示された政治制度の影響を見ると，仮説II-dの予測通り，議院内閣制であることは大統領制の場合に比べて官僚制の質を0.58ポイント上昇させると推定される．議院内閣制の中で選挙制度による違いはない．大統領制の場合には，拘束名簿式比例代表制の方が多数代表制の場合よりも官

5.4 政治制度と政治環境に関する仮説を検証する　*129*

表5-4　上級職政治任用の規定要因

	(1)	(2)	(3)	(4)
拘束比例制		−3.465*		
		(1.897)		
非拘束比例制		2.430*		
		(1.319)		
議院内閣制		−3.093*		
		(1.591)		
議院内閣制×拘束比例制		6.289***		
		(2.227)		
議院内閣制×非拘束比例制		−		
対数化一人あたり GDP	−6.218***	−7.215***	−5.041***	−3.488*
	(1.241)	(1.415)	(1.608)	(1.822)
NPM	−0.449	0.255	−0.515	−0.718
	(0.903)	(0.912)	(1.002)	(0.977)
NWS	1.011	0.885	0.314	0.546
	(1.160)	(1.116)	(1.266)	(1.232)
NPG	−0.365	0.0884	−1.098	−0.438
	(1.915)	(1.790)	(2.055)	(2.027)
議会の立法能力			0.325	−1.604
			(5.338)	(5.295)
執政長官交代頻度			0.334	0.209
			(1.597)	(1.546)
個別利益志向			−0.161	−0.091
			(0.146)	(0.147)
民間との流動性の低さ				−1.441
				(0.882)
定　数	66.42***	73.95***	61.18***	50.94***
	(12.87)	(13.79)	(13.94)	(14.86)
観測数	35	35	32	32
R 二乗	0.547	0.664	0.550	0.597

注）括弧内は標準誤差．***$p<0.01$, **$p<0.05$, *$p<0.1$
出典）筆者作成．

僚制の質は低くなる．この点は仮説に反する結果である．

つづいて，モデル3における議会や執政の状況の影響を見ると，議会の立法能力が高いことが，官僚制の質も高めるという結果が得られる．このことは仮説II-bの3点目に合致する結果である．さらにモデル4に見るように，官民労働市場の状況は強い影響を持っている．民間に対して公務員市場が閉じられている方が官僚制の質は高くなる．これは仮説II-bの4点目の予測に合致する結果である．

表 5-5　上級職政治任用の規定要因（途上国含む）

	(1)	(2)	(3)	(4)
拘束比例制		−0.499		
		(0.394)		
非拘束比例制		0.270		
		(0.353)		
議院内閣制		0.575		
		(0.837)		
議院内閣制×拘束比例制		0.356		
		(0.516)		
議院内閣制×非拘束比例制		−0.336		
		(0.945)		
対数化一人あたりGDP	−0.0673	−0.0664	−0.122	0.0641
	(0.106)	(0.140)	(0.159)	(0.150)
NPM	−0.509***	−0.393**	−0.381*	−0.343*
	(0.172)	(0.195)	(0.203)	(0.184)
NWS	−0.471**	−0.560**	−0.486**	0.0817
	(0.197)	(0.221)	(0.231)	(0.250)
NPG	−0.132	−0.107	−0.244	−0.177
	(0.386)	(0.396)	(0.432)	(0.391)
議会の立法能力			−0.598	−1.095
			(1.125)	(1.024)
執政長官交代頻度			−0.584	−0.418
			(0.410)	(0.372)
個別利益志向			−0.0383	0.00169
			(0.0345)	(0.0326)
民間との流動性の低さ				−0.604***
				(0.147)
定　数	10.24***	10.13***	11.49***	9.295***
	(1.962)	(2.096)	(2.311)	(2.155)
観測数	99	88	79	79
R二乗	0.179	0.256	0.223	0.375

注）括弧内は標準誤差．***p<0.01, **p<0.05, *p<0.1
出典）筆者作成．

　つぎに政治任用について，三つの指標それぞれを用い，改革アイディアのみのモデル，政治制度を投入したモデル，議会と執政の状況を投入したモデル，それに加えて労働市場の流動性を投入したモデルの四つの推定を行った（表5-4）．

　先進国のみを対象としたこの分析の結果では，まず，経済発展の程度が高いほど，政治任用が少なくなることがわかる．改革アイディアは政治任用の程度

5.4 政治制度と政治環境に関する仮説を検証する　131

表5-6 中級職以下の自由任用の規定要因（途上国含む）

	(1)	(2)	(3)	(4)
拘束比例制		0.457**		
		(0.185)		
非拘束比例制		−0.568		
		(0.440)		
議院内閣制		−0.549***		
		(0.207)		
議院内閣制×拘束比例制		−0.0635		
		(0.271)		
議院内閣制×非拘束比例制		0.847*		
		(0.496)		
対数化一人あたりGDP	−0.243***	−0.165**	−0.339***	−0.357***
	(0.0624)	(0.0736)	(0.0895)	(0.0732)
NPM	−0.660***	−0.605***	−0.595***	−0.533***
	(0.101)	(0.102)	(0.114)	(0.0941)
NWS	−0.361***	−0.331***	−0.474***	0.317*
	(0.116)	(0.116)	(0.130)	(0.169)
NPG	0.212	0.0987	−0.0708	−0.159
	(0.227)	(0.208)	(0.244)	(0.200)
議会の立法能力			−0.315	0.269
			(0.634)	(0.527)
執政長官交代頻度			0.0108	0.00796
			(0.231)	(0.189)
個別利益志向			−0.0242	−0.00985
			(0.0194)	(0.0161)
民間との流動性の低さ				−0.773***
				(0.128)
定　数	5.782***	5.136***	8.365***	4.128***
	(1.153)	(1.101)	(1.303)	(1.276)
観測数	99	88	79	79
R二乗	0.513	0.652	0.604	0.739

注）括弧内は標準誤差．***$p<0.01$, **$p<0.05$, *$p<0.1$
出典）筆者作成．

には影響を与えていない[5]．モデル2に示した政治制度については，大統領制・多数代表制を基準として，議院内閣制・多数代表制は3.09ポイント低くなり，議院内閣制・拘束名簿式比例代表制は0.27ポイント低くなる．また，大統領制でも，拘束名簿式比例代表制は多数代表制の場合よりも政治任用の程

---

[5] NPMに典型的だが，現在の行政改革のアイディアにおいて，政治との関係は中心的な関心の対象にはなっていない．その点からすると，この結果は納得のいくものである．

度は3.47ポイント低くなるが，非拘束名簿式では逆に2.43ポイント高くなるという結果である．これを仮説II-cと比べると，大統領制・拘束名簿式比例代表制の場合の政治任用の程度が低く推定される点は異なるが[6]，その他については予測通りの結果を得ることができた．これに対してモデル3に示されるように，政治環境については有意な変数が見られなかった．モデル4における官民労働市場の流動性は，わずかに10%水準に届いていないが，仮説通り，流動性が低い方が政治任用は少ないという関係を示している．

つづいて，発展途上国を含めて政治任用の程度を検討してみよう．専門家サーベイの回答を用いた分析では，政治任用の程度は，改革アイディアとしてNPMやNWSの考えが強いところでは低くなるという結果が得られる（表5-5)[7]．これらの改革アイディアが政治任用を抑制する，あるいは逆に政治任用の程度が低い国では，こうした改革アイディアが広がりやすいという両方の因果を考え得る．そして政治制度と議会や執政の状況については，統計的に意味がある関係を見出すことはできなかった．唯一関係を見出せたのは，官民労働市場であり，これが閉鎖的な方が政治任用の程度は低くなるという結果を得ている．これは仮説II-aに合致する結果といえる．

発展途上国までを含めて，自由任用の程度をみてみると，ここでは経済発展している国や，NPMさらにNWSの考え方が強い国において，自由任用の程度は低いという結果が得られる（表5-6)[8]．その上で，政治制度については，まず，選挙制度が多数代表制の場合，議院内閣制の方が大統領制よりも自由任用の程度は低くなる．そして，大統領制の中でも，比例代表制（拘束名簿式）の場合に自由任用の程度が高いこと，議院内閣制の中でも，多数代表制よりも比例代表制（非拘束名簿式）の場合に自由任用の程度が高いこともわかる．こ

---

6) OECDデータの中で大統領制・比例代表制をとる国が少ないことが，こうした結果の不安定さに影響しているのだろう．

7) ただし，労働市場の変数を投入するとNWSは有意性を失う．これは，両者の相関が高いためだが，VIFを確認したところ両者とも3程度なので，多重共線性は発生していないといってよいだろう．

8) ただし，労働市場変数を加えたモデル4では，NWSの符号が逆転する．NWSが強いところでは労働市場が閉鎖的であり，その影響を統制すると，NWSが与える影響は正に転じると考えられる．

れらはいずれも仮説 II-c に整合的な結果である．他方，政治状況についての変数は，統計的に有意な関係を持つものがなく，労働市場の閉鎖性が，ここでも政治任用の抑制に働くという結果のみを得た．先ほど同様，ここでも仮説 II-a のうち，労働市場のあり方だけが仮説を支持する結果を得ることができた．

5.5 合意型民主制の隠された利点？

　官僚制が権限委譲を受けた上で能力を高めることによって政治家や市民の有効なエージェントたり得ているのは，いかなる政治的な要因によるのか，そして政治任用といった関与がみられるのはどのような政治的条件の下でなのか．この二つの問いについて，第3章で提示した仮説を検証していくことが，この章の課題であった．

　政治制度は概ね，官僚制の質と政治任用の程度の双方に対して影響を及ぼしていることが示された．議院内閣制・比例代表制の官僚制の質が最も高く，政治任用の程度は中間程度である．議院内閣制・多数代表制は，官僚制の質は中間程度で政治任用は最も少ない．大統領制は，官僚制の質は議院内閣制よりも低く政治任用の程度は高い．こうした傾向は経済発展の程度を制御しても確かに存在することが確かめられた．これに対して，議会や執政の状況はあまり説明力を持たないが，議会の立法能力の高さは官僚制の質の高さにもつながることがわかった．さらに，民間労働市場に対する開放性は，各国の官僚制のあり方に大きく影響を与える．開放的であることは，官僚制の質を下げ，政治任用の程度を上昇させる効果を持つ．さらに，改革アイディアのうち，特に NPM の考え方が強い国は，官僚制の質が高く，政治任用の程度は低いという傾向を見出せた．

　ここでの分析結果は，官僚制の質に関して，議院内閣制で比例代表制であることが最も有利であるという結果を導くものである．執政制度と選挙制度の効果について，やはり同様の組合せが政策帰結や効果に優れた結果をもたらしていることを主張するものとして，ゲリングとサッカーの研究やレイプハルトの研究がある (Gerring and Thacker 2008, Lijphart 2012)．また，そのことを有権者の中位の選好がどの程度政権に代表される確率を持つかという点や，多様な意

見がどの程度，政策に反映されるかという点から理論的に導いているものとして，コロマーの研究がある（Colomer 2001）．ここでの分析結果はこれらが扱っていない官僚制への影響を明らかにするものであり，これらの研究と補完的な関係に立つ．

筆者としては，政党制のあり方について何らかの主張をするものではなく，政治に何を求めるかによって，望ましい政治制度には違いがあるという主張にも異論はない（待鳥 2015b）．しかしその上で，政治制度が官僚制に与える影響は無視されるべきではなく，制度選択をするのならば，その点も含めた選択が望ましいということは少なくとも述べておきたい．大統領制においては議会と執政の相互抑制が官僚制に権限委譲を行った上で能力を発揮させる可能性を低めてしまう．議院内閣制・多数代表制においては，逆に議会多数党と執政の一体性の高さが官僚制による技能投資へのインセンティブを最大化し損ねる可能性が存在する．議院内閣制・比例代表制という組合せは，議会と執政長官のある程度の距離が，執政による官僚制への介入を抑制させつつ議会は権限委譲を行い，官僚制の技能投資も引き出すというパレート改善の均衡を成立させる可能性が高いのである．

ただし，本章では仮説 II-a, II-b の検証において，その一部しか取り上げられなかった．とりわけ官庁と複数の政治的プリンシパルの選好配置が，技能形成および政治任用に与える影響についての仮説は検証できていない．これは，各国比較においてはこのような複数プレイヤーの政策選好の距離の測定が難しいためである．しかし一国内の分析であれば，よりダイナミックな政治環境の変化とその下で変容する官僚制の姿を捉えていくことが可能になる．この点が具体的にどのような様相を見せるのか，日本の官僚制を題材にして，次章以降でより深く検討していくこととしよう．

6 変化の中の日本の官僚制

6.1 比較から見た日本の官僚制

　前章まで，数理モデルと計量分析を用いながら，現代の世界各国の官僚制の姿を描き出し，それをもたらす要因としての政治制度や政治環境との関係を明らかにしてきた．そうした中で，折に触れて日本の位置づけについても触れてきたが，種々の指標ごとに論じてきたので，その全体像は見えにくい．ここで改めて，日本に焦点を当て，各指標の中の日本の姿を集約して示すことで，日本の官僚制の特徴を浮かび上がらせよう．

　まず，第4章で取り上げた官僚制の分立（図4-2横軸の省庁数）と統合（図4-3縦軸に示した行政中枢の機能の大きさ），ならびに第5章で扱った官僚制の質（図5-1縦軸）と政治任用の程度（図5-2縦軸に示した途上国を含めた上級職の政治任用）について，世界各国の分布を箱ひげ図で示し，その上に日本を□印で示したものが，図6-1である．箱ひげ図の中央の白線は中央値，箱の先端は第1四分位と第3四分位を示し，線の両端は最大値と最小値を示す．ただし，それらが箱の長さの1.5倍を超えている場合は，外れ値として点で示している．

　現代日本の官僚制は，他国との比較の中で見れば，分立の程度は低く，統合の程度も低い．省庁数，行政中枢機能の大きさ[1]とも少ない（小さい）方の25％に入る．他方で，官僚制の質は世界各国の中で最上位層に位置づけられている．そして政治任用の程度は逆に最も低い部類に位置づけられている．

　本章から第8章において，日本の官僚制がいかなる道を歩んだ結果，このような姿を見せるようになったのか，その変遷を叙述していく．本章では，以下につづく分析の文脈をおさえておくため，まず第2節で1990年代以降の変化について時系列に沿った整理を行う．つづいて，日本の官僚制の実態と規定要因に関する先行研究を整理する．第3節では組織編成，第4節では政治統制と

---

[1] 特に，省庁横断的な上級管理職の人事管理の程度は低い．ただしこのデータは2010年のものであり，内閣人事局の誕生は考慮されていないことには注意する必要がある．

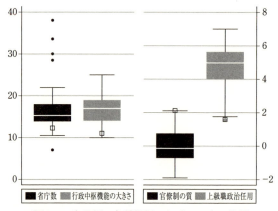

図 6-1 官僚制の各種指標における日本の位置
出典）筆者作成．

技能投資，第 5 節では変化の説明要因についての検討を行う．それらの議論から導かれる検討課題を第 6 節でまとめ，第 7 章以下への橋渡しとする．

第 7 章では，組織的な特徴の変化を中心的に取り上げ，第 8 章において，その組織を前提として生じる政治統制と技能形成の実態を解明していく．こうして現代日本の官僚制が歩んできた道のりを理解した上で，それが何をもたらしているのか，どのような効果を生んでいるのかについては，再び世界各国を対象としながら，第 9 章で論じる．

6.2　1990 年代以降の歩み

ここではまず，40 年近く続いた制度的な均衡が失われ，新たな均衡への模索が続く 1990 年代以降の歩み，その中での政権党と官僚制の選択を概観していこう．

日本の官僚機構は，基本的には 1990 年代に入るまで安定的であった．一方では，経済発展，社会の構成，国際社会上の位置の変化は大きかったことからすると，官僚制が変化を拒んできたようにも見える．他方では，政権交代の不在に見られるように政治的安定性は高かったのだから，官僚制の変化が限定的だったのも不思議ではないとも考えられる．しかしいずれにせよ，1990 年代

以降は，政治的変化の影響であれ，グローバル化や高齢化の進展，あるいは経済停滞の影響であれ，政治・社会・経済の多様な側面から，官僚制が本格的な変化を迫られつづけた時代であった．

そして実際に 1990 年代に入ると，さまざまな改革が試みられた．この時期の日本の官僚制に関する主な改革を表 6-1 にまとめた．ここでは本書の構成にあわせて，組織編成および公務員制度に関わる部分と，政府部門と民間部門の関係や行政運営に関わる改革に分け，時系列に沿って事象を並べている．

1990 年代半ば以降の行政改革は，概ね五つの時期に分けられる．第一の時期は，橋本行革である．ここでは機構改革が主たる対象であった．それ以前の主たる行政改革，すなわち第二次臨時行政調査会（第二臨調）およびそれにつづく臨時行政改革推進審議会（行革審）等の改革が，国鉄民営化に代表される政府と市場の役割・機能の見直しを主眼にしていたのとは対照をなす改革であった．第二の時期は，小泉政権期である．この時期の改革は，民営化のような民間市場との関係，また，政策評価の実施や経済財政諮問会議の予算編成への関与など行政運営の変革を中心とする．第三の時期は，第一次安倍政権から麻生政権にいたる自民党政権であり，この時期には，公務員制度改革が主たる課題となる．新たな行政機構の設置が見られる時期でもある．第四は民主党政権期である．鳩山政権発足直後の若干の組織編成の改革と，事業仕分けや行政事業レビューといった省庁横断的な資源配分の見直しが中心となる．最後に第五の時期は，2012 年に始まる第二次以降の安倍政権である．再び，公務員制度改革と組織再編，とりわけ内閣官房に関わる改革が進められている．まとめるならば，政権ごとに重点の置き所は異なる．自民党政権においては，政権ごとに組織再編や公務員制度改革か，対民間部門関係かどちらかに重点がおかれている．それに対して民主党政権はどちらをも改革の対象としたが，成就したものは限定的である．

このような時期ごとの違いはなぜ生じるのか．これが 1990 年代半ば以降の行政改革の流れから浮かんでくる第一の問いである．第二の問いは，これら全体をまとめたとき，どの程度，日本の行政は変化したといえるのかである．第三の問いは，行政改革のように表面に見えるものの背景には何があるのかである．行政改革だけが行政を変化させるものなのだろうか．それ以外の形での変

表 6-1　1990年代半ば以降の日本の行政改革年表

	内閣	組織編成関連	対民間関係と行政運営関連
1996.11	橋本	行政改革会議設置（～1998.6）	
1998.1			規制緩和委員会設置（1999.4には規制改革委員会，～2001.3）
1998.6		中央省庁等改革基本法成立 金融監督庁発足（2000.7 金融庁に改組）	
1998.12	小渕	金融再生委員会発足	
2000.12	森	行政改革大綱閣議決定	
2001.1		中央省庁再編の実施	
2001.4	小泉		総合規制改革会議（～2004.3）設置 独立行政法人制度発足 財政投融資制度の改革施行
2001.6			特殊法人等改革基本法成立 経済財政諮問会議「骨太の方針」決定
2001.12		公務員制度改革大綱閣議決定	
2002.4			政策評価法施行
2003.4		郵政事業庁廃止	
2003.7		食糧庁廃止	
2003.9			指定管理者制度施行
2004.4			規制改革・民間開放推進会議（～2007.1）設置
2004.6			道路関係4公団民営化関連法成立
2005.10			郵政民営化関連法成立
2006.5			市場化テスト法成立 行政改革推進法成立
2006.6			行政改革推進本部（～2011.6）設置
2007.1	安倍	防衛庁，防衛省に昇格	規制改革会議・規制改革推進本部（～2010.3）設置
2007.12	福田		独立行政法人整理合理化計画閣議決定
2008.6		国家公務員制度改革基本法成立	
2008.10	麻生	運輸安全委員会発足 観光庁発足	
2008.12		官民人材交流センター設置	公益法人制度改革関連3法施行
2009.9		消費者庁発足	
2009.9	鳩山	事務次官等会議廃止 国家戦略室・行政刷新会議（～2012.12）設置	
2009.11			事業仕分け開始（～2012.11）
2009.12		社会保険庁廃止	
2010.4			行政事業レビューの開始
2012.1	野田		行政改革実行本部（～2012.12）設置
2012.2		復興庁発足	
2012.9		原子力規制委員会発足	
2013.1	安倍		規制改革会議（～2016.7）設置 行政改革推進本部・行政改革推進会議設置
2014.1		内閣官房に国家安全保障局設置	
2014.4		国家公務員法の一部改正	
2014.5		内閣官房に内閣人事局設置	
2015.10		スポーツ庁発足 防衛装備庁発足	
2016.4		内閣官房・内閣府見直し法の施行	
2016.9			規制改革推進会議設置

出典）伊藤（2010），井田（2013a, 2014），首相官邸ウェブサイト（http://www.kantei.go.jp），および内閣官房行政改革推進室のウェブサイト（http://www.gyoukaku.go.jp/about/gaiyou.html）を参考に筆者作成．

化はないのであろうか．

　こうした一連の問いに対して，先行研究はどのような答えを用意しているのだろうか．以下では，組織編成と政治統制および技能形成という本書の枠組みに従いながら，1990年代半ば以降の行政の変化を扱った研究を整理してみよう．

6.3　分立と統合の変化はどのように捉えられてきたのか

分立の変化

　日本の官僚制における分立のあり方，すなわち省庁の組織と省庁間の関係について，これまでの研究が明らかにしてきたのは，つぎの三点である．

　第一に，橋本行革により省庁の数が減少した．改革のプロセスにおいては，行政改革会議から与党に主導者が移る中で，各省の区切り方については与党の関与があった．たとえば，既存の業界・省庁の境界線を横断するような国土開発省ならびに国土保全省の設置という中間報告案は葬られた[2]．しかし数を減らすこと自体については，疑問視されることはあまりなかった．

　他方で，省庁以下の部局レベルにおいては，総量規制が強くかけられてきた．そのため毎年の組織編成査定において，スクラップ・アンド・ビルドが求められてきた．このことは組織を不断に見直す契機となっていた．時として，省庁を越えてのスクラップ・アンド・ビルドもあったことが，そうした傾向に拍車をかけていた（真渕 1999a, b）．ここで，省庁数が減ることは競争相手を減らし，省の大規模化は省内での再配置を容易にすることにつながる．したがって，改革によって組織再編の圧力は弱まるだろう．ただし，この点についての研究はこれまで見られない．

　第二に，内閣官房と内閣府による調整機能が橋本行革により明確化されたが，

---

2)　この変化は他の改革案にも影響を与えた．たとえば，中間報告では警察庁と海上保安庁（さらに厚生省の麻薬取締り部局）を国家公安委員会に統合する案が示されていたが，建設省および運輸省の解体がなくなったことにより，海上保安庁の国家公安委員会への移管もなくなった．

それは従来の2省間調整の上に重層的に付加された．もともと省庁間の水平的調整は密に行われていた．2省間調整においては所管と協議対象，協議結果の確定としての覚書を駆使しながら紛争事象が調整されていった．内閣官房と内閣府による調整が強化されたことは，2省間調整の停止を意味したわけではない．しかもそれは単に継続されたのみならず，強化されていった面もある．公共事業における技官集団の連携，幼保一元化に関する文部科学省と厚生労働省の交流など人材交流がそれを支えたのである（牧原 2009: 4章）．同時に，特に内閣官房は2省間調整が停滞している場合に，官邸の要請，当該省からの仲裁の要請，そして自主的判断に基づき，その解消に乗り出す（高橋 2010）．

この点について，民主党政権では，事務次官等会議の他，局長，課長，課長補佐級など各段階で行っていた省庁間調整を原則禁止にすることを試みた．しかし，こうした改革は機能しなかった．政務三役（大臣・副大臣・大臣政務官）だけで省内の決定に加えて，省庁間調整を担うことは不可能だった（信田 2013: 143）[3]．こうした機能不全は診療報酬改定や子ども手当の創設などで顕著に表れた（木寺 2012a）．

第三に，従来の省庁横断的な調整メカニズム，すなわち総理府外局の調整庁による調整，内閣法制局による法令審査，大蔵省の予算審査はいずれも変化を迫られた．調整庁は省庁再編により大括りの省内に取り込まれ，省内調整に置き換えられた．内閣法制局による法令審査は，条文単位で精査しながら省間での所管の重複などを整序する機能を果たしていたが，このような時間を要する政策形成システムは，迅速な対応が迫られる現在の政権運営に合わない．内閣官房を中心とする調整や企画立案に浸食されていく．大蔵省の予算審査も，経済財政諮問会議によって，前提や大枠部分についての決定権を部分的に奪われていく．

内閣法制局による法令審査であれ，大蔵省の予算審査であれ，詳細にわたる

---

3) 信田はさらに，民主党の政治家たちは議論をすることには長けていても，集団としての意思決定を取りまとめることは不得手であったと指摘する．民主党に限らず，議員の集合体としての政党がいかに集団としての決定を行っていくかは重要な問題であるが，その点についてはここでは置いておく．ここでは，たとえ議員や政党のあり方がいかなるものであったとしても，そもそも省庁間調整を政務三役だけで担うことは物理的にも不可能であったことを指摘すれば十分である．

精緻な審査方法が確立され，そのことは多くの研究者の注目を集めてきた (Campbell 1977, 西川 2000). しかしそもそも，どの程度，いかなる審査を行うのかは法制度などで固定化されていたわけではない．これらがあたかも自律性を持って判断を行えてきたのは，政権党である自民党と個別政策領域を担う省庁という双方のプレイヤーが，それを受け入れていることに立脚していた．ボトムアップ中心の法律制定や予算編成において，最後に高いハードルを設置することで，各省の提案内容を精査しその質を高めることは，政権党にとっても望ましいものであった．また，そうしたハードルを越えられないような種々の要求や圧力に対する防御策として使える点で，省庁にも利点があっただろう．それゆえに，こうした仕組みはある種の均衡として維持されてきた．環境変動が一定の範囲内に収まり，定型的な法律制定や予算編成が行われる限り，これらの仕組みはうまく機能してきた．

しかしだからこそ，それが首相主導によって内閣官房を通じた政策形成へ転換していく中で，そのまま維持され得ないことも当然である．変動する時代の中で新規の立法や多くの改革を求められることによって，法律の形式も変化し，従来の条文の精緻な検討は意味を持たないことも増える．たとえば，改革における工程を定め先送りを防ごうとしても，閣議決定をするだけでは，政権交代があれば覆されかねない．それを防ぐには法定化の必要がある．そうしたプログラム法は，政権交代の可能性が高まる中，政策成立のためのコミットメント手法として用いられる[4]．このような立法過程の変化とそれに伴う立法形式の変化もまた，新たな政治システムの一面であり，そうしたなかで内閣法制局や財務省の審査が従来通り維持されることはあり得ない[5]．とはいえ，内閣法制局（牧原 2016: 3 章）も財務省（清水 2015）も受け身だったわけではない．政権の意向を汲み取り，時には働きかけを行い，時には距離をとり，自らの存在意義を保つように戦略的対応を試みるのである．

---

4) 一例として，消費税率引き上げに関して，2008 年の暮れ，自民党政権の下野が予想される中で，経済財政政策担当大臣だった与謝野馨の主導により，2009 年度税制改正法附則第 104 条として，「消費税を含む税制の抜本的な改革を行うため，2011 年度までに必要な法制上の措置を講ずる」ことを定めたことがあげられる（清水真人 2013: 3 章）．

5) 伊藤は，立憲主義の番人の役割を内閣法制局に期待する見方に対して違和感を述べているが（伊藤 2016），筆者も同感である．

統合の変化

 日本の官僚制における行政中枢，すなわち首相および内閣と，それらを支える内閣官房および内閣府[6]について，これまでの研究が明らかにしてきたのは，つぎの五点である．

 第一に，橋本行革は行政中枢の強化を意図しており[7]，ある程度はそれを実現した．しかし，詰め切れないままに残され，運用に委ねられた部分も大きい（田中・岡田 2000: 3章）．たとえば，内閣法の改正により首相の発議権が明示されたことや，内閣府を設置したことといった個別具体の改革内容は明確である．しかし全体としては「官邸機能強化」という曖昧な用語が用いられていることに顕著なように，首相と内閣のどちらをどのように強化するのか，補佐機構においては政治任用者をどの程度用いるのか，誰にどのような機能を担わせるのかといったことは詰め切れないままであった．行政改革会議の最終報告から内閣法改正までの間に内閣官房の位置づけには相当の変化があり，そこでさらに性格が曖昧になった．内閣府についても内閣官房との関係は不明瞭であった[8]．内閣法制局，安全保障会議，人事院なども改革の対象から外れていた．

 第二に，その運用に委ねられた部分について，首相主導の強化が一部の政権の下では試みられた．その装置として注目されたのが，経済財政諮問会議であ

---

6) 第4章の国際比較においては，行政中枢として内閣官房のみが対象となっているが，本章以下では，内閣府も行政中枢に含めて扱う．

7) 橋本首相自身は，金融不安の中で情報が上がってこなかったことと，財政構造改革においても正確な情報を入手できなかったことから，官邸機能強化を求めたという（柳沢伯夫の証言：田中・岡田 2000: 101-2）．また，猪口邦子委員をはじめとして，行政改革会議の中では，阪神・淡路大震災への対応で顕著になった危機管理能力の不足への危惧が強かった．

8) 内閣府について，水野行革会議事務局長はつぎのように後に語っている．「これは総理とは打ち合わせをしていないのです．内閣府なんてものを出すについても，総理がサミットに行っている間の話ですから．ファックスを送ったんだけど，帰ってから橋本さんがだめだといわなかったでしょう．「読んでみるとこれも面白いね」なんて，ひとごとみたいなことをいっているわけです」（田中・岡田 2000: 121）．しかしその後，行革会議における官邸機能強化の対象はむしろ内閣府に向かった．内閣官房については公務員制度調査会に委ね，水野事務局長と橋本首相は，内閣府の新設に力を注いでいった（出雲 2014: 290-5）．改革の目玉となるものとして新設組織に目が向けられたと推察できよう．

る．首相自身が会議の議長だが，内閣直属とならず内閣府に置かれ，調査審議の場であり企画立案の場ではないと位置づけられたため，会議の実効性は首相の使い方に依存する．小泉内閣ではこの会議が政策形成の中心となり注目を集めた（竹中治堅 2006: 3 章，伊藤 2007，内山 2007: 2 章，信田 2013）．首相の意を酌んで具体案を提示できる民間委員の存在がそれを可能とした面も大きい（竹中平蔵 2006）．他方で，小泉内閣においても，内閣府に置かれた残る三つの会議の政策形成への影響力は，そこまでではなかった．また，小泉以降の内閣においては，経済財政諮問会議の果たす役割も小さくなり，民主党政権では廃止されるに至っている[9]．民主党政権は，内閣官房に国家戦略局を設置し，担当大臣を置くことを構想していたが，設置のための政治主導確立法案を成立させられず，国家戦略室を置くにとどまり，その役割も限定的なものとなった．

第三に，運用面で首相主導を体現していったもう一つの要素として，内閣官房の規模と機能が拡充されていった．規模については，職員数が 1980 年代後半に約 300 名だったのが，2000 年代の間増大し続け，その後半には 800 名近くにまでなっている．各省から派遣される職員の質も高まっている（高橋 2009b）[10]．内部組織的には，スタッフ中心の柔軟な組織にすることから，情報，広報，危機管理，安全保障といった部分を固定化することまで，幅広い選択肢があったが，実際には種々の形態が混在していく（出雲 2014: 7 章）．副長官補室のように政策形成や調整に関わる部分が一方にありつつ，他方では，情報など四つの固定的な室組織がある．そして最終的には，内閣人事局や国家安全保障局[11]のような局組織も加えられていく．

さらに機能面では，とりわけ政策調整や政策形成に関わる部分が拡大している．たとえば，2000 年から 07 年までに内閣官房が中心になって制定した法律

---

9) このことについて牧原は，つぎのように見る．経済財政諮問会議事務局を主に支えたのは経産省官僚であり，それは総務省や厚労省など旧内務省系の内務行政型の補佐機能，財務省型の補佐機能と競合するものである．しかし，第一次安倍政権以降，財務省主導型ネットワークが影響を取り戻しているのである（牧原 2010, 2013）．民主党政権における財務省の復権については，他にも，高橋（2010: 135）．

10) 橋本行革のプロセス自体が，首相の近くに各省から優秀な職員を吸い上げる運用の端緒になったともいわれている（城山・細野 2002: 終章）．

11) 国家安全保障局は，国家安全保障会議の事務局も担当する．国防会議・安全保障会議から国家安全保障会議への歩みについては，千々和（2015）．

は26になるという(彦谷・エステベス=アベ 2008).政策の企画を担当することが増えるにつれ,種々の諮問会議が内閣官房に設置されていく.福田首相の下での社会保障国民会議などはその例である.そうした内閣官房の実態については,官房副長官補室による総合調整活動に関して,高橋がインタビューに基づき,その実態を明らかにしている(高橋2010)[12].

第四に,既存の与党一般議員と省庁官僚制の結びつきを直接的に破壊することは行われず,それに重ねる形で,官邸主導の仕組みが導入されていった(橋本2005: 9章).したがって,両者は時として衝突を見せ,首相の意思が貫徹しないことも少なくなかった.小泉政権においても税制改正をはじめ,そうした事例は多い(上川2010).経済財政諮問会議も,安倍政権(第一次)において経済財政政策担当大臣が大田弘子に替わると,結局,事業省庁と族議員の連合との戦い,あるいは経済成長戦略をめぐる経済産業省との戦いに力を奪われていく(大田2010: 1章).

第五に,以上の点をまとめると,自民党の小泉政権以降の行政中枢の運用は,首相と官房長官を中心とする一点突破型だったといえる.自民党政権における変化は首相に関する部分に集中し,既存の省と大臣をはじめとする政務との関係にはあまり変化が見られない.自民党政権における大臣は,各省の職業公務員を膝元に置き,政策の形成や実施にあたっていく.いわば,首相と同様の方向性を各大臣が指向しており,裏返しに,内閣や閣僚間での調整や,省内における政務官による調整などはあまり見られないのである[13].

民主党はこれに対して,内閣を中心として,行政府全体の変革を試みようとした[14].そのために,官僚による調整を回避しようとした.省を超えるレベル

---

12) 政治家である内閣官房長官についてジャーナリストの手による叙述などは多い(菊池2013,星2014).また,官房副長官を務めた古川貞二郎は積極的に内閣官房について執筆を行っており,有益な情報を提供している(古川2005, 2015).しかし,業務内容に関する情報はそのままでは,内閣官房の政策形成における実態の解明にはつながらない.

13) たとえば,厚労大臣を務めた舛添要一の大臣時代の手記においては,自分自身のキャビネを形成しようと努めたことが書かれている裏面で,副大臣や政務官に関する記述は一切存在しない(舛添2009).また,渡辺喜美行政改革担当大臣が同様のキャビネの形成に努めたことが,官僚の視点からいくつかの書物に描かれている(原2010,古賀2011).

14) 民主党における「政治主導」改革の試みとその挫折について取り上げるものは多い(信田2013: 4章,読売新聞政治部2010: 2).その中で,自民党との方向性の違いを明確に

6.3 分立と統合の変化はどのように捉えられてきたのか

では，事務次官等会議を廃止したことに加え，官房副長官（事務）による調整を避け，閣僚委員会による調整に置き換えようとした．省内では政務三役をチームとして組織し，これが省内の調整を一手に担おうとした．政務三役会議には官僚の出席を認めないなど，官僚の排除に努めた．しかしこれらの試みは機能せず，民主党政権における政策形成能力の低下につながったのである．政務三役が担当の課長レベルと結びつき，官僚制のラインの指揮系統が利用されないことも多かった（読売新聞「民主イズム」取材班 2011: 3 章，信田 2013: 141）[15]．官僚制が持つ情報が首相や大臣に伝わらないことが頻発したのである[16]．ただし，事業仕分けのように，内閣とは別の主体による省庁横断的な政策関与も試みられており，その方向性が一つに定まっていたわけではない．

以上が，分立と統合の様相のまとめと研究状況の概観である．全体を通じ研究の焦点は，中央省庁再編に代表される制度改革と，政権交代に伴う変化，とりわけ民主党政権の特徴の解明に，絞られてきたといえる．確かに，制度改革の内容だけではなく，そこで新たに設置された経済財政諮問会議や強化された内閣官房について，実態の解明も試みられていないわけではない．しかし，結局のところその視点は，改革に伴う部分に絞られがちである．行政改革を伴うことなく，行政組織は変化していくという真渕の知見（真渕 1999a, b）などは[17]，改革と政権交代の喧噪の時代を前に，忘れられがちであった．次章以下の分析では，この点にも注意を払わねばならない．

　　述べているのは，佐藤信である（御厨他 2013）．当事者の声としては，菅（2009）．
15) そうしたエピソードは枚挙に暇がない．大臣と意思疎通ができないため，職員が大臣のツイッターを暇さえあれば見ていたとか，鳩山政権における政策グランプリに局長や審議官も応募してきたといったものがあげられる（読売新聞「民主イズム」取材班 2011: 128-30）．
16) 官僚の側の対応としては，経産省職員は，政務三役の活動については静観，政策内容に踏み込んできた場合には必要に応じ「抵抗」もしたといい，国交省職員は，指示があっても不十分なことが多いために，また政務三役の考え方が見えないために戸惑うことが多かったと述べている（黒須 2012, 佐脇 2012）．
17) 戦後の中央・地方関係において，占領改革にばかり目を向けるのではなく，戦前の 1930 年代に始まる福祉国家化に伴う機能変容にも目を向けるべきだという市川の研究（市川 2012）も，同様の主張といえる．

6.4 政治統制と技能形成はいかに捉えられてきたのか

つぎに，官僚制を捉えるもう一つの視点，すなわち，権限委譲の制限や政治任用といった政治統制と，官僚制の情報収集や技能形成について，これまでの研究から何が明らかになっているのかを見ていこう．大きくまとめるならば，権限委譲についてはその大きさが指摘されてきた．官僚制に対する政治統制については，人事を中心とする公務員制度改革が注目を集めてきた．

まず，官僚制に対する権限委譲の程度について，これまでの研究が示してきたのは，つぎの二点である．

第一に，1990年代までの自民党政権の下では，社会の諸利益との調整活動や国会内での野党対応などを含めた広範な活動に官僚制が従事することと引き換えに，官僚制が政策形成においても大幅な委任を受けてきた（村松 2010）．この面での変化は小さい．郵政民営化のような首相主導による政策形成が増えつつも，社会との調整や，国会内での野党対応においては，基本的に変化していないように見える．確かに，2000年代初頭に社会との接触は減っており，利害調整に対して消極的な官僚が増えたことも指摘されている（真渕 2006）．しかしそれは一時的な現象だったのであろう．その後の調査では，官僚制と利益集団との接触頻度などにはさほどの変化が見られない，あるいはむしろ一部では増大も見られることが示されている（森・久保 2014）．国会対応についても，内容的な変化はある．たとえば，野党による政権監視機能が重視されるようになったことで，質問主意書の数が増えるとともに，その内容も，選挙制度改革に伴う一般利益志向の強まりを反映するものになっているという（根元・濱本 2013）[18]．しかし，少なくとも量的な側面においては，国会や社会との多くの調整を担うという特徴に変化はみられない．

第二に，政党システムの変化に伴い，委任の程度に変化が生じた面が指摘されている．かつての一党優位の時代において，野党の関与を回避するために，

---

18) 質問主意書の増加には，官僚制への負担の増大の観点から批判も多い（たとえば，大森 2006: 160-2）．これに対して根元らは，他国の同様の制度と比べて特に多いわけではないと指摘する．

官僚制に大きく委任がなされていた領域，たとえば防衛政策や教育政策において，政党政治家の関与が強まったといわれている[19]．

つぎに，人事における政治的関与に目を移そう．これは，採用および配置の具体的な決定権を誰が握るのかという問題であり，具体的には，三つの点において政治介入の可能性がある．第一は，政治任用である．資格要件を課すことなく，政権による採用を行うことである．第二は，とりわけ上級職の民間労働市場への開放である．上級職の人事制度を切り離し，民間労働市場にも開放して流動化を図るのである．第三は，昇任や配置の決定に対する政治家の影響である．たとえ第一と第二の側面において，昇進可能性を有する者を職業公務員に限定するとしても，そのプールの中から誰をピックするかについては，政治的影響を受けうる．

戦後日本の官僚制は，三点いずれにおいても，人事に関する高い自律性を維持してきた（出雲 2014: 2-6 章）．第一の点については，戦後改革の中で新たな公務員制度を形成する際，政治任用の可能性を封じ込めることに成功し，それがある種の均衡として維持され続けた．第二の点についても，上級職までを含めて一般職として扱いつつ[20]，資格任用を強固に維持することに成功した．第三点についても，形式上，大臣に人事権が与えられていたものの，実質的な決定に関与したという事実が明るみに出されることは少なかった．まれに更迭を行うことなどがあると大きく報道されたが[21]，それは，大臣による人事権の行使は非日常的なものだったからである．

これらの特徴は，1990 年代以降，変革の試みを受けた．しかし結局のところ，その影響は一定の範囲内に収められた．第一の政治任用職の拡大としては，

---

19) これに対しては，選挙制度改革に伴い議員の追求する政策の一般利益志向が強まったことがその原因であるという論者もいる（Rosenbluth and Thies 2010）．
20) ただし給与法上は，指定職俸給表が用意されている．職階制を実質的に葬り去ったあと，給与法上の位置づけを通じて，実質的な昇進管理を行うことは，人事管理の一つの特徴であった．試験採用区分に応じた昇進速度の差異化，いわゆるキャリアシステムも，これを用いた事実上の制度である（川手 2005）．このような明文化されない制度化を用いたこともまた，人事への政治介入を防ぐ一つの方策だったと考えられる．
21) 1990 年代前半の通産省における局長級の更迭がその例である．92 年，93 年と産業政策局長が二人続いて事務次官を目前にして辞任した．省内での人事抗争が背景にあったといわれている（早川 1997: 180）．

1996 年の内閣法改正に伴い拡充された首相補佐官，1999 年の国会審議活性化法により設置された副大臣・政務官，2014 年の公務員制度改革（国家公務員法等の一部を改正する法律）で設けられた大臣補佐官に限定されている[22]．内閣府設置に際して，内閣官房は政治任用，内閣府は職業公務員によるという整理も，検討の中途では存在していたが，実現しなかった（出雲 2014: 7 章）．首相ないし大臣個人のスタッフを役職化することのみが行われており，府省庁ラインの政治任用化は進められていない．また，補佐官という名称が示すように，大統領制の大統領が念頭におかれているように見える．

　第二の点についても，任期付き任用制度を用いた民間への開放が進められ，専門職を中心に多くの採用が行われるようになった．特に内閣府では局長級の政策統括官のうち，経済財政諮問会議担当の 1 名が外部からの採用とされた[23]．3 人の政策統括官の下には 160 名ほどの職員がいるが，ここには多くの経済学者が登用されていった．その他，金融庁における金融監督業務や（伊藤 2012），食品安全委員会における食品安全確保のための規制監督業務（藤田 2008）[24]，その他特許庁などで，こうした動きが具体的に示されている．つまり，上級職において政策決定に関与するという形での任用は限定的なのである．また別の面からいえば，職業公務員の技能取得により専門性を確保していく動きが見られないということもいえる．

　残る第三の点が，2000 年代以降の変革の中心となった．とはいえ，その動きは間欠的であり，成就までに長い年月を要した．そこでは各省の上級職について，職業公務員のプールの中から，首相・官邸による決定を可能にすることが目指された．裏返すならば，各省大臣による統制を強めるのではなく[25]，省庁横断的に，首相の意向を反映することが重視されたのである．また，職業公

---

22) 2014 年 9 月の第二次安倍改造内閣から任用が始まっているが，すべての省において任命されているわけではない．

23) 初代政策統括官には岩田一政・東京大学教授が着任した．その後も大田弘子・政策研究大学院大学教授，高橋進・日本総合研究所理事と，民間からの登用が続いた．

24) これ以外に，規制業務などの場合は，規制対象者となる側の民間企業やその業界団体の側と規制水準の策定を共同で行うことが最近は拡大している（村上 2016）．

25) ただし，小泉政権における公務員制度改革大綱（2001 年 12 月）では，各省大臣の人事管理権の明確化に重点がおかれていた．このように，人事管理においてもその主体となる政治家が誰なのかをめぐっては，その方向性は定まっていない．

務員に実質的に限定して選択を行うことが想定されており，既存の官僚制を開放的なものにすることは試みられなかった．

　首相による人事統制の強化は，まず，最も近い内閣官房の幹部について，職業公務員を対象として，内閣と進退をともにする形で政治任用していくことが試みられた．内閣危機管理監，官房副長官補，内閣広報官，内閣情報官がそれである．

　つぎに各省に対しては，橋本内閣において，局長級以上約200名の幹部人事について，閣議了解から内閣の事前承認制に変更された．内閣が拒否権を持つようになったのであり，これは官邸の影響力を強める上で大きな変化だったとも評価される[26]．それ以降，幹部職員のさらなる一元管理の試みは，数度の挫折を経て，第二次安倍政権において2014年4月に国家公務員法が改正されることで，ようやく成就した．内閣官房に内閣人事局を設置し，部長級以上の幹部職員の一元管理，公務員制度の企画立案，総合調整，級別定員や機構・定員審査の機能を持つようになったのである（井田2013b）．

　このような挫折を繰り返している間，人々の目は別のところに向けられていた．1990年代後半からの長年の議論を経る中で，結局，第一次安倍内閣以降の公務員制度改革では，天下り問題に人々の関心は集中したのである（原2010: 3章，笠2012）[27]．天下りの見直しに関心が集まったのは，それが政治争点化したためである．雇用情勢や就労環境が悪化していく中で，それは官民格差の問題として位置づけられた．省庁ごとの管理が退職後にも継続することから，セクショナリズムの一環であるとも批判された．また，受け入れる民間企業には受け入れの見返りとして種々の情報が流れているのではないかとの疑惑が向けられ，官民の癒着が懸念された．さらに，官僚の早期退職が天下りを求めさせ

---

26) 「以前は官僚人事に首相が直接介入することは少なかっただけに，この事件（引用者注：小泉首相による総務省幹部の更迭）も，首相の持つ官僚人事権が実際に発動されうることを知らしめ，霞ヶ関の官僚機構に大きなショックを与えた」（内山2012: 55. 同趣旨，信田2013: 105）．

27) 第一次安倍政権以降の自民党政権において公務員制度改革が頓挫していく過程については，ジャーナリストなどにより多くの記述がなされている（長谷川2008, 塙2013）．研究者によるものとしては，改革主体としての経産省と人事院の対応に注目するものが多い．たとえば，原田（2003a, b）．

るところに問題の根源があるとして,キャリア制度の見直し論と結びつけられたのである[28].

この裏返しは,現代の官僚制に必要な技能を職業公務員にどのように取得させるのか,そうした技能を民間の労働市場といかなる関係の下で築いていくのかといった視点の欠落である.労働市場の開放化を進めれば,天下りといった再就職斡旋の必要もなくなるのではないか.あるいは公務員の技能形成に問題があるならば阻害要因は何なのか.こういった根本的な原因や解決策の考察が行われることはなかった[29].

それでは,日本の官僚制の技能に関してはどのような研究があるのだろうか.そこで中心的な枠組みとなってきたのは,一つにはキャリアとノンキャリアの区別であり,もう一つは事務官と技官の区別であった.採用・配置・昇進といった人事管理上,技官は事務系キャリアと事務系ノンキャリアの中間に位置づけられる.つまり,技能や職務内容の広狭と,昇進における処遇の違いが結びつけられるという構造が存在し,それが一方ではキャリアとノンキャリア,他方では事務官と技官の違いという形態を見せた.事務官キャリアというジェネラリストに対し,技官やノンキャリアというスペシャリストが劣位におかれる理由は何かがそこでは問われたのである.これに対して,戦前からの連続性をその要因としてあげ,官僚制内部の「民主化」という課題を辻は見出した(辻 1969, 1991)[30].議論はそこから,官僚制内部の「格差」の批判に向かった.

これに対して,1990年代以降,官僚制の内部管理の実態を解明する研究が増えた.組織管理の手法として人事を捉え,それが官僚たちにどのようなインセンティブを与えているかを解明しようとする研究である.その第一は,キャリアとノンキャリアの違いに関する稲継の研究である(稲継 1996).キャリア

---

28) キャリア制度の見直しについては,採用試験制度の見直しにとどまった.
29) この他に表相的にとどまったものとして,組織的な独立性を高めようとする改革があげられる.政策実施を切り離し,独立性を持たせた組織に担当させる方向はあるが,その分離は貫徹していない.独立行政法人の創設や地方分権改革における中央・地方関係の分離化も,中央府省の関与が残っており,たとえばイギリスのNPM改革とは異なるものである(田中・岡田 2000: 4章).
30) もう少しさかのぼれば,江戸時代以降の官僚制機構の連続性と断絶性に対する問題関心へとつながる(水谷 1992).

官僚における，新卒者を中心とする採用，同期入省の同時昇進，2, 3年ごとの頻繁な異動，激しい出世競争といった特徴をもたらす要因は何か[31]．日本の民間企業にも共通するこれらの人事政策上の特徴は，文脈型技能の取得を行うインセンティブを構成員に与えるように設計されている．文脈型技能とは，組織内の各部局や関係のある他の組織について，その役割や業務の進め方を理解することで，それらとの調整を円滑に行う技能である．これは，組織内の下部ユニットが一定程度の環境変動を吸収しながら，相互の協力，情報共有を行っていくといった業務形態に適合的な技能なのである[32]．

第二は，技官と事務官の違いについての藤田の研究である（藤田 2008）．そこでは，イギリスと比較しての日本の技官の自律性の低さ，また日本の技官の中でも国土交通省の土木技官に対する厚労省の医系技官の自律性の低さが，行政組織内および社会内でのネットワークの存否によって説明される．そして，日本の官僚制における専門性の欠如の帰結として，薬害エイズ事件や食品安全の確保の困難などの事例を位置づけていく．

これら二つの研究は，日本の官僚制の人事システムの実態を明らかにし，その技能形成との関係にも視座を広げることに成功した．しかし，残る疑問はある．まず，確かに民間企業と省庁官僚制の人事管理には共通点が多いが，相違もある．省庁では年功序列がより厳格に守られている．また，民間企業以上に，出世競争の最終局面では勝者と敗者の峻別がなされる．省庁の場合，アップ・オア・アウトの原則が厳格に適用される．昇進の差が開き始める課長段階以降，昇進できなかったものは，組織外に退出（天下り）していき，事務次官就任時に，他の同期入省者は原則として全て省を離れている．

これら二つの民間企業との相違点は，必ずしも，効率的な組織管理の側面からは説明できない．年功序列が採用されるのは，職場上司に部下の教育や訓練を行うインセンティブを与えるためである．上司による教育は文脈型技能の習得において必要不可欠である．しかしそれならば，その必要性がなくなる組織上層部では，年功序列を維持する必要はない．また，文脈型技能の取得には時間を要するために，構成員にはできるだけ長い期間，技能取得のインセンティ

---

31) ただし，同様の議論は田辺によってそれ以前にも提示されている（田辺 1993: 22-9）．
32) これらの点については，筆者もかつて検討を加えた（曽我 1998-2000a, b）．

ブを与え，また技能を獲得した構成員を逃がさない必要がある．そこからすると，アップ・オア・アウトを厳格に運用するよりは，組織内に人材をできるだけ留保する方が，人的資源の有効活用につながるはずである．

　つぎに，技官と事務官については，結局のところ，その比重を決めるのは誰なのかという点が明確化されていない．そのため，業務上の必要性から専門性が高ければ，技官の必要性が増大するはずであるという社会工学的な発想に，暗黙のうちに立脚することになる．明示的に，官僚制の技能形成や専門性が，誰にとって重要であり，誰がそれを決めているのかを示す必要がある[33]．

　これらの課題は，官僚制の技能形成を捉える研究と政治統制についての研究が別個に行われ，統合されていないところに起因する．官僚制の人事とは政治統制の手段であり，そこには政治の論理が働くと同時に，大規模組織を動かすための管理の論理が働く．この二つの論理の交錯[34]を捉えることのないまま，結局のところ，分析対象は公務員制度改革に絞られていく．そしてそうした改革とは別に，常態としての権限委譲，人事に対する政治統制，そして技能形成を解析する研究は皆無に等しい．ここにも，目につきやすい改革に過度に目を向けるバイアスが発生しているといわざるを得ないだろう．

6.5　何が日本の官僚制を形作ってきたのか

　ここまで，組織編成ゲームと政治統制・技能形成ゲームの帰結にあたる部分，言い換えるならば実証分析における従属変数の部分について，その実態がいかに理解されているのか，先行研究から得られる知見をまとめてきた．今度は，その独立変数にあたる部分，すなわち議会政党，首相や内閣といった政治家に

---

33) 藤田は，この点を当事者たちの行動，つまり技官の地位獲得運動として捉えようとする．しかし，何が技能形成の規定要因なのかを明確に位置づけることができず，その議論を補論として扱うにとどまっている（藤田 2008: 第1部第4章）．

34) ただし，民間企業も株主というプリンシパルを外部に持つ点で，省庁官僚制と違いはない．そして，日本の民間企業は多くの場合，このプリンシパルによる企業内人事，とりわけ経営陣の人事への介入を防ぐことにより，経営陣を企業内部から選出してきた．これはアメリカの企業などとは大きく異なる．ここからは，官民を問わず，エージェントの側がどの程度，組織編成についてプリンシパルに対する自律性を持つのか，なぜ日本では官民を問わずそれが高いのかという，より一般性の高い問題が浮かんでくる．

注目しながら，それらが官僚制といかなる関係を結んできたのか，また官僚制はそれにどのように対応するのか，これらの政治プレイヤーに注目するミクロベースの研究にはどのようなものがあるのかを確かめておこう[35]．

政治と行政の影響力関係はいかなるものか．これが 1980 年代までの研究の焦点であった．そこでは，官僚制に対峙するものとして政治を捉え，「統治するのは誰か」が問われていた．官僚優位論と政党優位論の対比はその端的な表現であった．官僚優位論は，明治以降の官僚制支配の連続性を強調したのに対し（辻 1969)[36]，政党優位論は，族議員研究とも結びつきながら，自民党長期政権下での一般議員の政策形成への関与を明らかにした（村松 1981)[37]．これに対して，1990 年代以降の研究は，以下に見るように，政治を構成する諸要素を分解しつつ，制度間関係を明らかにしていくことに重点をおいた．

それでは，首相，内閣を構成する大臣，与党議員，官僚制といったプレイヤーに着目したとき，そこにどのような関係が見られたのだろうか．1990 年代までの日本において，これらのプレイヤーはどのような関係にあったのか．大きく四つの見方に分けることができるだろう．政党組織とそれをもたらす政治制度に注目する議論，政権交代と政党システムに注目する議論，個別の首相や大臣に着目する議論，そして官僚制の自律性に着目する議論である．

政党組織と政治制度

政党組織とそれをもたらす政治制度に着目する議論にも，いくつかの系譜がある．第一に，官僚内閣制論があげられる．官僚制と大臣の関係において，むしろ大臣が官僚制の意向に従う存在なのであり，議院内閣制における教科書的な委任の連鎖とは逆転した関係，すなわち，官僚制がプリンシパルであり大臣

---

35) これ以外にも，グローバル化や高齢化，経済停滞といった社会・経済環境の変化や地方分権改革などの統治機構の他の側面の変化を行政改革の要因として指摘するものもあるが（たとえば，真山 2002），そのいずれも結局は政治プレイヤーに影響を与えてはじめて変化につながるのであり，ここでは扱わない．

36) 辻の他，政治任用職の少なさを官僚優位の原因と考え，その拡大を改革案として提示する新藤の議論も官僚優位論の例である（新藤 2004, 2012)．

37) 官僚優位論と政党優位論の双方とも，戦前を官僚優位と見る点では違いがないが，実際には戦前の政治と行政の関係にも大きな変容があり，政党政治の伸張と関係していることは，その後の歴史研究が明らかにしている通りである（清水 2007)．

がそのエージェントであると捉えるのがこの議論の特徴である．このような関係を生む原因としては分担管理原則が，その表象としては形骸化した閣議が指摘される．この裏面にあるのは，社会・経済の利害調整機能を官僚制に委任しつつ，与党一般議員が法案作成段階で参加する形態であった[38]．後者の側面は政府・与党二元体制と呼ばれる（川人 2005，飯尾 2007: 255-6）．

「官僚内閣制」は，もともとは松下が提示した概念であり（松下 1998），日本政治の非民主性，およびその原因としての明治憲法体制からの連続性や近代化の不十分性への批判と結びつけられた概念であった．官僚内閣制が持続した原因は，戦後改革の不十分さに加え，その後，自民党政権が継続したことに求められる．飯尾らの議論は，現状認識としてはこれと同一の用語を用いつつ，その原因については，中選挙区制という選挙制度に着目する点では異なる．選挙制度が一党優位・長期政権を可能とすると同時に，自民党という政党を分権的にしたことを重視するのである．

第二に，議院内閣制におけるアジェンダパワーの所在に着目する議論がある．増山は，法案の生殺与奪を握ること，すなわちアジェンダパワーが権力の源泉であることを強調する．省庁は自らの法案が有利な扱いを受けることをめぐって競合的な関係に置かれる．したがって，与党の政策選好に沿った組織編成を行い，法案作成を行う省庁ほど，裁量が多く与えられている（増山 2002, 2003）．

増山は，議院内閣制に内包されている権力融合を促進する効果は，日本の戦後の自民党政権においても基本的には発揮されていたと見る．選挙制度以上に執政制度に重点を置いて，議会の機能と立法府・行政府関係を見る立場である．他方で，日本の場合は，権力融合を貫徹させないような制度も多く存在する（増山 2015）．議会においては，信任投票のように内閣による立法促進を行う仕組みが存在しない[39]．強い権限を持った第二院が存在し，内閣に対して解散を恐れることなく問責決議を出せる．委員会制度をとっており，単純に過半数の議席をとっただけでは委員長を確保できず，議事運営も集権的とは言い難い

---

38) 関連する分野として，それを支える自民党内部の意思決定方式である事前審査制や，政調会部会などの組織形態についての多くの研究がある．たとえば，佐藤・松崎（1986），奥・河野（2015）．

39) その他の仕組みについて，大山（2011）．

(川人 2005).

　以上をまとめると，戦後日本の自民党政権において，政権党議員から首相・内閣，そして官僚制へという議院内閣制の典型的な委任関係は不成立であったことについては，合意が存在する．しかしその理由については意見が分かれる．選挙制度が政党組織に与えている影響（自民党の分権性）なのか，執政制度や議会制度において権力分散の方向性が併存していることなのか，答えは出ていない[40]．したがって，議院内閣制を前提とする改革の方向性としても，首相の強化が中心となるべきなのか，内閣の強化が中心となるべきなのか，答えは決まらない．

　このように研究の動向において異なる見解が示され，実際の改革[41]においても異なる方向性がめざされてきた．そして，1990年代以降の変化についても，一定の幅を持ったいくつかの見方が示されてきた．

　一方には，1990年代の選挙制度改革が権力融合的な議院内閣制への移行をもたらしたという見解がある．議会から首相への委任の程度が高まり議院内閣制における単線的委任が見られるようになり，その逆に，与党一般議員から官僚制への直接的委任は弱まった．このいわゆる「ウェストミンスター化」をもたらした要因は，小選挙区中心の選挙制度への移行により，一般議員と首相との政策選好の距離（目的の分立）が減少したことである[42]．こうした主張を唱えるのが，待鳥である．彼はこのことを，主に首相と他のアクターとの接触頻度データに基づいて明らかにしている（待鳥 2012）．ウェストミンスター化が貫徹しない要因として，強い参議院やマルチレベルの選挙制度の相違などの制度要因は指摘されるものの，官僚制との関係については，ウェストミンスター化に沿った改革がなされたと評価する．内閣における首相の主導力の強化や，

---

40) 自民党の分権性は自民党自身によって必ずしも肯定されていたわけではなく，「党近代化」が1970年代まで幾度も唱えられてきた．分権性が肯定されるようになるのは，80年代に日本型多元主義論が登場するようになってからである（中北 2014）．執政と官僚制の関係においても，同様に70年代までは統合機能強化が提言されていたが，第二臨調においては，予算，計画，人事などを通じた分権的な総合調整が肯定されるようになっていく（出雲 2014: 6章）．両者の方向性の一致は偶然ではなかろうが，こうした80年代までの政党組織と執政の関係について，ここでは詳しくは立ち入らない．

41) 選挙制度改革をはじめとする政治改革の記述として，佐々木（1999）．

42) 議員の一般利益志向化を裏づけるものとして，濱本（2007），Fujimura（2015）．

内閣官房・内閣府といった首相補佐機構の整備は，いずれも首相政治の制度的背景をなしているとする[43]．待鳥は，制度要因を重視することから，自民党の各政権，また民主党政権も含めての共通性を強調している（待鳥 2013, 2015a）．

川人もまた，制度改革について同様の評価を示す．1990 年代の統治機構改革は，「議院内閣制の下で首相のリーダーシップを強化して委任・責任関係を明確にし，行政官僚制に対する政治主導を目指すものであり，世界標準へと近づける改革であった」という（川人 2015: 198）．ただし，実態の分析においては，やはり接触頻度のデータに基づいて，首相との接触頻度は財務省が高く，内閣府も高まっているが，その他の主要各省の頻度が落ちているわけでもないことから，首相の軸足が完全に移されているわけではないことも指摘している（同書: 173）．

同様に牧原も，省庁再編において官邸機能強化が図られたことを重視し，それは与党と官庁の結合を乗り越えようとするものだったと見る．しかしその上で彼は，首相個人が政策形成の中心となっていく首相政治と，マニフェストを示した政権選択選挙の結果を受けて，首相と官邸の指示を貫徹させるというモデルは異なる点に注意を促す．そして，そもそも橋本行革のねらいは，政権交代の可能性を高めようとする政治改革に対して，必ずしも自民党が政権を担うことを否定することなく，旧来の自民党政治を否定するところにあったと位置づける（牧原 2013）．

このような衆議院の選挙制度改革に伴う権力融合の進展の裏面で，権力分散を進める諸制度，すなわち二院制，委員会制度，信任投票の不在等の議会制度については，改革が進んでいない．これらのさらなる改革が主張される際には，一方では，衆議院の選挙制度改革の方向性とあわせた方向の改革（野中 2008: 5章），他方では逆方向の改革，たとえば参議院に多党制をもたらす選挙制度の導入（竹中 2010: 337-54）という，両方向の主張が存在する．

---

43) 近年の日本の執政制度改革は，議院内閣制の大統領制化ではなく，むしろ首相としての権力と与党党首としての権力をともに強めて重合的な効果をめざしたもので，イギリスの伝統的な議院内閣制のあり方に近づこうとするウェストミンスター化と呼ぶべき面が大きいと，待鳥は述べている（待鳥 2015b）．

政権交代と政党システム

　選挙制度と執政制度は政治家の行動を規定し,官僚制との関係にも影響する.したがってこれらの制度改革が 2000 年代以降の官僚制の変化の要因となるという議論を見てきた.これに対して,統治機構改革以前に政官関係の変容は生じていたことを強調する議論も存在する.そうした議論が主に注目するのは,1993 年の自民党の下野と細川政権の成立という政権交代の経験である.

　先に見たように,松下の官僚内閣制論はその原因として,自民党の長期政権に注目していた.この点をより明確に述べているのが,政党システムとして一党優位であったことが官僚内閣制の原因であるという山口の議論である（山口 2007）.その背景には,議院内閣制における与党・内閣・官僚制のインターフェイスは政権交代の頻度によって規定されるという理解がある.政権交代が少なければ,官僚制は多数党の戦利品という性格を強める.日本の場合それが該当すると同時に,官僚制がそれへの対抗上,党派的利益を超えた国益の体現者としての中立性を持ち出すことで,首相および内閣からの統制を免れたところに特徴を持つと山口は理解する（山口 1995）[44].

　一党優位が官僚制との関係を規定していたならば,1990 年代の政権交代はその性格に変更を迫ったはずである.その変化とは,与党議員が官僚制への委任を低下させたことである.その主たる要因は,官僚制という代理人は政権が変われば新たな政権の代理人になることを[45],自民党が政権交代の経験を通じて理解したからだと村松は主張する（村松 2010）.「政官スクラム型リーダーシップ」と称する大幅な委任において,政治家と官僚の影響力認識はポジティブサムであった.しかしそれは 90 年代を境にして,ネガティブサムに転換した.そして,新進党との改革競争にさらされたことが,橋本首相に省庁再編を行わ

---

44) 関連してクラウスは,中立性を備えた公益追求者としての官僚制というイメージがテレビニュースを通じて有権者に浸透していたことを指摘する（Krauss 2000）.

45) とりわけ,この点を強調するのが真渕である（真渕 1997b）.細川政権の下で,大蔵省が自民党ではなく新生党をパートナーとして選んだことは,自民党の政権復帰後に,自民党が大蔵省改革に乗り出す一つの要因となった.政権交代が頻繁に生じる中では,むしろ中立的に振る舞うことが,大蔵省の権力維持には適切な戦略であったというのが真渕の理解である.

せしめ,自民党の集権化が相まって,2000年代の小泉政権による「司令塔型リーダーシップ」が成立した.ここではむしろ,省庁再編などの制度改革は,それ以前に始まった変容の帰結と捉えられる[46].

一党優位から政権交代が生じやすい政党システムへの変化が政官関係をも変容させるという見方からすると,2009年に民主党,さらに2012年には自民党へと,政権交代が連続して生じたことは,一層大きく政官関係を変化させたはずである.たとえば,ローゼンブルースとシースは,政権交代の可能性の増大に伴い,官僚制への委任は低下すると述べる(Rosenbluth and Thies 2010: 157-69).しかし,民主党政権や第二次以降の安倍政権については,政党組織,政権運営や政治過程についての研究成果は生み出されつつあるものの(たとえば,上神・堤2011,伊藤・宮本2014,前田・堤2015),官僚制との関係を正面から扱い,それ以前からの比較を行っているような研究はまだ登場していない.

首相や大臣

政官関係を規定する第三の要因としてとりあげるのは,その時々の首相や大臣の個人的な影響力である.これらは,政党と官僚の一般的な関係を見るのではなく,時期ごとの違いに注目する.また,政党優位論が主として観察していた自民党一般議員とは異なり,首相や大臣に着目するという点も特徴である.

一つの例は,首相と官僚の直接的関係に注目する議論である.官庁エコノミストとしての下村治による所得倍増論を活用した池田勇人や,官僚掌握に優れた田中角栄など,首相ごとに官僚制との関係に違いがあることに注目する議論は,ジャーナリストの記述や歴史研究では多く見られる(牧原2003,2005,下村2011).他方,首相と大臣の関係に注目する例としては,高安の議論があげられる(高安2009).高安によれば,日本の場合,首相が弱いといっても内閣がその制約要因となっているわけではない.大臣が連携して首相に対抗すること

---

46) ここでも同様の見解をとるものとして,真渕の議論があげられる.真渕によると,橋本首相が行政機構改革を選んだのは,彼が与党内部に足がかりを持たない首相だったからである.橋本は行革会議の議論を主導し,専門性や実証性の伴わないまま,鶴の一声で改革内容は決められていった.ところが,閣僚人事の失敗から求心力が低下すると,与党の抵抗が強まったのである(真渕1997a).また,飯尾も近年の論考では,政権交代が官僚内閣制を動揺させたことを強調している(飯尾2011:382-9, 2015).

は見られないのである．よって大臣が個人として強い影響力を持つ場合，首相の権力は制約される．裏返しにそれが存在しない場合に，首相が一定の影響力を行使し得る．官僚制に対する執政の影響力は固定的なものではなく，首相や大臣の個人的特性によって変化するのである．

このような視点は，2000年代以降の政治と行政の関係を分析するにあたっても使われ続けている．たとえば，信田は，官僚の活用と官邸主導という二軸を設定し，共に強い小泉，共に弱い鳩山，官僚の活用のみが強い福田，麻生，野田，官邸主導のみが強い菅といった形で，各政権を分類している（信田 2013: 215）．そこで特異な類型に位置づけられる小泉政権については，多くの描写がなされてきた（読売新聞政治部 2005，大嶽 2006，御厨 2006，内山 2007，上川 2010）．ただしこういった議論が，各政権を分類する基準を客観的に示すことや，政権による違いの規定要因を示すことは少ない．せいぜい，首相の性質の違いに原因が求められるが，それは同語反復の域を出ていない[47]．

官僚制の自律性と官僚制自らによる変革

最後に，官僚制は政治に対して一定の自律性を保ってきたという見解をとりあげよう．これは結論を官僚優位論と共有するものの，自律性の源泉を異なる点に求める．政治的プリンシパルからすれば，権限委譲の制限や人事，予算編成など種々の統制手段の全てを行使する必要はなく，どれかで統制がかけられれば十分である．その結果，プリンシパルによる統制と官僚制の自律性は併存しうる．戦後日本の官僚制の場合，人事がそのような側面として理解できる．官僚制自体が注意深く介入を防ぐように人事システムを築き，政治の側もそれを受け入れたことで，戦後の官僚制は，人事に関して高い自律性を保持してきた．

具体的にはつぎのような研究がある．ラムザイヤーとローゼンブルースは，日本の官僚制が政治統制を受けていることを強調しつつも，戦後については，人事介入をせずとも政権党の選好に合致した政策を官僚が策定していたため，人事介入は不在であったとする．根拠としては，天下り数が時期的に不変であ

---

47) たとえば，内山は小泉の政治手法として，有権者のパトスへの訴えかけとトップダウンの政策決定の二つを強調する（内山 2007）．

ることがあげられる（Ramseyer and Rosenbluth 1993）[48]．田辺は，厚生省の1950年代以降の人事データを用いて，次官就任者の選抜は官房課長から部長級への昇進という比較的遅い時点に，しかし急速に進められることで，次官直前の段階では既に実質的な選抜は終了していることを明らかにした．政治が介入しようにも選択肢が残されていないことによって，介入を断念させているのである（田辺 1993: 9-21）．同様の議論は，厚生省を扱った築島の研究（築島 2006, 2011），通商産業省を対象とする野中の研究によっても示されている（野中 2005）．

官僚制は自律性を備えているのみならず，官僚制自身が変革を主導することもある．とりわけ官僚制上層部は，利益集団，それと関係が深い政治家，そして官僚制の個別部局からなるいわゆる「鉄の三角形」に対抗することがあり，そのことが1980年代の第二臨調行革の本質であったと大嶽はいう（大嶽 1994: 88-90）．消費税導入において，大蔵省内部にやはり同様の分断線があり，自民党の中でも指導者層と陣笠議員たちの分断線があったことから，一般利益志向と個別利益志向の対立が政官横断的に存在したことを，加藤の研究は明らかにしている（Kato 1994, 加藤 1995）．また戸矢は，90年代に大蔵省が金融ビッグバンを進めた理由として，組織存続の危機にさらされた大蔵省が公衆の支持を求めたことをあげる（Toya 2000）．

これらの分析が1990年代までを対象とするのに対し，さらに2000年代以降の改革を含めて，官僚制の中の改革ネットワークの類型化を図るのが牧原である（牧原 2013）．牧原によれば，90年代以降の改革全体を見渡すと，政治改革や省庁再編は執政への権力の集中化の方向を持ちつつ，他方では，地方分権改革や司法制度改革のように執政ではなく地方政府や司法府を強化しようとする改革が行われている．このことは三つの改革ネットワークが重層的に存在した結果として捉えることができる．80年代までは大蔵省を中心とする行政改革が中心だったが，90年代には，内務省ネットワークと呼ぶべきものが用いられた地方分権改革や司法制度改革が加わった．そして2000年代に入ると，新たに経産省ネットワークが用いられ，構造改革が行われるようになったという

---

48) なお，彼らは戦前については，大臣と局長級以上の異動日の近接から，政権党による人事介入の存在を示している（Ramseyer and Rosenbluth 1998）．

のである[49]．

　また，伊藤は，首相秘書官が財務省中心であり，官房副長官は旧内務省系，官房副長官補は財務，外務，防衛各省が確保する形で，官邸において入れ子状に，官界秩序が編成されていることを指摘する（伊藤2012）．こうした人事慣行が維持されていることからは，官僚制それ自体の自律性が存在するといえよう．同時に，内閣官房を事務局とする政策会議の乱立や，政府と与党が一体で運用する合議体の簇生が税財政改革や社会保障改革で顕著になったことから，政官を横断した新たな政策形成方式の誕生についても彼は指摘している．

　これらの官僚制を中心とする改革ネットワークを類型化する試みは，実態の描写として重要であるが，そこには，二つの課題が残されている．一つは，なぜ官僚制は自ら改革に乗り出そうとするのかというインセンティブの解明である．もう一つは，いずれにせよ官僚制単独で改革を貫徹することはできない以上，政治との相互作用を解明する必要がある．

6.6　何を解き明かす必要があるのか

　以上の議論から，現代日本の官僚制をめぐる論点は，つぎのようにまとめられる．

　第一に，橋本行革における官邸機能強化と省庁再編は，選挙制度改革をはじめとする一連の統治機構改革の中でどのような位置づけを与えられるのだろうか．統治機構改革のどの部分といかなる関係を持つのだろうか．選挙制度改革がウェストミンスター化をもたらしたとして，橋本行革もまた，ウェストミンスター化をもたらすものだったのだろうか．そして，行革以外に官僚制の変容は生じていないのだろうか．明示的な改革以外の時期にも官僚制が変容するならば，どちらの変化の方がより大きな変化なのだろうか．

　第二に，官僚制のあり方を規定しているより大きな要因は，政党システムと政党組織の構造のどちらなのだろうか．一党優位制から二大政党制への移行，さらにその変容といった政党システムの変化と，分権的政党から集権的政党へ

---

49) 小泉政権下の2001年12月に決定された公務員制度改革大綱は，経産省の主導により，人事院廃止をねらったものであると指摘されている（稲継2003，西尾2003）．

の移行ならびに議員の一般利益志向化といった政党それ自体の変化のいずれがより大きく、政官関係のあり方を変えたのだろうか.

　第三に、2009年および12年の政権交代は、日本の官僚制に対してどのような変化をもたらしたのだろうか. 別の言い方をすれば、民主党政権と第二次安倍政権の下で、政官関係はどのように変化したのか、それ以前とはどのような違いがあったのだろうか. 政治主導の確立という理念を提唱する点では、民主党政権と自民党政権には違いがないが、それは両者が企図した政官関係が類似したものであることを意味するのだろうか. また同時に、それぞれの政権がいかなる変革をめざすのかということとは別に、政権交代が続くこと自体が、それに対する官僚制の側の反応も含め、官僚制の変容を生じさせるのだろうか.

　これら三つの問いに答えていくことを以下では試みていく. 結論をまとめておくならば、第一に、橋本行革は必ずしも選挙制度改革と一体となって制度設計されておらず[50]、同一の方向性を持った部分は大きいものの、その時点で問題視されていた部分に対する改善策を集めたところも多い. 結果として、新たな行政機構において、実際にどのような首相、内閣、与党、官僚制の関係が築かれるかについては、選択の余地があった. 具体的には、与党一般議員を中心とする官僚制への統制を変えることは確かだとしても、それに代わるのが首相であるのか内閣であるのか、また、官僚制に対する統制をどのように加えるのかという点については、方向性は定まっていなかった. その部分は、2000年代以降、追加的な制度改革とそれ以外の種々の運用を通じて方向性が模索されてきた.

　第二に、そうした長期の変容過程における官僚制のあり方は、政党システムと政党組織のそれぞれから影響を受けている. 第3章のモデルで示したように、政党システムにおいて与党の議席率が増加すること、他方で、政党組織の集権性が高くなり政権党一般議員の執政への委任が強まること、これらはそれぞれが執政による主導性を強めることに寄与すると考えることができる.

---

50) この点を明確に述べるのは、牧原である. 「橋本首相の省庁再編と内閣機能強化の構想は、政権交代を可能とする政治改革に対抗して、自民党が政権を維持するための正統性根拠であったといえる. その意味で、官邸主導を目指す省庁再編は、政権交代に対抗し、これを封じ込めるための改革構想であった」(牧原 2013: 78).

第三に，このように実際には選択の幅は相応に存在しているだけに，自民党と民主党の方向性の違いは大きかった．「政治主導」という言葉で言えば同じであったとしても，自民党が既存の省体制の上にもう一層重ねる形での首相政治を志向したのに対し，民主党政権は内閣による主導を少なくとも当初は志向した．そして，この違いもまた，二つの政党の政党組織に沿ったものであったといえる．より分権的性格の強い自民党と，より集権的，あるいは一般議員の自律性の低い民主党の違いが，志向する政官関係の違いにもつながっている．

　これら三つの主張の根底には，つぎのような政治制度とプレイヤーの合理性についての見方がある．政治制度は選挙制度や執政制度，そして官僚制といったさまざまな制度の束である．これらの制度間の関係は，長期的には均衡に到達し，相互に補完性を持つ．しかし変動期においては，必ずしも制度間の補完性は維持されない．誰かがグランドデザインを描いて，全ての制度を一気に変革するのでもない限り，そこには一定の補完性の揺らぎが生じる．むしろ補完性に揺らぎが生じるからこそ，制度の変革が生じる．そうした揺らぎの中で，組織編成ゲームに参加するプレイヤーたちは，自己の利益を追求しようとするだろう．つまり筆者は，プレイヤーの短期的な合理性の仮定は放棄しない．上述した自民党と民主党の改革戦略の違いについての議論などは，通常思われているところよりも，政党の合理性を強く見積もっているだろう．他方で同時に，制度間の整合性についてはそれを前提としない．制度間の整合性の欠如やその結果として生じる現象，たとえば権力融合を阻害する強い第二院の存在によって生じる「ねじれ国会」や「決められない政治」を否定的に見るというのが一般的な見方だとするならば，筆者はそれを病理ではなく生理とする見方をとる．制度の揺らぎが一定期間にわたり続くことを許容するのである．言い方を換えれば，制度均衡については即座に成立するが，均衡制度の成立には時間がかかると考えるのである[51]．

---

51) このような見方は，たとえば日本における政治任用の導入の難しさは，国家公務員制度，政務官制度，執政補佐制度の三つの重なる制度として政治任用が存在し，法制度的には，国家公務員法，国会法，国家行政組織法，そして内閣法の四つから規定されているという構造ゆえに，立法措置の技術的難易度が高かったことが一因であるといった見方（出雲 2014）と一部は重なり，一部は重ならない．これらの法制度的な特徴は，ある政治制度（たとえば選挙制度）が変化しても，他の政治制度（ここでは官僚制）が同じ

制度変容が試みられる過程においても,補完性が揺らぎはしても全くなくなることはない以上,元の均衡制度に戻ることもあれば,異なる均衡制度に移行することもあるだろう.異なる均衡制度に移行する場合でも,全く異なる制度の組合せが採用されることもあれば,既存の制度の一部を残しつつ組み替えを行うことで,新たな均衡制度が成立することもある.現代日本の政治と行政については,政治の変容が大きく,官僚制はそれへの対応を見せつつ,変わらない部分も残っているといえる.その実像を,次章以下では見ていこう.

方向で短期的には変化しないことの説明となる.その点は筆者も同意する.他方で,長期的にもそうであるかは,当該政治制度を規定するプレイヤーのインセンティブに沿っているかによって決まると筆者は考えている.当該プレイヤーが変更のインセンティブを持つ限り,短期的にはともかく長期的には,そうした制度は変革されるのであり,法制度による制約は乗り越えられると考える.

7 日本の官僚制：その組織編成

7.1 ウェストミンスター化する行政？

　現代日本の官僚制は，どのように組織編成を行っているのだろうか．分立と統合という組織編成の基本部分において，現在の官僚制は1990年代以前のそれからどのような変容を見せたのだろうか．それは第3章の理論により説明が可能なのだろうか．また，第4章の国際比較において確認された一般的な方向性に沿うものなのだろうか．
　まず，分立と統合に関する仮説を再度確認しておこう．第3章において導出した仮説はつぎのようなものであった．

仮説 I-b　政治制度と官僚制の組織編成の間には，つぎの関係が成立する．
　議院内閣制かつ多数代表制→やや強い分立と強い統合
　議院内閣制かつ比例代表制→やや弱い分立と弱い統合
　大統領制かつ多数代表制→弱い分立と強い統合
　大統領制かつ比例代表制→強い分立と弱い統合

　政治制度に関する仮説 I-b は，現代日本の官僚制の特徴を捉えることができるだろうか．執政制度と選挙制度については，かつての中選挙区制の時代は，議院内閣制・非拘束名簿式比例代表制に該当し，それが選挙制度改革によって，議院内閣制・多数代表制の類型に変化した．そこからすると，分立と統合の程度がともに低い状態から，両者がともに高い状態へ移行するはずである．しかし，この予測と実態は合致しない．中選挙区時代は，分立の程度が高く，統合の程度は低かった．小選挙区時代になってからは，分立の程度は低下し，統合の程度は，以前よりは高まったが他国と比べるとさほどではないと位置づけられる．なぜなら，現在の日本の官僚制の機構面の特徴は，第一に，大括りの省庁に見られる分立の程度の低さ，第二に，相応の規模を持つ内閣官房・内閣府

といった行政中枢を持ちながら，それらは執政補佐など限定的な機能を担うにとどまるということだからである．

なぜ，このように理論の予測と食い違いが生じるのか．その答えは二つの要因にまとめられる．第一に，中選挙区時代の自民党政治においては，一般議員の自律性の高さと自民党の分権性ゆえに，一般議員による首相への委任は十分ではなかった（佐藤・松崎 1986, 野中 1995, 建林 2004）．執政制度の実態は，議院内閣制にしては議員が首相へ委任するインセンティブが小さいものだったのである．そのことは，分立の程度を高め，統合の程度を低下させる．かつての自民党政治の時代は，こう考えると理論の予測通りである．第二に，現在の官僚制を作り出したのは，1990 年代後半の橋本行革である．ここでめざされたのは，以前の自民党政治の否定であった（牧原 2013）．そう考えれば，以前の分立の程度と統合の程度を反転させようという改革も，自然なことであった．

このように政治制度の実質的性格を考えれば，1990 年代以前の日本の官僚制の特徴は理解できる．そして橋本行革を，そうした以前の官僚制の特徴，特にその問題点に対する改革だと考えれば，現在の日本の官僚制の特徴も理解可能なものとなる．その改革は，必ずしも政治制度の改革と連動して，一体性を持たせるような形で行われたわけではないのだから，変更された後の現在の政治制度との整合性がとれないものになることも不思議ではない．

しかし，歴史的な経緯によって現代日本の官僚制の特徴が理解できたとしても，理論との乖離をどう考えるのかという問題は残る．理論的な位置づけ，すなわち，執政制度と選挙制度に合致するのは，分立と統合の双方を高める形態であることとの齟齬は，どう理解すべきなのか．

筆者の回答は次のようなものである．2000 年代以降の官僚制の変革の試みとは，こうした制度配置の不整合への部分的対応であった．部分的対応とは，分立については若干の修正に留めつつ，統合強化を梃子にしながら，首相による官僚制への統制を強めていくという試みである．その結果，現代日本の官僚制は，分立の上に，首相が行政中枢を用いながら統合を行うというものではなく，大括りの省庁が一方に存在しつつ，首相を支える行政中枢によって，首相が主導する個別プロジェクトを実現する形態を生んでいるのである．

つまり，橋本行革がその歴史的文脈ゆえに，他の統治機構改革とは必ずしも

整合しない，長期的な均衡たり得ない方向で官僚制を改革したことから，それ以降の官僚制は，常に変化の圧力がかかり続けた状態に置かれた．そこでは制度配置の不整合ゆえに，変化の方向性について幅があり，時期により異なる様相を見せた．そうした時期ごとの違いを明らかにし，さらにそれに対する説明を与えることが本章の課題である．そしてその説明は，仮説 I-a の政治環境と官僚制の関係を見ることで与えられるであろう．政党組織の集権性および政党システムの競争性の変化に応じて，政権が官僚制の組織をどのような方向へ変化させるのかも変わってくるだろう．

本章では，分立と統合の変容について，量的な把握を試みていく．第 2 節では，内閣を構成する大臣と内閣官房および内閣府の組織リソースの増減を把握する．つづいて第 3 節では，立法活動を通じて政策形成の活動の実態を見ていく．2000 年代以降の政策形成において，内閣と各府省庁はどの程度の比重を持っているのか，時期による違いはあるのかを解明する．第 4 節では，各省の人員配置に見られる組織形態を通じ，分立と統合の実態を示していく．第 5 節では，以上の分析結果をまとめた上で，その傾向が，仮説 I-a に示される政治環境と官僚制の関係に合致することを検証する．第 6 節は議論をまとめ，第二次以降の安倍政権の方向性を国際比較の中に位置づける．

7.2 分立と統合の実態を捉える：内閣・内閣官房・内閣府

2000 年代以降の日本の官僚制における分立と統合の実態を見ていこう．ただし，分立の程度については，2001 年に実施された省庁再編後，いくつかの委員会や庁の設立により再び高まる傾向はあるものの，省の体制には大きな変化がない．組織編成の観点からすれば，2000 年代の実態の変化として焦点を当てるべきは，統合の側面となる．そこでまず，この時期の新たな特徴として，内閣における内閣府特命担当大臣および（内閣府外の）特命事項担当大臣と，それらを支える内閣府および内閣官房の職員に注目してみよう．

内閣官房は内閣法を設置根拠とし，首相および内閣を直接支える官僚機構である．内閣府は 2001 年の省庁再編に際し新設された．内閣ならびに内閣官房を補助する官僚機構であり，国家行政組織法と同列の内閣府設置法が設置根拠

となる．両者の所管の区分は明確ではないが，継続性が必要なものは内閣府，一時的性格が強く柔軟な対応が必要な事項は内閣官房が所管していると整理できる．

内閣府には複数の特命担当大臣が置かれ，経済財政，金融などの担当分野が定められている[1]．これに対して，内閣府外の特命事項担当大臣とは，国務大臣に対し，緊急に対応が必要な事項や政権として重点的に対応を進める事項について，担当を命じるものである．小泉内閣における郵政民営化担当や第二次・第三次安倍内閣における地方創生担当などがその例である[2]．これらの大臣の担当事項の審議，立案の事務局は内閣官房に置かれ，内閣官房職員がこれらの大臣の業務を支える．

このように内閣官房と内閣府，そしてそれぞれに置かれる大臣の間には，どのような関係が見られるのだろうか．単純に考えれば，特命事項担当大臣と内閣官房職員，内閣府特命担当大臣と内閣府職員の間に正の相関が見られると予測できる．実際の関係を示したものが図7-1である．点は大臣，折れ線は内閣官房と内閣府の職員および併任の数を示す．棒線は2007年以降しかデータを得られていないのだが，内閣官房併任者のうち，内閣官房に常駐する者の数を示す．逆にいえば，併任者のうち，この縦棒以外の部分が非常駐者の数である．

この図からはつぎの三点がわかる．第一に，内閣府特命担当大臣の数は小泉内閣期に増加した後は，民主党政権の後期に増加したことを除き，概ね安定的である．これを支える内閣府の職員数もあまり大きな変動はなく，1200名か

---

1) これを支える職業公務員の組織についても，専門分野ごとに局長級の政策統括官を置くというスタッフ型の組織形態をとる．ただし，男女共同参画分野には局が置かれており，ここはライン型の組織形態をとる．さらに内閣府には，旧総理府が所管していた分担管理業務の一部も移っており，賞勲局や沖縄振興局が置かれている．

2) 正式には，前者は「郵政民営化を政府一体となって円滑に推進するため企画立案及び行政各部の所管する事務の調整担当」，後者は「元気で豊かな地方を創生するための施策を総合的に推進するため企画立案及び行政各部の所管する事務の調整担当」を命じられた国務大臣のことである．この規定方法からは，橋本行革で内閣官房に与えられた企画立案と調整の権限を利用する形で特命事項担当大臣が存在していることがよくわかる．

なお，地方創生担当については，2016年4月の内閣官房および内閣府の業務の見直しに伴い，事務局が内閣府に移管された．したがってそれ以降は内閣府の特命担当大臣となっている．

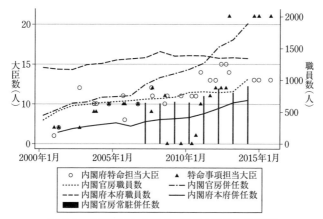

図 7-1 内閣官房と内閣府の関係大臣数と職員数
出典）大臣数は首相官邸ウェブサイト（http://www.kantei.go.jp），職員数は五十嵐
（2013）に基づき筆者作成．

ら1300名程度となっている．他方で，併任者の数は着実に増大しており，この15年間で3倍ほど，500名強になっている．

第二に，特命事項担当大臣は増減の変動が大きい．小泉内閣において増大した後，麻生政権と民主党政権の前半には大きく減少した．逆に，第二次・第三次安倍内閣では20を超えるほどに多くなっている．

第三に，これを支える内閣官房の職員は安定的に増加しているものの，2003年から2013年までは漸増にとどまる．2014年の増加は国家安全保障局と内閣人事局の設置に伴うものである．これ以上に増加しているのは，併任者の数である．2007年頃から増加のペースが上がり，近年にいたってさらに増加の速度を増している．その増加のほとんどを担っているのは，内閣官房には常駐しない併任者である．つまり，既存の各省に本拠を置きながら，内閣官房の業務にも従事するタイプの職員が急増しているのである．現在では，内閣官房職員，常駐の併任者，非常駐の併任者はそれぞれほぼ同数の1000人ほど存在するようになっている．第二次安倍政権以降，併任者もあわせて数えるならば内閣官房の方が内閣府よりも人員は多くなっている．

まとめるならば，2000年代前半においては，内閣府の比重の方が大きかった．小泉内閣において経済財政諮問会議が重用され，同会議が内閣府に置かれ

ていたことはその端的な例である．これが2000年代の半ば，第一次安倍政権あたりから，内閣官房の重みが徐々に増していく．その多くは，各省に本拠を残しつつ内閣官房で企画立案や調整業務に従事する職員である．この傾向は，民主党政権でも中断されることはなく，第二次安倍政権において加速されている．他方で，特命事項担当大臣の用い方に，政権の違いは顕著に表れる．内閣主導を志向した民主党政権，とりわけ鳩山政権においては特命事項担当大臣の数が絞られたのに対して[3]，第二次以降の安倍政権においては，特命事項担当大臣が急増している．

　もっとも，第一次安倍内閣以降は内閣官房の重みが増すといっても，内閣府の職員数，併任数も安定的に維持されている．そのことは，内閣府がより恒常的な政策の運営を所管していることを意味している．内閣官房が種々の施策の立案を進め，その中で共生社会政策のように長期的に運営されるべきものが内閣府の所管となり，そこには関係省からの併任が多く用いられていく（小林2016）．巨大な内閣府がさまざまな政策領域を包含し，各省と連動して政策を展開しているのが，現在の日本の官僚制の一つの姿であり，それが理論的予測よりも省庁数が少ないことの一因となっていると考えることができよう．

　ここまで，内閣官房と内閣府およびそれらに関わる大臣という，統合を担う組織資源の動向を眺めてきた．つぎに，こうした組織資源の増減は，首相の意向にどの程度沿ったものなのかを確認しておこう．ここでは，待鳥が中心になって収集している首相動静データを用いて，統合の組織資源との関係を明らかにしてみよう（図7-2）．このデータは新聞に掲載される首相の面会者を，官房長官などの執政中核部[4]，各省大臣など執政外延部，党の執行部，内閣官房官

---

3) ただし，麻生政権においても特命事項担当大臣数は急激に絞られている．また，民主党政権でも野田政権においては，それ以前の自民党政権と同じ程度にまで，特命事項担当大臣数は戻されている．したがってこの違いは，必ずしも民主党と自民党の違いだけには還元できない．

4) 内閣府の特命担当大臣および特命事項担当大臣もここに含まれる．しかし，これらの役職の多くは，各省大臣が兼任することが多い．そうした場合，各省大臣としての首相との面会なのか，特命担当大臣ないし特命事項担当大臣としての面会なのかが区別されるわけではなく，新聞の記載に際しては紙幅の都合もあり，単に各省大臣として記載されることが多い．したがってこのデータは，執政中核部を過小に，各省大臣を過大に見せている可能性がある．

7.2 分立と統合の実態を捉える：内閣・内閣官房・内閣府　　*171*

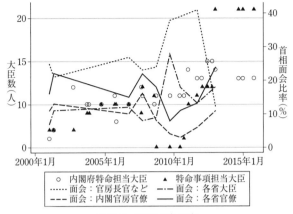

図 7-2　首相面会比率

注）首相との面会は，政権ごとに平均値が算出されている．各政権の開始年に
その値を示した．
出典）待鳥（2008, 2012, 2013, 2015a）に基づき筆者作成．

僚など執政補佐部[5]，与党一般議員，野党議員，各省官僚，その他の八つに分類し，その比率を示したものである．待鳥の関心は政党組織の集権化にあるため，首相と党執行部や一般議員の関係に目が向けられているが，本書の関心は行政中枢と各省の間の統合にあるので，上の八つの分類のうち，行政中枢政治家あるいは官邸政治家（待鳥の用語では「執政中核部」），各省大臣（「執政外延部」），行政中枢官僚（「執政補佐部」），各省官僚と首相の接触に絞って注目する．これら四つの比率を折れ線で示した．加えて，図 7-1 と同様に内閣府特命担当大臣と特命事項担当大臣の延べ人数を点で表記した．

この図からはつぎのことがわかる．第一に，森から麻生までの自民党政権の変化はあまり大きくないが，民主党政権での変化は顕著である．官房長官や各省大臣との接触が高まり，内閣官房官僚や各省官僚との接触比率は低下している．政官に分断線を引いたことが顕著に表れている．ただし，菅内閣の後期からはこの傾向は薄れてきている．第二に，特命事項担当大臣数に沿った動きを

5）　内閣官房官僚についても，前注で述べた特命担当大臣ないし特命事項担当大臣と事情は同じであり，各省官僚が内閣官房と併任している場合，どちらの立場で首相と面会しているかは区別されず，新聞の記載において全ての併任先が明記されることはない．したがって，ここでも執政補佐部を過小に，各省官僚を過大に捉えている可能性が残る．

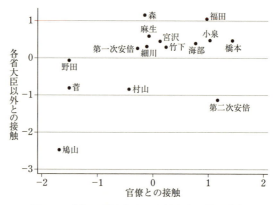

図 7-3 首相の面会比率から見た各政権の特色
出典）図 7-2 と同じ．

見せるのは，とりわけ 2007 年以降については，内閣官房官僚とならんで各省官僚である．各省官僚との接触が最も多いのは，第二次安倍政権であり，首相主導という印象とは一見異なるかもしれない．しかし，上述したように，常駐しない内閣官房併任職員，すなわちその実態は各省の職員を，内閣官房を通じて首相ないし特命事項担当大臣が直接利用するという新たな政官関係が成立しつつあると考えると，頷ける結果である[6]．

こうした各政権の違いは，首相の接触対象である 8 アクターとの接触比率を因子分析にかけるとさらに明瞭になる．主因子法を用いた因子分析から抽出された因子のうち固有値の高かった二つの因子[7]について，プロマックス回転をかけたあとの各変数の因子寄与度を見ると，第一因子は，官邸政治家か官僚か，第二因子は，内閣の大臣たちかそれ以外かを示す軸といえる．ここから，第一因子を横軸，第二因子を縦軸にとり，各政権の因子得点をプロットしたものが図 7-3 である．横軸は，官房長官など官邸政治家との接触回数が負，内閣官房官僚および各省官僚との接触回数が正なので，首相主導を側近政治家中心に進

---

6) なお，こうした傾向は福田政権において既にうかがうことができる．これもまた，一見した印象とは異なり，福田首相が首相補佐官や内閣官房を用いながら自ら政策立案を行っていたことを示している．社会保障国民会議などはその端的な例である（清水真人 2013: 2 章）．ただし，福田内閣期と第二次安倍内閣時期では，各省大臣との面会比率が異なる．

7) 因子 1 の固有値は 3.51，因子 2 は 0.96 である．

めていこうとするのか，官僚を用いながら進めていこうとするのかの違いを示している．自民党政権が正，民主党政権が負にまとまるので，この違いを良く表現しているといえる．自民党政権の中では，橋本，小泉，福田，第二次安倍の各政権が官僚を多く用いている．民主党政権の中では，鳩山政権が最も極端に官僚との接触を避けており，菅，野田政権の順に自民党政権との違いは薄れる．

つぎに縦軸は，各省大臣以外がいずれも弱く正の値，各省大臣が大きく負の値をとるので，各省大臣との接触にどの程度集中していたかを示すものだといえる．ここでも鳩山政権が各省大臣との接触に最も集中しており，初期の民主党政権が内閣による統合を強く志向したことがよくわかる．菅，野田になると，それほどではないが，自民党政権とはやはり大きく異なる．自民党政権の大半において各省大臣との接触頻度は少ないが，例外は，第二次安倍内閣である．第二次安倍内閣だけは官僚および各省大臣との接触をとる唯一のタイプとなっており，その特徴がよくわかる．また，興味深いのは村山内閣の位置であり，各省大臣との接触が多い．第3章で示したように，連立政権においては内閣の比重が高まる傾向にあるが，与党第一党ではない社会党から首班を出した村山内閣の特徴を反映しているといえよう．

7.3 法案策定における分立と統合はいかなるものか

ここまでは，首相と内閣，それらを支える内閣官房と内閣府に注目して，その変化を見てきた．そこでは，麻生までの自民党政権，民主党政権，第二次安倍政権の三つの違いが明らかとなった．それではこうした変化は，実際の政府の活動にも反映されているのだろうか．政府の最も中心的な活動である政策形成，中でも新たな法律案の策定を見ていこう．以下では，2001年以降（第153回国会から第190回国会）の全ての内閣提出法案，いわゆる閣法を対象として，現代日本の官僚制がどのような分立と統合を見せているのか，データに基づき明らかにしていく．データは内閣法制局のウェブサイト[8]から閣法全てについ

---

8) URLはつぎの通り．http://www.clb.go.jp/contents/index.html

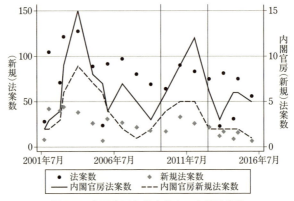

図 7-4　内閣官房と他府省庁の主管法案数
出典）本文記載のデータに基づき筆者作成．

て，提出順序，所管，成立状況，既存法の改正法か新規立法かの情報を収集した．改正法か新規立法かの基準は，法案名称中に「改正」の文字が含まれているか否かによる．既存法の改正であっても，形式的な修正に過ぎないものから，社会・経済の変化に対応した実質的な修正まで幅広いものがあるが[9]，いずれにせよ，新たな政策課題への対応というよりは，状況変化に合わせた既存の制度の対応という側面が強いだろう．

　首相自身が内閣官房を用いて政策形成を進めていくという新しい姿はどの時期に，どの程度，明確な形を見せているだろうか．図 7-4 では，内閣官房（右目盛り）と行政府全体（左目盛り）が主管する法案について，改正法を含んだものと新規立法のみの二種類に分けて示した．ただし特別国会や臨時国会で閣法提出数が 20 以下に終わったものは省略した．民主党政権期には区切り線を入れた（図 7-5 から図 7-9 についても同様）．

　これを見ると，1990 年代半ばから法案数が増大していた傾向（増山 2003）を引き継ぎ，内閣官房および府省庁による立法は 2000 年代の前半が最も多く，100 を超えることも多かった．その後，徐々に低下し，麻生政権末期に下限に達し 60 法案ほどとなる．その後はやや持ち直したが，第二次以降の安倍政権

---

9) 逆に改正法以外の法案の全てが実質的に新規の法案とも限らない．たとえば，赤字国債の発行のための特例公債法は，毎年制定されており，形骸化しているといえなくもない．その意味では，この指標が全くの新規立法以外も含むことには注意が必要である．

7.3 法案策定における分立と統合はいかなるものか 175

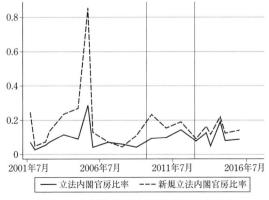

図 7-5 主管法案における内閣官房の比率
出典）図 7-4 と同じ．

では 70 法案前後となっている．これは，1970 年代半ばから 90 年代の水準とほぼ同様である．新規立法についても傾向は同じであり，小泉政権期で 40 強，その後は 30 前後だが，民主党の時期にやや多いという傾向がうかがえる[10]．

これに対して，内閣官房による法案数は時期による変動が大きい．小泉政権の中途の時期，民主党政権のやはり中途の時期に増えている．最大では国会の一会期において 15 の法案が内閣官房から提出されたこともある．ただし絶対数で見れば，閣法全体の 1 割強に過ぎず，法案策定の大半は各府省庁を通じて行われていることに変わりはない．しかし，新規立法については様相が異なる．小泉内閣期のピークにおいては，新規法案のうち約 3 割から 8 割が内閣官房の手によるものであった．この時期には，一つの国会あたり約 5 から 10 余りの新規法案が内閣官房により策定されている．その後，第一次の安倍内閣以降，2 から 3 程度に低下し，民主党政権ではこれが 4 から 5 まで増えているが，第二次以降の安倍政権では再び 2 程度に戻っている．

つまり，内閣官房による新規立法についても，それを最もよく用いていたのは，小泉内閣の時期であるといえる．すべての閣法，新規の閣法のそれぞれについて，内閣官房のシェアを示した図 7-5 にもそれが示されている．郵政改革が進められた 2005 年を中心に，内閣官房が新規法案に占める比率は大きく高

---

10) 東日本大震災後の国会ではさらに法案数が増加する．

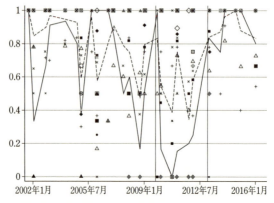

図 7-6 内閣官房および各府省庁主管の法案成立率
出典）図 7-4 と同じ．

まっている．その後の自民党政権では内閣官房が占める比率は，通常の立法，新規立法の双方で小さなものになった．

これに対して，第二次以降の安倍政権においては，内閣官房が占める比重は低い．首相動静データに表れていたように，各省大臣との接触の多さをよく反映している．「首相主導」や「強い首相」というイメージで語られがちな第二次以降の安倍政権だが，確かに内閣官房を利用した新規の法案策定も行っているものの，同時に各府省庁を通じた法改正を中心とした政策形成も用いていることがここからは読み取れる．

つぎに，法案の成立状況に目を向けよう．閣法の成立率は平均して 9 割程度とはいえ，成立しない法案は一定数存在する．そして，法案の成否は国会のアジェンダコントロールに左右されている．そこでは，内閣官房が主管する法案が優遇されている可能性もある．ならば成立する法案中の内閣官房主管法案の比重は高まるだろう．内閣官房の重要性は，成立する法律においては異なる様相を見せるかもしれない．

この点を確かめるため，図 7-6 を用意した．実線の折れ線が内閣官房が主管する法案の成立率，種々の記号で表現されている点は残りの各府省庁が主管する法案の成立率，そして点線の折れ線が全体の平均の成立率である．いわば，この図は各府省庁の星取り表といえる．

これを見て顕著なのは，内閣官房主管の法案が常に成立しているとは限らず，

7.3 法案策定における分立と統合はいかなるものか

むしろ全体の平均よりも概して成立率が低いことである．小泉政権の後期から第一次安倍政権の初期，鳩山政権の最初のみ，そして，第二次安倍政権の中途は，内閣官房主管法案は100%成立している．他方で，福田内閣以降の自民党政権および，民主党政権における最初を除くほとんどの時期において，内閣官房の主管法案の成立率は低く，全体の平均を下回り続けている．とりわけ，民主党政権においては，2割程度にとどまり続けている．他の府省庁においては，これ以上の高い成立率を誇るところも多いのであり，これらの時期においては，内閣官房が主管する，言い換えれば内閣としての方向性を示した法案の方がむしろ成立しにくくなっていたのである．それは参議院において政権党が過半数をとれていない時期である．参議院との「ねじれ国会」[11]あるいは日本版の分割政府が及ぼす影響についての見解は分かれているが[12]，少なくとも府省庁別の法案の成立率における違いは明らかである．官僚制の中にも，内閣との距離の近さゆえ，その政策の成否も政権と共有することになる内閣官房と，一定の距離を置くがゆえに，ある程度安定的に政策を成立させられる各府省庁との二重構造が成立している．

これらの傾向は新規の立法においては異なる様相を見せる．新規立法に限って成立率を図7-6と同様に描いたのが図7-7である．これを見ると，内閣官房が主管する新規立法は，自民党政権においては，基本的にほぼ全てが成立している．第一次安倍政権と福田政権の下で，新規立法の成立率はその他の改正法案を含めたときよりも高まっている．例外的に成立しなかったのは，第二次小泉（改造）内閣における郵政民営化法案，麻生内閣における消費者庁設置法案，第三次安倍（改造）内閣におけるTPP関連法案となる．他方で，民主党政権

---

11) 福田政権期の「ねじれ国会」における運営の難しさについては，読売新聞政治部（2008: 4章）および竹中（2010: 6章）．

12) 「ねじれ国会」においても，法案の成立率には大きな差がない．しかし，提出した法案が成立しているのは，内閣が参議院での同意を得られない法案を最初から諦める結果である（増山 2003: 9章）．さらに，シースと矢内は，野党が参議院の過半数を超える分割政府においては，修正率が増大し，会期1日あたりの提出法案数と成立数が低下することを示した（Thies and Yanai 2013）．こうした影響の大きさからすると，参議院が内閣との信任関係を築かず問責を行うことは望ましくない（増山 2015: 終章）．他方，内閣の立法を慎重にさせ，より多様な利益を反映するものとして，参議院の存在を積極的に評価する者もいる（竹中 2010）．

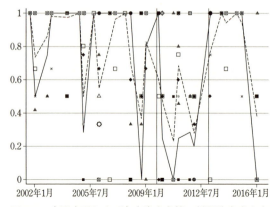

図 7-7 内閣官房および各府省庁主管の新規法案成立率
出典）図 7-4 と同じ．

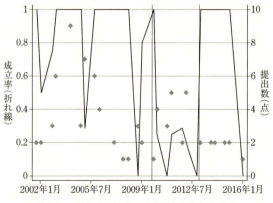

図 7-8 内閣官房主管の新規法案数と成立率
出典）図 7-4 と同じ．

については，新規立法であっても成立率を上昇させることができていない．ここに両政権の大きな違いがある．

このような内閣官房による法案の成立率を左右するのはいかなる要因だろうか．議席状況を基礎としながらも，他にいくつかの要因がある．第一は，法案提出数である．自民党政権における新規立法の成立率の高さは，成立が確実に見込める法案に絞り込みをかけることによって達成されている．図 7-8 では，内閣官房提出の新規法案数を◆でプロットし（値は右軸），法案成立率を折れ線

で描いた（値は左軸）．これを見ると，第一次安倍内閣以降の自民党政権において，新規法案の提出がぐっと絞られていることがわかる．これに対して，民主党政権においては，鳩山内閣の成立直後を除いて，新規立法の成立率は上昇していない．政治主導確立法案など政権の方向性を示す重要法案の多くを成立させられなかったのである．参議院でも過半数を握っており，政権交代直後の熱気もあった時期に，むしろ新規の法案数が少ない．逆にその後の分割政府になって以降，成立可能性に応じて法案数を絞り込むどころか，自民党政権時代以上に，多くの法案を内閣官房の手で策定した．しかし，それを成立に結びつけることはできなかった．民主党政権の立法過程における準備不足と稚拙さがここからは浮かび上がる．

　法案の成立率を左右する第二の要因は，提出順序である．会期が限られており，会期不継続の原則がある日本の国会において，法案の成立確率は法案提出の順番に大きく依存する．したがって，提出順序が早まることでも成立率は上昇する（増山 2003）．

　それでは，内閣官房が主管となる法案は，提出順序の優遇を受けているのだろうか．国会会期ごとに提出される総法案数が異なるので，それぞれの法案の提出順位を平均0，標準偏差1となるよう標準化した[13]．その上で府省庁ごとに所管した法案の順位の平均を算出した．内閣官房主管法案について，時期ごとの違いを見たのが図7-9である．これを見ると，内閣官房主管法案だからといって，提出順位の優遇を受けるといった傾向は見られない．時期的には，第一次安倍政権以降の自民党政権においては順位が低いことが多く，逆に民主党政権半ば以降においては順位が高いことが多い．また，第二次以降の安倍政権においても，概ね高い傾向にある．

　つまり，自民党政権において参議院では多数がとれていない場合，内閣が主導する法案は，むしろ低い順位を与えられる傾向があった．そこで法案成立を確実にするためには，法案提出数，とりわけ新規立法の提出数を絞り込む必要があり，それにより法案成立率の維持を図った．これに対して民主党政権では，多くの内閣官房主管法案に対し，高い順位を与えたにもかかわらず，それを成

---

[13] たとえば56本の閣法が出された第190回国会の第1号「地方交付税法の一部を改正する法律案」は，1.686という序列スコアを与えられる．

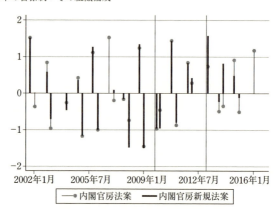

図 7-9 内閣官房の法案序列スコア

出典）図 7-4 と同じ．

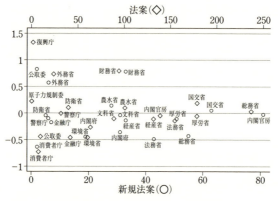

図 7-10 内閣官房および各府省庁の法案序列スコアと法案数

出典）図 7-4 と同じ．

立させることはできなかった．先に見たように，民主党政権の初期においては，首相主導ではなく，各省大臣および内閣が主導する方向性を打ち出していたのだから，それを貫徹するのであれば，各府省庁が主管する法案にもう少し高い順位を与え，そちらの成立可能性を高める戦略もあり得た．行政府における意思決定手続きの変化と立法府における立法活動を整合させられなかったことが，民主党政権の運営上の問題を表しているともいえる[14]．

今度は，所管府省庁別に法案数と法案提出順位を見ていこう．図7-10は改正法も含めたものと，新規立法のみに分けて算出した各府省庁の法案序列スコアをプロットしたものである．縦軸は法案序列スコアの平均，下の横軸に新規法案数，上の横軸に全ての法案数が示されている．

ここからはつぎの諸点がわかる．第一に，内閣官房は，今や新規立法活動の中心にある．この15年間で合計80の新規立法に携わり，第2位の国交省の60程度，第3位の総務省の60弱とは大きな差をつけている．他方で，法案提出順位については，必ずしも優遇を受けておらず，ほぼ平均に位置する．また，改正法も含めた主管法案数は150弱である．第二に，総務省と法務省は改正法，新規立法のどちらも多い．その上で改正法のウエイトが高く，その提出順位は平均的であるのに対し，新規立法の提出順位においては優遇されていない．第三に，国交省と厚労省は，新規立法，改正法の双方ともやはり多く，加えてどちらにおいても提出順位が平均程度という点で共通性を持つ．農林水産省，文科省，経済省も傾向としてはこれらに類似している．第四に，財務省は，法案提出順位において明らかな優遇を受けており，特徴的である．新規法案，改正法とも数としては中程度である．法案数はぐっと下がるものの，提出順位の優遇という点では外務省も似た性格を持つ[15]．第五に，内閣府は法案数が全体で60，その半数が新規立法であることに示されるように新規立法のウエイトが高い．しかし法案提出の順位は低い．環境省も似た性格を持っている[16]．

7.4 人的資源配分の変化から分立と統合を見る

第2節では，内閣官房や内閣府の人的資源の集中を時系列で追い，第3節では，それらが立法活動で果たしている役割の増大をやはり時系列に沿って見てきた．改めてこの二つを結びつけて考えてみよう．内閣官房は首相主導の政策

---

14) これは，首相，内閣および大臣，与党幹部間関係に起因する問題である．民主党の党内組織については，上神・堤 (2011)，前田・堤 (2015)．
15) 最も法案提出順位が優遇されているのは復興庁であるが，これは復興という組織目標からくる特殊な例であろう．
16) 法案序列スコアが最も低いのは消費者庁である．総じて，新設組織に関しては法案提出順位が低い傾向を見ることができる．

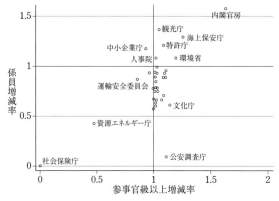

図 7-11　府省庁の実員増減率

出典）総務省人事・恩給局ならびに内閣人事局『一般職国家公務員在職状況統計表』（2009 年から 2015 年の各年版）に基づき筆者作成．データは総務省統計局のウェブサイトのものを用いた（https://www.e-stat.go.jp/SG1/estat/GL02100104.do?gaid=GL02100102&tocd=00000002）．

立案の機能を担うようになってきたとはいえ，一方では府省庁間の総合調整機能を担うという側面も強く持ち続けており，また，法案作成の多くは既存の府省庁を中心としている．こうした実態は，いかなる人的資源によって支えられているのだろうか．全体として行政中枢の人的資源が増えていることは既に見たが，それはどこから集められているのだろうか．そして，それはどのようなランクの職員なのだろうか．一般行政職の給与表別の実員を見ることで，これらの問いに答えを与えていく．

　一般に，局長級などの組織上層部は，組織内管理よりも，他の府省や政治との調整作業を中心業務とする．組織間関係を調整するのがその役割である．組織内での業務の中心となるのが課長級である．法案作成において中心的な役割を担う．係員などは，規制の許認可業務などプログラムの実施に関わる．政策実施段階を中心的に担うのがこの者たちである．内閣官房や内閣府の人員の増減については第 2 節で見たが，それが具体的にいかなる人材を中心に支えられているのかを知ることで，統合がどのような側面を中心にしているのかがよりよく理解できる．

　まず，内閣官房および府省庁の実員の増減の状況を，組織の上中下それぞれの階層別に見る．図 7-11 では，定員管理の単位となっている全ての府省庁お

よび委員会について，参事官級以上（7級以上）と係員（1級および2級）の実員数が2009年度から2015年度の間にどの程度増減したかを算出し，プロットしてみた．値はオッズ比なので増減がなければ1をとり，それより小さい値は減少，大きい値は増加を意味する．

この図に示されるように，内閣官房は全ての府省庁および委員会の中で，参事官級以上，係員の双方の実員を最も増やしている機関である[17]．これ以外に，双方を増やしているのは，環境省，海上保安庁，観光庁，特許庁，人事院[18]に限られる．環境省は2001年の省庁再編において省への昇格を果たした唯一の組織である．海上保安庁は近隣諸国との領海をめぐる緊張増大を受けて人員増強が図られている．観光庁は新設機関であるといった理由，特許庁は知的財産権の保護の必要性の高まりといった理由によるものであろう．これらを除くと，多くの府省庁は，とりわけ係員クラスの実員を大きく減らしている．文化庁や公安調査庁[19]，運輸安全委員会[20]のように，もともとの定員が極めて小さいと，その減少割合は極めて大きなものになる．この他に実員を大きく減らしているところは，廃止された社会保険庁以外には，原発事故を受けて原子力安全に関する権限を失った資源エネルギー庁がある．

それでは，内閣官房に対して，実際にどのような省から職員が移っているのか．表7-1は，内閣官房の各俸給表現員の増加率と各府省の同一俸給表現員の増加率の間の相関係数を示したものである．相関係数が−0.7以下の場合に太字としている．そのような場合，各府省から内閣官房への出向が行われていると推測できる[21]．この表からわかることは，第一に，内閣官房への人員の派遣

---

[17] これ以外に，林野庁が2012年度に国有林事業特別会計の廃止と一般会計化に伴い，国有林野事業に従事する5000人ほどを新たに一般職に組み込んだため，大幅に定員を増やしている．会計制度変更に伴う例外的事象なので，図からは省いている．

[18] 内閣人事局への業務移管にもかかわらず，人事院が増員している理由は不明だが，人事院だけが人事院規則のみで定員を変更できることは，何らかの影響を持つのかもしれない．

[19] ただし，公安調査庁職員の大半を占める公安調査官は，公安職の俸給表の適用を受けており，こちらについては定員の増加が図られている．

[20] 運輸安全委員会の場合も，職員の大半を占める事故調査官は専門行政職俸給表の適用を受ける．

[21] もちろん，内閣官房への異動以外の何らかの要因が内閣官房の増加と当該省の減少を

184   7 日本の官僚制：その組織編成

表 7-1 各府省と内閣官房の人員増減の関係

府省	1級	2級	3級	4級	5級	6級	7級	8級	9級	10級	指定職
内閣府	0.785	0.381	−0.287	−0.517	0.298	−0.199	−0.576	−0.023	**−0.813**	−0.063	0.129
総務省	−0.067	−0.345	−0.082	0.885	−0.500	−0.571	**−0.850**	−0.514	−0.093	0.235	**−0.848**
法務省	0.898	0.345	0.111	0.107	0.820	0.412	0.364	**−0.910**	−0.158	−0.303	0.664
外務省	0.979	−0.115	−0.551	0.577	0.598	−0.162	−0.445	0.090	0.888	−0.013	−0.410
財務省	0.407	0.678	−0.196	0.588	0.372	0.586	0.647	0.277	0.943	−0.524	−0.010
文部科学省	0.587	−0.509	0.727	−0.339	−0.014	0.209	−0.594	−0.299	0.414	0.690	0.026
厚生労働省	0.788	−0.618	−0.333	−0.039	**−0.949**	0.346	0.800	**−0.812**	0.674	0.874	0.017
農林水産省	0.614	−0.621	−0.157	0.088	−0.314	−0.569	0.636	−0.127	−0.495	0.107	−0.314
経済産業省	0.079	0.535	0.801	0.849	0.862	0.707	0.530	0.160	0.857	0.586	−0.073
国土交通省	0.565	−0.309	−0.503	−0.418	−0.615	0.227	0.263	**−0.743**	−0.317	−0.162	−0.086
環境省	0.115	0.551	−0.397	−0.571	0.110	−0.301	−0.165	0.036	−0.659	0.125	0.569
防衛省	0.487	−0.218	−0.086	0.591	0.155	−0.625	0.598	−0.519	**−0.929**	−0.063	–

注）数字は内閣官房増減との相関係数。−0.7以下の強い負の相関の場合に太字とした。
出典）図7-11と同じ。

は，主に行政職一級の7級から9級にかけての職位のものが多いことである．つまり，各省の参事官クラスの，組織間調整にあたって中核になる職員が内閣官房に集まっていることがわかる．第二に，多くの派遣を行っていると推測される府省として，内閣府，総務省，法務省，厚労省，防衛省，国交省があげられる．これに対して，負の相関が弱いのは，財務省と経産省である．つまり，内閣官房の比重の増大は財務省や経産省の機能と併存している可能性，ならびにこの2省は出向よりも併任により内閣官房との関係を築いている可能性がうかがえる．内閣官房を通じた調整作業といった新しい方向性に，各府省がどのように対応しているのかを，これらの数値は示しているといえよう．

　以上に見てきたところをまとめると，つぎのような姿が浮かび上がってくる．内閣官房の人員の増加は，特定の府省から参事官級以上を集めることによってもたらされている．内閣府，総務省，法務省，厚労省，国交省，防衛省からの異動が多い．これらの府省に関係する調整作業が，内閣官房を中心に行われるようになっていると推測できる．裏返しにいえば，内閣官房には課長補佐クラスの人材の集中は生じていない．常駐しない併任者の増大が見られるが，法律案作成といった機能は，こうした併任者によって行われていると推測できる[22]．また，財務省や経産省からは，内閣官房への人材の異動が大量には発生しておらず，これらは内閣官房による統合の強化に対して一定程度の距離を保っていることがうかがえる[23]．外務省，文科省，農水省もこれらに近く，やはり内閣官房との距離が遠い．最後に，環境省は省への昇格後も徐々に人材の充実を実

引き起こしている可能性も残るので，ここでの記述には留保が必要である．職員名簿の突き合わせを行えば，どの府省から内閣官房への異動かを確定できるが，膨大な作業量となるため実施していない．

22）　実際，各省の法案数増減に対して各省の参事官級以上，課長補佐級，係長級以下の実員増減を回帰分析にかけると，課長補佐級増減のみが正の有意な係数を持つ．分析結果からは，府省庁の課長補佐級の人数が10名増加することで，その府省庁の立法は0.01本から0.03本増大すると推定される．

23）　前述の通り，牧原は現代日本の官僚制における三つの改革ネットワークとして，財務省ネットワーク，経産省ネットワーク，内務省ネットワークを指摘するが，そのこととここでの分析結果は整合的である．この三つのうちの内務省ネットワークが内閣官房によって担われるようになってきているといえる．内閣官房との人材の置き換えが強い省として，総務省，厚労省，国交省があげられることは，このことの間接的な根拠といえる．

現しており，他の府省とは異なる特徴を見せている．

7.5 政治環境の影響を確かめる

ここまで，2000年代以降の日本の官僚制の分立と統合の実態を，内閣官房および府省庁の組織規模，ならびに立法の数を通じて見てきた．そこでは時期による違いが存在していることを確認してきたが，それが冒頭に述べたように，本当に政治環境の違いと連動しているのかを最後に確認しておこう．

仮説 I-a 政治環境と官僚制の組織編成の間には，つぎの関係が成立する．
　統一政府かつ二大政党制や単独政権→やや強い分立と強い統合
　統一政府かつ多党制や連立政権→やや弱い分立と弱い統合
　分割政府かつ議員の一般利益志向→弱い分立と強い統合
　分割政府かつ議員の個別利益志向→強い分立と弱い統合

仮説 I-a に示したように，政治環境もまた，官僚制の分立と統合の程度を変化させるというのがモデルの予測するところである．第4章の国際比較においては，政治環境は省庁数に代表されるような組織編成に対して明確な関係を持つことはなかった．しかし，本章では，分立と統合を個別省庁と内閣官房それぞれの組織定員や立法活動という，より短期的な変動を見せる指標で捉えてきた．すなわち，分立とは個別省庁の活動の活発化や組織規模の拡大，統合とは内閣官房のそれと捉えることができる．具体的には，ここでは会期ごとの各府省庁の主管法案数と成立率（それぞれ改正法を含むものと含まないもの）を従属変数とした．内閣官房のそれが統合，他の府省庁のそれが分立の指標となる．

これに対して独立変数は，仮説 I-a に基づいて，議会と執政の一体性，政権党の一体性，議員の利益志向となるが，最後の利益志向については選挙制度改革後のみを扱うので，一般利益志向が強まったことを前提とし，前二者の違いに着目する．議会と執政の支配勢力の同一性については，政権与党の衆議院と参議院それぞれにおける議席シェアを指標とした．データは衆議院『衆議院の動き』第7号から第23号の「国会議員会派別議員数の推移」を用いた[24]．政

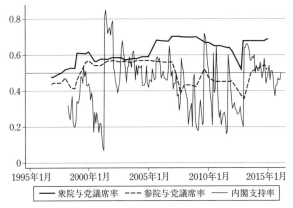

図 7-12 衆参与党議席率と内閣支持率
出典）本文記載の資料に基づき筆者作成.

権与党の一体性については，国際比較のように連立政党の議席比率を見ても十分な把握にならないだろう．多くの政党が連立政権を構成し，その合従連衡が政権の安定性を左右する欧州諸国の状況とは異なり，日本の場合は政党そのもののまとまりの欠落が政権の不安定性の主たる要因だからである．とはいえ，政党組織の内部を観察し数値化することも容易ではない．そこでここでは内閣支持率を用いる．政権党議員たちの首相への委任のインセンティブと関係しているからである．データは NHK 放送文化研究所の政治意識月例調査のものを用いた[25]．これらの変数の時系列的な動きを確認しておくと，図 7-12 となる．ただし回帰分析においては，分析単位は国会会期となるので，それぞれ会期開始月の値を投入した．加えて日本の国会は会期制をとり，1 月から開かれる通常国会において多くの審議がなされるので，通常国会をダミー変数として統制した[26]．

---

24) 選挙直後の政党別議席数を用いることが一般的だが，国会ごとのデータが得られることからこちらを用いた．URL はつぎの通り．http://www.shugiin.go.jp/internet/itdb_annai.nsf/html/statics/ugoki/ugoki.htm
25) 全国の 20 歳以上の男女に対し電話法（2004 年 3 月までは名簿法，それ以降は RDD 追跡法）を用いている．対象者数と回答率は回により異なるが，概ね 2000 名弱，60% 前後となっている．http://www.nhk.or.jp/bunken/research/yoron/political/2016.html
26) 与党議席率や内閣支持率の月別平均には違いがあり，たとえば内閣支持率の平均は秋

仮説I-aに従えば，これらは分立と統合のいずれに対しても影響を持つと予測される．ただし，その方向性は他の変数との組合せによる．本来ならば交差項を入れるべきだが，観測数の少なさから断念した．図7-12に示されるように独立変数の与党議席率があまり変化しないこととあわせ，分析には限界があることは認めざるを得ない．

分析結果は表7-2の通りである．まず統制変数を見ておくと，通常国会は閣法の提出数を増やすが，成立率は他と比べて違いがあるわけではない．その上で，内閣官房が主管となる改正法以外の法案数について，参議院での与党議席率が正の係数を持っている．参議院与党議席率が10%上がれば，新規の法案提出数が1.3増えると推定される．法案策定における統合については，衆議院よりも参議院において，多数が確保できるかどうかに左右されているといえる．他方で，内閣官房以外の府省庁による法案数は，改正法を含めてであれ，含めない場合であれ，衆議院の与党議席率が高い場合には減少するという結果が得られている[27]．

つぎに，内閣官房が主管となる法案の成立率については，衆参それぞれの与党議席率，内閣支持率の双方が影響を与えていることが見てとれる．与党議席率が10%増減することは，法案の成立率に20から30%の違いをもたらすと推定される．改正法以外も含めた場合は参議院の議席が多い方が，新規立法は衆議院の議席が多い方が，成立に至りやすい．内閣支持率については，その10%の増減が官房による法案の成立率9%程の変化に結びつくという推定結果を得た．他方で，内閣官房以外の府省庁が主管の法案については，改正法を含めようが含めまいが，これらの変数は影響を与えないのであり，裏返すならば安定的に成立しているといえる．政権として重要な法律の多くが内閣官房によ

から冬にかけて高く，春から夏にかけて低い．首相就任後の内閣支持率は高い傾向があり，首相の交代が秋から冬にかけて生じることが多いことを反映しているのであろう．議席率については，1月の与党議席率は低い．これは政党助成法に基づく交付金の支給基準が1月1日時点の議席数であることから，年末の新党結成が多いことが影響しているのであろう．

27) 図7-12に示されるように，小選挙区中心の選挙制度となったことの効果が現れるのには時間を要しており，衆議院の与党議席率は2005年以降が高く，それ以前が相対的に低くなっている．このことと，図7-4に示されるように小泉内閣期に府省庁の法案数が多いことを重ね合わせれば，この結果は理解できる．

7.5 政治環境の影響を確かめる 189

表7-2 内閣官房および各府省庁の主管法案数・法案成立率の規定要因

	内閣官房法案数	府省庁法案数	内閣官房法案数（新規）	府省庁法案数（新規）	官房成立率	府省庁成立率	官房成立率（新規）	府省庁成立率（新規）
衆議院与党議席率	−8.069	−118.0**	−10.34	−79.46**	1.948	0.635	3.089**	1.499
	(10.91)	(56.16)	(7.587)	(33.29)	(1.199)	(1.171)	(1.404)	(1.360)
参議院与党議席率	14.46	71.38	12.76*	14.71	2.432**	1.236	2.058	1.412
	(9.866)	(50.79)	(6.861)	(30.00)	(1.055)	(1.030)	(1.229)	(1.197)
内閣支持率	−5.422	18.99	−4.071	17.82	0.908*	0.633	0.779	0.538
	(4.398)	(22.64)	(3.058)	(13.01)	(0.462)	(0.451)	(0.533)	(0.524)
通常国会	3.960***	63.01***	1.548**	16.64***	0.126	0.197*	0.0806	0.176
	(1.078)	(5.551)	(0.750)	(3.318)	(0.114)	(0.111)	(0.138)	(0.129)
定数	3.385	48.17	4.279	41.03	−2.431**	−0.803	−2.763**	−1.437
	(8.978)	(46.21)	(6.243)	(26.74)	(1.003)	(0.980)	(1.147)	(1.138)
観測数	29	29	29	27	34	34	27	34
R二乗	0.425	0.852	0.311	0.590	0.418	0.266	0.380	0.207

注）括弧内は標準誤差。***＝1％，**＝5％，*＝10％水準で統計的に有意。
出典）筆者作成。

り作成され，その成立・不成立は内閣が議会に持つ支持基盤によって左右されることがよく示されている．また，衆議院と参議院は同じ程度の重みを持っていることもわかる．立法に関する二院の重みがほぼ等しい制度となっていることの帰結といえる．そして，この結果は，議会と執政の支配政党が一致するほど統合が強まると予測する仮説 I-a にも合致するものである．

7.6 なぜ均衡に至らないのか

強い分立と弱い統合から分立の緩和と統合の強化へというのが 1990 年代の橋本行革の方向性だった．それまでは，議院内閣制でありながら政権党議員による首相への委任は弱く，議員の個別利益志向は強かった．そのことを反映した行政機構に対する改革として，この方向が設定された．先行する選挙制度改革と一体として制度設計が行われたわけではなく，むしろそれと対抗する形で行われた面もある以上，新しい政治制度と官僚制の組織再編の整合性が低いのは当然である．2000 年代は，政治制度とのねじれを運用によって埋め合わせていく時期であった．

そこで選ばれたのは，当初は，首相主導の政策形成であった．それは分立を生かしつつ，首相が統合を行うのとは異なる．首相の膝元に官僚を集め，一点突破で立案を進めるのである．しかしそうした政策形成方法は，参議院で過半数を失うと途端に頓挫する．首相主導の立法活動は量的に縮小せざるを得なくなる．民主党は内閣による統合という古典的な方法を当初は模索したが，それを政策形成に結びつけることに失敗した．提出した法案の成立率の低さに見られるように，民主党政権は統治に失敗した．これに対して，第二次以降の安倍政権は，首相主導の政策形成を，大量の府省常駐の内閣官房併任者の手で進める新しい方向に踏み出している．これは分立と統合のあり方についての一つの回答であろう．

安倍政権の試みが機能するようになったのは，参議院での過半数を確保して以降である．それ以外にも，内閣官房が主管する法案数などに参議院での政権党議席率が大きく影響を与えている．小選挙区中心の選挙制度となった以上，衆議院における政権党議席率の高さは保障されている．むしろ参議院の選挙結

果が，内閣主導を可能とするか，統合をどこまで進めるかに影響しているのである．

　そこで進む統合は，実際には省庁をベースとした総合調整と省庁による立法活動の吸い上げに過ぎない．省庁の官僚に対してアドホックな形で併任をかけ，首相が主導するプロジェクトの実現にあたらせているからである．だからこそ，国際比較において，行政中枢の規模が大きい割に，その機能が小さなものにとどまるのである．第4章でとりあげた規制効果分析や中期的予算編成といった総合的管理手法による統合など，現在の先進国が採用している行政中枢の新たな機能を日本の内閣官房が備えていないことは，理由のないことではない．分立を進めた上で統合を果たすことは，これまで日本では構想されてこなかった．政治制度が権力融合の方向に変革されつつも，それ以外の要素を多く残すものとなっていることは，日本の官僚制の分立と統合のあり方にも大きく影響しているのである．

8　日本の官僚制：統制と技能

8.1　政治統制と技能投資をいかに捉えるか

　官僚制に対する政治統制は，いつの時代にも，どこにおいても，官僚制を論じる際の中心的課題である．権限委譲の制限や政治任用といった官僚制に対する統制を考える際には，統制に対して官僚制はいかに対応するのか，とりわけ技能形成への投資をどのように変化させ，それにより官僚制の専門性はいかなるものになるのか，これらを含め総合的に考えなければならないというのが本書の主張である．

　それでは，2000年代以降の日本において，権限委譲と人事を通じた官僚制の政治統制，それに対する官僚制の技能形成は，どのような特徴を見せるのか．そうした特徴をもたらす要因は何か．それは1990年代以前とは異なるのか．そうした変化あるいはその不在は何によって生み出されているのだろうか．

　本章では，これらの問いに答えていきながら，第3章で示し，第5章で世界各国を題材に検証した理論仮説による説明が，日本についても適合することを明らかにしていく．その際，法律職中心のキャリア官僚と技官の関係に着目していく．日本の官僚制において，そしておそらくは民間企業においても，ジェネラリストであることは，当該組織内において幅広く横断的に利用できる技能を身につけること，裏返しに当該組織外では有用性の低い技能を身につけることである．ジェネラリストが果たす種々の調整機能は，文脈依存性が高く，当該組織を超えての一般性を持ちがたい．それに対してスペシャリストとは，当該組織内において狭い範囲でしか有用ではないが，逆に組織を変えても同じ分野であれば有用である技能の取得者である．スペシャリストの技能の方が専門性が高い分，取得のコストは高いが，所属組織外でも評価される分，便益も大きい．こうした技能取得の二つのタイプのどちらを，いかなる理由で選んできたのかを，普遍性のある理論に基づいて考えていくことで，日本の官僚制の特質を明らかにすることが，本章の大きな課題である．

まず，政治制度に関する理論仮説を振り返ることから議論を始めよう．

仮説 II-c 政治制度と政治任用の間には，つぎの関係が成立する．
　議院内閣制かつ多数代表制→政治任用が用いられることは少ない
　議院内閣制かつ比例代表制→政治任用が用いられることはやや少ない
　大統領制かつ多数代表制→政治任用が用いられることはやや多い
　大統領制かつ比例代表制→政治任用が用いられることは多い
仮説 II-d 政治制度と技能投資の間には，つぎの関係が成立する．
　議院内閣制かつ多数代表制→官僚制による技能投資がやや多く行われる
　議院内閣制かつ比例代表制→官僚制による技能投資が多く行われる
　大統領制かつ多数代表制→官僚制による技能投資が行われにくい
　大統領制かつ比例代表制→官僚制による技能投資がやや行われにくい

　この仮説は，日本の官僚制の説明には力を持たないように見える．前章でも述べたように，戦後の1990年代までの政治制度とは，執政制度は議院内閣制ではあるが首相に対する政権党議員の委任は弱い大統領制的なもの，選挙制度は比例代表制的であったと考えれば，そこから議院内閣制・多数代表制への変更は，政治任用が多く技能投資がやや少ない類型から，政治任用は少なく技能投資がやや多い類型への変化をもたらすと予測される．しかし，これまでの研究によれば，戦後改革を経て自民党長期政権のもとで成立した官僚制においては，政治任用は極めて限定的であり，広範な調整活動がジェネラリストの官僚に委任された．取得の個人的な便益の低さにもかかわらず，官僚たちは文脈型技能の取得に投資を行い，政治の側もそれを認めてきたのである．こうした性格は，公務員制度改革が最近まで進展を見なかった結果，基本的に変化しなかったように見える．この事実と照合すると，仮説 II-c, d に基づく予測は，改革以前の政治任用を過大に，技能投資を過小に見積もっているといえるだろう．
　この違いはなぜ生じるのだろうか．それを考えるには，政治任用や技能投資に影響をもたらすもう一つの要因である労働市場の流動性にも目を向ける必要がある．流動性の低い労働市場が政治任用の減少と技能投資の増大につながるというのが仮説 II-a, b の示すことだが，日本はその典型例といえるだろう．

その結果，改革以前の政治任用が抑制されると同時に，技能投資を促進する効果が生じたと考えることができる．官僚制が一方では労働市場に埋め込まれつつ，他方では政治的な存在として，政治との関係に規定される性格が強いというのが，ここから浮かび上がる日本の官僚制の姿である．現代日本の官僚制は高い政治的自律性を誇ってきたと考えられており，そのことを筆者も否定するものではないが，そうした自律性は労働市場を前提条件としつつ，政治に対する官僚制の戦略的対応により獲得されたというのが，筆者の主張である．以下の分析では，府省庁間の微細な違いに目を向けることで，政治環境に対する官僚制の対応を明らかにする．

第2節と第3節では，政治による人事介入と技能投資をいかにして捕捉するのかを示していく．第2節では，各省庁の局長級以上の人事異動の時期を見ていく．第3節では，技能投資の指標として，入省者の試験区分データを用いて，専門的技能を持つ人材を恒常的に採用していくといった方向性はどの程度，府省庁により異なるのか，時期により異なるのかを検討していく．第4節では，府省庁ごとの階層別実員の違いを見ていく．第5節においては，府省庁間の違いや時期による違いについて，政治環境による説明を加えていく．まとめを第6節で述べる．

8.2　人事に対する政治介入の不在を解き明かす

高い自律性というパズル

戦後日本の官僚制は，どのような形で人事を通じた事前コントロールを受けてきたのだろうか．裏返すならば，日本の官僚制はどの程度の人事の自律性を有してきたのだろうか．第6章で見たように，先行研究は，日本の官僚制の人事における自律性は高いことを明らかにしてきた．権限委譲は大きいことからしても，人事の側で統制をかけようというインセンティブは強くなるのではないか，また第3章の理論的検討からしても，政権党が介入するインセンティブは存在するのではないか．このように考えると，戦後の日本の官僚制が人事に関して自律性をなぜ持てたのかは謎である．

しかしそもそも，先行研究は単一省庁を対象とすることが多く，府省庁間の相違を明らかにすることができていない．また，2000年代以降の様相を捉えることも行われていない[1]．そこで以下では，これらの限界を乗り越えつつ，異なる視点から人事データを分析する．これまでの研究が注目してきた官僚個人，特に事務次官就任者のキャリアパスではなく，異動時期や各ポストの実員を数量的に把握することで，省間比較を可能にする．

それでは，どのように人事に対する政治介入の程度，あるいはその裏返しとしての官僚制の自律性を測定するのか．これらを直接的に観察することは困難である．すべての人事は形式上，大臣が発令しているが，それが実質的決定を意味している保証はない．そこでここでは，観測可能なものとして，官僚制の人事における介入の防御策と制度化に着目する．

政治家の介入のターゲットとなるのは，組織上層部である．政策を政治家の望む方向に近づけるためには，組織上層部の政策選好を操作する方が効果は大きい．また，上層部であれば人数も限られるので，介入も容易である．逆にいえば，官僚制にとって，組織の中層までは自律的な人事管理が維持しやすい．そこで，上層部の選抜において，制度化あるいは防御策をとることが，政治家の人事介入を防御する上で鍵となる．

具体的には，一つには大臣交代を見計らっての事務次官の交代である．新しい大臣が官僚制の人事に介入するならば，自らの就任後，官僚制上位も交代させるというのが最も直接的な方法である．逆に，官僚制が大臣による介入を防御するには，事務次官などの交代時期を，大臣の交代時期から離す方法をとるだろう．新しい大臣の就任の直前に事務次官などの交代が行われていれば，続けて次官を交代させることは極めて難しくなる．

もう一つは上級職人事の制度化である．制度化は異動のタイミングという時間的側面と，さまざまなポストの異動を連関させるという連結性の側面の二つ

---

[1] 2000年代以降の中央官僚人事の研究としては，辻のものがある（辻2009）．財務，農水，経産，環境の四省と，再編統合を経験した総務，文科，厚労，国交の四省の事務次官就任者のキャリアパスを確認し，前者，とりわけ財務省において次官への経路が相当に制度化されていること，内閣官房経験者が事務次官になっていく傾向の兆しが感じ取られること，後者においては統合される前の省を単位とした人事運用が継続されていることを示している．

を持つ．定期的に省内の各種のポストを同時に異動させるほど，人事異動全体の制度化が強まる．このような制度化された人事異動に対して，特定ポストへ個別に介入することは難しくなる[2]．また制度化は，構成員から見れば昇進時期の見通しを明るくし，人事抗争の抑制に資するといった内部管理上のメリットも大きい．他方で，制度化には費用も伴う．連結性を強く進めると，個別部局の事情への対応は難しくなる．異動間隔の固定化は非常時への対応を難しくし，大臣の交代時期を見越しての人事異動も難しくする．大臣による人事介入を回避するには定期的な人事異動を前後させる必要が出てくるからである．

データ

官僚制による人事の制度化の程度を，どのように具体的に把握できるであろうか．ここではつぎのような作業を行った[3]．

まず，通産省＝経産省，経済企画庁＝内閣府，大蔵省＝財務省，自治省＝総務省，厚生省＝厚労省，農水省，建設省＝国交省の七つの省庁の局長級以上のポストと大臣の異動日についてデータを収集した[4]．七つの省庁は，村松によるサーベイ調査（村松 1981，村松・久米 2006）の対象として取り上げられている省庁であり，同時に，総括官庁と事業官庁の双方を含み，経済，福祉，インフラ整備と政策対象の多様性も大きい．また，2001 年の省庁再編において，内閣府に吸収されたもの，分割されたもの，統合されたもの，ほぼ変化のなかったもののいずれも含んでいる．なお，名称については 1990 年代までのことを叙述するときには旧名称を（ただし煩雑になるので「旧」は附記しない），それ以降は現在の名称を用いる．資料は，1945 年 10 月から 2000 年 6 月までは

---

2) 他の方法として，昇進経路を固定化することがあげられる．上層部のポストにつきうる可能性のある人間が多ければ多いほど，そこに手が入る可能性が大きくなる．これを防ぐために，昇進しない者を組織外部に放出するアップ・オア・アウトの原則を厳密に適用し，かつ上層部のポストに至るキャリアパスを固定化するという方法である（田辺 1993）．

3) 以下の分析のうち，2000 年代半ばまでの部分は既に公表しているが（曽我 2008），本書では分析を再度実施し，叙述内容も変更している．

4) なお，大蔵省の財務官，あるいは通産省の資源エネルギー庁長官など事務次官相当の職も局長級ポストとして扱った．また，内閣改造があっても同一人物が同じ大臣職にある場合は，異動はないものとした．

秦に基づいている（秦2001）．それ以降は，大臣と事務次官については各省ウェブサイト，局長については政官要覧社『政官要覧』各年春版・秋版に基づいた[5]．2000年代以降については，経企庁＝内閣府の大臣は内閣府の経済財政担当大臣を指す．

このデータセットから以下の三つの指標を作成した．
（ⅰ）大臣と事務次官の異動間隔の規則性
（ⅱ）大臣就任の日付と事務次官異動の日付の近接性
（ⅲ）局長級異動と事務次官異動の連結性

事務次官人事の制度化とタイミングの調整

まず，大臣と事務次官の異動間隔の規則性ならびに大臣と事務次官の異動の近接性について見ていこう．図8-1は各府省大臣の交代間隔，図8-2は各府省事務次官の交代間隔を日数で示したものである．

この二つからつぎの諸点がわかる．第一に，大臣の交代頻度が総じて高く，大臣によるばらつきも大きいのに対し，事務次官の交代はずっと安定的である．大臣の交代頻度は，1950年代，70年代，90年代にはとりわけ高まる傾向にあ

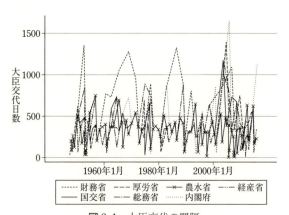

図8-1　大臣交代の間隔
出典）本文記載の資料に基づき筆者作成．

---

5) ただし，『政官要覧』では局長異動の年月しか得られず，データの精度は落ちる．日付の確定は官報を確認すれば可能だが，作業量に比して改善するデータの精度は小さいと考えた．

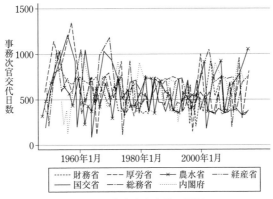

図 8-2 事務次官交代の間隔
出典）図 8-1 と同じ．

った[6]．他方，2000年代以降，長期在任の大臣と短期で交代する大臣の双方が見られるようになった．自民党政権での大臣在任期間が概ね長期化しているのに対し，民主党政権では短期間での交代が多かった．これに対して事務次官については，1970年代後半から1980年代が最も安定的であり，ほぼ全ての事務次官が1年から2年の範囲内での交代に収まっている．それ以前は振幅が大きく，1990年代は短期の交代が増えた．2000年代からは再び振幅が拡大しているが，1970年代以前，あるいは同じ2000年代以降の大臣ほど大きな振幅ではない．

第二に，時として長く在任する大臣がおり，そうした大臣の在職日数は，事務次官のそれよりもずっと長くなる．そうした大臣は，1990年代までは大蔵大臣にほぼ限られてきた．40から50年代の池田勇人や一万田尚登，60年代の田中角栄，70年代の大平正芳，80年代の竹下登，そして90年代後半からの宮沢喜一といった各大臣である．これに対して，2000年代以降，長期在任の大臣が他府省にも見られるようになったことは，大きな変化である．小泉政権における竹中平蔵経済財政政策担当大臣，総務大臣の片山虎之助や麻生太郎が2年以上の長期にわたり在任した．逆に，かつての経企庁長官や建設大臣，2000年代以降の農水大臣のように短期間での交代が頻繁に生じる場合もある．

---

6) これらは，自民党の危機の時期（Calder 1988）と重なる．

表 8-1　大臣交代直前・直後の事務次官交代

府省	1940年代	1950年代	1960年代	1970年代	1980年代	1990年代	2000年代	2010年代
内閣府							●	○
総務省			○	○		●○	●	
財務省	●			○				
経産省				○				
厚労省			○	●			●	
農水省		●	●○			○	●	
国交省		○						

注）●＝新大臣就任後35日以内の事務次官交代が2回以上．○＝新大臣就任前35日以内の事務次官交代が2回以上．
出典）図8-1と同じ．

第三に，事務次官の交代間隔が安定化する時期には，府省庁により違いがある．最も早いのが大蔵省で1950年代には2年と1年強の任期の者が交互に見られるようになった．通産省は1960年代にはほぼ2年，厚生省は1970年代にほぼ1年半での交代が繰り返されるようになる．これに対して，1980年代になるまでそうした安定化が見られないのは，建設省，経企庁と自治省である[7]．裏返しに，2000年代以降，多くの省に変化が見られるが，変化の方向性は多様であり，変化を見せない省もある．間隔が3年前後と長期化していくのが内閣府と農水省，あまり変化が見られないのが経産省，財務省，厚労省，総務省，1年程度の交代で安定化していくのが国交省となる．

第四に，こうした長期的な変化とは別に，各府省で発生したスキャンダルや政策の失敗は事務次官の交代に刻印を残す．1990年代の薬害エイズ事件や事務次官の収賄事件の時の厚生省，同じく1990年代の過剰接待事件の際の大蔵省，2011年の福島第一原子力発電所事故の際の経産省など，通例よりも短期間での交代をいずれも余儀なくされている．

つぎに，表8-1は大臣交代直前の事務次官の交代，あるいは大臣交代直後の事務次官の交代が10年間に2回以上あったかを示したものである．大臣交代直前の事務次官の交代は，大臣交代の影響を避けようとした可能性がある．逆に大臣交代直後の事務次官の交代は，大臣の交代が事務次官の交代に何らかの影響を与えた可能性がある．これらの近接した異動の一応の目安として35日

---

7) 農水省だけは，1970年代以降，1年半から2年程度の範囲内には収まるようになるが，一定の間隔やパターンが繰り返されるようにはならなかった．

を考えた[8]．確かに，大臣交代に近接しているからといって，次官の交代が大臣の命とは限らないし，新しい次官が大臣の意向で選ばれているとも必ずしも考えられない．大臣の交代直前に次官の交代が行われても，内閣改造が近いことを知って，駆け込み的に次官人事を行ったという保証もない．それに，大臣，次官のそれぞれが1〜2年で交代していることからすると，10年間に一度程度，交代の時期が1ヵ月以内に近接することは確率的に生じうる．しかし同時に，この間に全く大臣交代直後の次官人事がなく，逆に大臣交代直前の次官人事が2回以上あるならば，それらの省庁は，注意深く次官交代の時期を選んでいる可能性は高いだろう．

第一に，時系列の変化を見ると，大臣交代直後の事務次官交代が二度以上になることは，1980年代には見られないのに対して，2000年代には四つの府省で見られた．それ以外の時期と比べ，この二つの時期が異なる方向で特徴的であることがわかる．自民党長期政権の成熟期であった1980年代には大臣交代に伴うと見られる事務次官交代がないことは，政治介入の必要性が最も低下していたことを意味するのだろう．逆に，2000年代に大臣交代直後の事務次官の交代が増えるのは，政官関係の変容を受けて，大臣がその人事権を行使しようとした可能性をうかがわせる．

第二に，府省別の比較をすると，経産省，財務省，国交省では事務次官の交代と大臣の交代が重なることが皆無に等しいのに対し，総務省と農水省ではそうしたことが多い．前者が注意深く事務次官の交代時期を探っている可能性が高いのに対し，後者は逆に，大臣の人事権が行使されやすい何らかの理由があると考えることができる．

局長級人事の制度化

つぎに，局長級以上の異動の時期データを見てみよう．以下の二点に注目する．局長級の人事の連関の程度，および，それらと事務次官の交代の時期の関係である．事務次官の交代に局長級の異動がリンクしている場合，組織トップの交代に随伴して組織の人的資源の再配分が行われるということなので，人事

---

8) 府省の違いを見たいので，該当ケースがあまりに少なかったり，多かったりすることのない基準であり，かつ前後数日ずらしても結果が変わらない値として35日を選んだ．

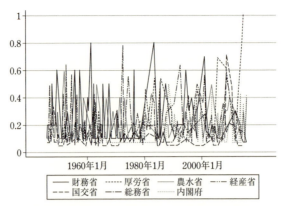

図 8-3 事務次官交代と異なる月の局長級異動
出典) 図 8-1 と同じ．

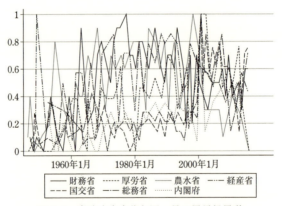

図 8-4 事務次官交代と同一月の局長級異動
出典) 図 8-1 と同じ．

の集権性が高い．また，多くの局を束ねて異動を行うことは，局ごとの個別事情や方針などとは独立して，省全体の単位で人事管理を行っていることを意味し，人事の制度化が進んでいるということである．

図 8-3 は，各府省の事務次官の交代と同一月以外に行われた局長級の異動の比率を折れ線で，図 8-4 は，事務次官交代と同一月に生じた局長級移動の比率をやはり折れ線で描いたものである．この二つを併せることで，三つの類型を抽出できる．第一に，図 8-3 において折れ線が低いところで頻繁に上下してい

8.2 人事に対する政治介入の不在を解き明かす

るような場合，局長級以上の人事が五月雨式に続いているということであり，集中の程度が低いことを意味する．第二に，逆に集中している場合は，図 8-3 の折れ線が上の方に行くので振幅が大きくなるはずである．この場合，事務次官の交代とは連携しない形で，多くの局長級が同時に異動しており，局長級の人事は制度化されているが，事務次官の交代は独立していることを意味する．前節で見たような，事務次官の交代時期を大臣交代と重ねないために柔軟に運用している場合に，こうしたことが起こりうると考えることができる．第三に，局長から事務次官までが集中している形態がある．図 8-4 の折れ線が高いところに位置するほど，事務次官の交代に連結される形で局長級の異動も行われていることが示される．ただし，この図では異動の数しか示されない．たとえ数は少なくとも，特定の局長が事務次官や他の局長と異なる間隔で異動を続けているのであれば，人事の結合性が強いとはいえない．そこで，データセットそのものも確認し，事務次官の異動以外の日程における異動を行った局が何であるかにも注意を払いながら，各省庁の特徴を叙述していこう．

　時系列の変化をまとめると，つぎの諸点が浮かび上がる．第一に，1960 年代までは，事務次官交代に連結された局長級異動は少なく，それとは別途，五月雨式に局長級異動がつづいている省庁が多い．この時期には，局長級異動の制度化は進んでいないことがわかる．第二に，1970 年代から 1980 年代にかけては，事務次官交代と連結された形での局長級異動が増大している省が多い．それ以外の異動も集約されるようになり，間隔が開くようになっている．この時期に局長級異動の制度化が成立したといえるだろう．ただしすべての省がそうではないことにも注意が必要である．第三に，1990 年代は特に中頃において，事務次官交代と連結された局長級異動が減少している．逆に事務次官交代時以外の異動が増えており，制度化が再び緩んだ時期だといえる．第四に，2000 年代に入り省庁再編後，事務次官交代と局長の連結の程度は 5 割から 8 割程度に大半が集中するようになった．その程度は 1970 年代や 80 年代のそれよりは下がるが，その代わり，大半の省がここに位置するようになっている．再び制度化の程度は高まっている．しかし第五に，民主党政権期においては，事務次官との連結の程度は下がりつつ，次官交代時以外の異動も少なくなっており，これまでには見られない様相を見せている．最後に第六に，内閣人事局

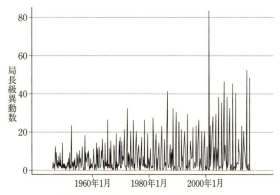

図 8-5 7府省の局長級異動数の合計
出典) 図 8-1 と同じ.

成立(2014年5月)後の最近2年間は,府省横断的に同一月の異動への集約が進んでいる.この時期になると,図 8-3, 8-4 のどちらにおいても,府省内の局長級以上人事の集中の程度が下がっていることが示されている.しかしそれは裏返しに,府省を超えて同時に生じる異動が増えているためである.このことは,月別に対象7府省の局長級異動数を示した図 8-5 に明らかである.2001年の省庁再編後は対象となる局数自体が増えるので,それ以前との直接の比較はできないが,2000年代以降に限定しても,民主党政権の時期の異動の少なさと,内閣人事局発足後の異動の集中化は明瞭に示されている.これらの情報を総合すると,内閣人事局を通じ首相官邸が人事に関与することは,徐々に日本の官僚制のあり方を変えつつあるといえるだろう.

つぎに,府省庁の違いに目を向けよう.1960年代まで制度化を成立させている省庁は存在しない.1970年代以降 1990 年代までについては,三つの類型に分けることができる.

1970年代に制度化を完成させたのが大蔵省と通産省である.大蔵省では,官房長と主計局長などは初期から次官交代とリンクしているものの,造幣,印刷などの傍流はほとんど常に,それ以外にも税務系,国際金融系,国内金融系の各局はそれぞれのまとまりを持ちつつ,次官や他の系統と異なる時期にしばしば異動が行われた.これが 70 年代には事務次官交代と同一日の異動に集約するようになっている.ただし,80年代半ばから,税務系と国際金融系が人

事異動の時期の独立性を強めている．通産省においても70年代まで，官房系，国内原局系，国際通商系がそれぞれかなりの独立性を持っていたが，73年の局再編の頃にはかなり統合が進んだ．それでも，特許局，公害立地局，資源エネルギー庁の人事異動時期がその他とずれることが多く，連結の程度は大蔵省ほどではない．

　これより遅く，1980年代，90年代に制度化を成立させたのが，農水省と建設省である．農水省においては，官房と農業関連部局は一体的に人事異動が行われているが，畜産，水産，林野といった分野の異動時期の独立性が70年代までは高かった．それらも統合されたのは80年代といえる．建設省においては，80年代までは異動は分散的である．河川，道路といった農村部のインフラ整備を中心に担当する系列と，都市，住宅といった都市部を対象とする系列がそれぞれ独立して人事異動を行っていたためである．しかし90年代に入ると，これらが同時期に人事を行うことが多くなり，制度化の程度は高まった．

　つぎに，局長級異動の制度化が進まなかったのが，経企庁，自治省，厚生省である．経企庁は他の省庁と異なり，1960年代までは事務次官の交代時以外の異動の方が統計的に有意に多い（99%水準でt検定において差が認められる）．大蔵省や通産省をはじめとする他の省の出向者からなる「植民地」の性格が強く，他省の異動と連動した異動が多かったためである．その後も，全体の異動とはずれた時期に異動を行う局が複数存在する点で，制度化の程度は低いままにとどまっている．自治省も局数が少ない割には，局長異動が同時に行われていない．異動の間隔もばらつきが大きく，特定の局が全体の傾向から離れているということも見られない．制度化の程度が低いといえる．地方自治体との間で出向を繰り返すという人事運用が制度化を難しくしていたと考えることができる．厚生省は，医務，薬務といった系列の人事の独立性が高い．80年代後半にはそれらの異動も他局と揃い，次官の交代期とも一致するようになり制度化の程度は高まっていったが，依然として次官の交代とは別の日に大量の異動が生じることも残っている．

　2000年代以降については，概ね三つの類型に分けることができる．それぞれにおいて，1990年代までの位置づけと同じ府省もあれば，変化したものも存在する．

最も制度化の程度が高いのは，財務省，経産省，国交省，総務省である．財務省と経産省は元来，制度化の程度が高かったところであり，国交省と総務省は複数の省庁が合併したところに特徴がある．これらは，合併前の旧省庁単位での人事異動を続けているため，事務次官についてはたすき掛け人事となっている．そのため，異動のタイミングだけは旧省庁単位を超えて同一にする必要があると考えられる．この点においては，旧自治省や1980年代までの旧建設省から大きく変化したといえる．

中程度といえるのは，内閣府である．内閣府においては，政策統括官のようなスタッフ系と男女共同参画局のようなライン系の組織が混在しており，両者はそれぞれにまとまりがあるものの，これら二つの独立性は高くなっている．

最後に，制度化の程度が低いのは，厚労省と農水省である．厚労省はもともと旧厚生省の制度化の程度が低かったことに加え，合併した旧厚生省と旧労働省がたすき掛けとなるほど均等に事務次官ポストを分け合うようなこともないため，それぞれ別個のタイミングで異動を行っていくことも多く，局長級異動の統合が進まない．農水省は，1990年代まで維持していた事務次官との連結を失っている．これは，先にも見たように事務次官の交代が3年程度に長期化していることが理由だと考えられる．

戦略的対応による自律性の獲得

以上では，事務次官と局長級という上層部の人事異動について交代の時期に限定してだが，長期にわたりデータを集めることで，そこには時期的な変化や，府省庁間の違いが存在することを示した．政治に対する自律性を一面的に強調してきた先行研究に対し，本書の分析はもっとニュアンスに富んだ政治と行政の関係を映し出している．人事の制度化は，状況に応じた対応を困難にするコストを持つが，官僚制はそのコストを支払って，政治介入を防いできた．裏返していうならば，政治家が介入のインセンティブを持たない場合，制度化の程度は緩められたのである．事務次官の交代間隔の安定化や局長級人事との連結といった制度化の存否は，政権党である自民党の関与の程度を反映してきたといえる．大蔵省，ついで通産省がこうした制度化を進めたことは，自民党の内閣が重要視した省庁ほど，防御の試みも早かったことを示している．

2000年代以降については，変化を見せているところとそうでないところ，また変化したところの中でも変化の方向性に基づいて，三つに区分することができる．事務次官の任期を短期化させているのが国交省であるのに対し，長期化させているのが，内閣府，農水省である．安定的なのは，財務省，経産省，厚労省，総務省である．また，いずれの省においても，大臣の在任期間の変化はより大きい．農水省が以前よりも短期化しているのに対して，内閣府や総務省は長期化している．もともと大蔵省・財務省が長期間在任する大臣を抱えていたこととあわせ，自民党政権においては以前から必要に応じ，重要な大臣には実力者を当て，長期間在籍させてきた．そうした傾向がより多くの府省で見られるようになってきたといえるだろう．

　もう一つ，全ての省に共通することとして，各省の存在を揺るがすような大きな不祥事や失敗があったとき，人事の安定性は失われるということがある．1990年代の過剰接待事件の時の大蔵省，やはり90年代の薬害エイズ事件や事務次官の収賄事件の時の厚生省，2011年の福島第一原子力発電所事故の際の経産省などはその例である．また，内部での人事抗争なども，政治からの介入を招く要因となっている．90年代の通産省はその例である．

　また，内閣人事局発足後の局長級異動のタイミングが府省を超えて揃うようになってきたことは印象的である．もちろん，それがどこまで府省を超えたポスト配置に実際につながっていくのかは予断を許さない．それでも，府省別人事管理を長らく維持してきた日本の官僚制が変容していく端緒を開く可能性が，そこには現れているのかもしれない．

8.3　どのような技能をなぜ選ぶのか

　日本の官僚制はどのような形で技能形成をしてきたのだろうか．その結果，日本の官僚制はどのような専門性を備えてきたのだろうか．それに対して政治の側はどういう態度をとってきたのだろうか．ひいては，政治統制はいかなる意味を有していたのだろうか．このような一連の問いに対して，前二者についての研究は多くなされてきたが，残る二者が問われることは少なかった．つまり，日本の行政学は，官僚制の技能形成や専門性をそれ自体として解明するこ

とに大きな努力を注ぎ，成果をあげてきた．しかしそれは，官僚制の技能形成を政治から切り離して理解できるという暗黙の前提に立脚していたということでもある．これまでの研究は，官僚制の人事面での自律性を自明視してきたが，それはいつでも成り立つことではない．

　事務官キャリアの優遇に表現される文脈型技能の重視，第3章のモデルでいうところのほどほどの技能投資の価値という状態がもたらされたのは，日本の官僚制が置かれてきた政治との関係によって説明できることを以下では示す．一見したところ，官僚制が備えるべき専門性とはいかなるものであり，そのためにどのような者を採用すべきかについて，政治家が意見を示し，介入することは見受けられない．しかしそれは官僚制の技能形成が政治から遮断されていることを意味しない．介入の不在は，そうなるように官僚制が予め対応した結果であることを，以下の分析は示していく．

時期による変化

　府省庁がどのような専門性を組織として保持しようとするかを見る上で，採用時にどのような技能を持つものを採用するかは，よい指標となる．短期的に必要な技能や専門性については，外部から中途採用や期限付き採用をすることで対応できるので，常勤職員の採用はより長期的にどのような専門性を高めようとしているかを示している．そこで，1990年代以降，府省庁の官僚はどのような専門性を備えているのかを，試験区分に基づいて見ていく．データは人事院の『公務員白書』（年次報告書）中の府省庁別・職種別，国家公務員Ⅰ種試験合格者，2013年度からは院卒者対象を含む総合職試験合格者の任用状況のデータに基づいている[9]．

　図8-6は，府省庁における法律職の採用者，経済職および行政職[10]，そしてそれら以外の人間科学，理工，農学を全てあわせたいわゆる専門職，換言すれ

---

9) 近年のデータは人事院より電子ファイルの提供を受けた．記して謝意を表したい．
10) 現在の大学院卒業者対象の試験では，法律職の区分はなく，行政職区分において，経済，政治・行政，法律に関する問題が出題され選択する方式となっている．この院卒者向け試験の行政職についても，行政職として扱っている．学部卒業時点での法律職というのが，最もジェネラリスト志向が強い採用方法であり，大学院卒業者の行政職区分は，それに比べると政策分析などの専門性が高いものと考えられるからである．

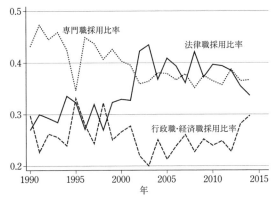

図 8-6 府省庁の法律職, 行政職・経済職, 専門職の採用比率

出典) 本文記載の資料に基づき筆者作成.

ば技官の採用者が各府省庁の採用者に占める割合を算出した上で, 年度ごとにその平均値を折れ線として表現したものである[11]. 府省庁ごとの値を出した上で, その平均をとっているので, 毎年の採用総数に基づいて算出した値とは異なるものとなることに注意されたい[12]. これを見ると, 2000 年代以降の変化は大きい. 2000 年代最初の変化の大きな要因は省庁再編であろう. 法律職の採用比率はそれまでの 3 割程度だったものが 4 割程度へと上昇し, 逆に専門職の比率は 45% 程度から 10% ポイントほど低下した. 他方で, 行政職・経済職の採用比率はそれまでの 25% 程度から 2 割程度にまで低下し, その後は次第に回復している. 2012 年度の試験方法の変更以降は 3 割程度にまで達するようになっており, 現在は, 法律職, 専門職, 行政職・経済職はほぼ 3 分の 1 ずつの比率を占めているのである.

---

11) 2001 年度までは 25 区分, 2002 年度から 10 区分に再編されているが, 2001 年度までの試験区分も 02 年度以降の試験区分に基づいて分類した. 対応関係については, 人事院編『公務員白書』2001 年度版, 第 1 編第 2 部第 1 章, 表 1-2.

12) たとえば, 1990 年の国家 I 種試験合格者の採用総数は 757 名であり, そのうち法律職は 176 名だから, 単純な比率は 23.2% となる. 図 8-6 の法律職採用比率がそれよりやや大きいのは, 法律職比率が高い小規模省庁が多く存在していることを反映している. 人事管理を府省庁別に行っていることを考えると, とるべき平均値とは全体合計によるものではなく, あくまで府省庁を単位にするものだと考えた.

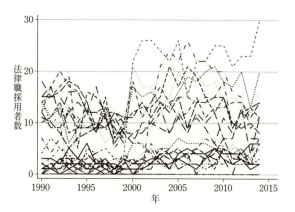

図 8-7　法律職の府省庁別採用数
出典）図 8-6 と同じ．

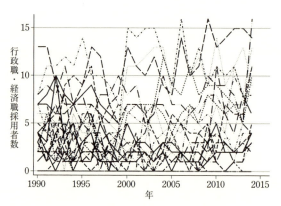

図 8-8　行政職・経済職の府省庁別採用数
出典）図 8-6 と同じ．

　さらに，それぞれの府省庁は職種ごとの採用数を毎年，変化させている．図 8-7〜図 8-9 は，法律職，行政職・経済職，専門職それぞれの採用実数について，府省庁ごとの時系列変化を示したものである．法律職については，1990 年代までは存在していた，ほとんど法律職を採用しない省庁は 2000 年代以降ほとんどなくなり，いずれも若干は法律職をとるようになっている．そして，2000 年代に入ってからでも変化は大きく，多くの府省庁は 2000 年代前半にかけて，法律職の採用数を増やしている．これが民主党政権期には，大きく数を

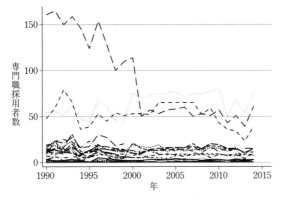

図 8-9 専門職の府省庁別採用数
出典) 図 8-6 と同じ.

減らす府省庁が存在していることも見て取れる．これに対して行政職・経済職については，もともとの絶対数が少ない府省庁が多く，一桁のところが大半である．2000 年代前半には，1990 年代に比べて採用を増やすいくつかの省庁と減らしているその他多くの省庁に分かれていた．これが 2000 年代半ば以降，少しずつ採用を増やしているところが増えていることがわかる．これらと比較すると，専門職については府省庁間の違いが大きい．1990 年代まで最大の採用数を誇る農水省については，90 年代に少しずつ減少していたが，省庁再編を機に大きく採用を減らしたことが顕著である．また，農水省に国土交通省と特許庁をあわせた三つの省は専門職を大量に採用しているが，その他の多くの省は 20 名までにとどまる．図では変化がわかりにくいが，これらの間でも毎年，採用者数には 5 名から 10 名ほどの幅の変化がある．

府省庁ごとの違い

つぎに，府省庁別に時期による違いを詳しく見てみよう．図 8-10 は，横軸に法律職が全体に占める割合，縦軸に専門職が全体に占める割合を取り，府省庁ごとに 1990 年から 2014 年への変化をプロットした．左下ほど，これら二つの職種が少ない，換言すれば行政職・経済職を多く採用する府省庁ということになる．金融庁と内閣府はその代表例である．財務省はかつては法律職中心だったが，現在はこれらにかなり近づいている．左上に位置する省は専門職の比

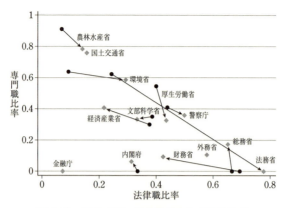

図 8-10 府省庁別の法律職比率と専門職比率
出典) 図8-6と同じ.

率が大きな省であり,農水省と国交省が筆頭である.国交省はほとんど変化がないが,農水省は法律職の比率を増している.環境省は行政職・経済職に代えて法律職を増やしている.右下にある省は法律職が中心の省であり,法務省[13],外務省,総務省が該当する.残る省は三つの職種を混合させているものである.警察庁,厚労省,文科省,経産省が含まれる.経産省は専門職の比率を,文科省と厚労省は行政職・経済職の比率を,警察庁は法律職の比率を増している.

これら以外の省庁も含め,府省庁ごとの違いに焦点を絞るため,府省庁ごとに1990年から2014年まで全ての平均をとってみよう.そして,職種ごとの比率に影響を与える要素として,採用人数を横軸に取り,縦軸には法律職比率,行政職・経済職比率,専門職比率が全省庁の平均からどれだけ乖離しているかを,それぞれ濃い縦棒,点,薄い縦棒で表示することで作成したのが,図8-11である.これを見ると,基本的には大規模な省庁の場合に,専門職の比率が高いことがわかる.農水省,国交省,特許庁がこれに該当する.規模が大きい方が多様な人材をとれるはずだが,そうなっていないということは,因果は逆であり,専門職の比率が高い省庁の場合,専門職を大量に採用することで,

---

13) ただし法務省は,国家公務員I種試験の時代にはI種試験内部の試験区分とされていた心理学などが,2012年度の制度改正により総合職とは別の独立した試験として括り出された.本書はI種試験および総合職試験のみを対象とするため,その中での専門職の比率は急激に低下している.

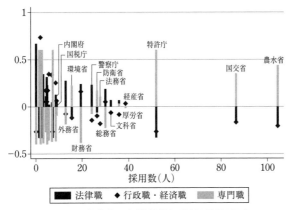

図 8-11 府省庁の組織規模と職種別採用比率
注）採用数が少ない庁については，名称表記を省略した．
出典）図 8-6 と同じ．

規模が拡大しているのである．技官と事務官の昇進の程度には差があることはよく指摘されるところだが，技官の採用数がこれだけ多い場合，事務官と同様の昇進をさせることは無理な話である．もともと技官については，キャリアとノンキャリアの中間的な処遇をすることが前提とされていることを表している．

それ以外の府省は，採用数が 20 から 40 人ほどであり，少なくともキャリア官僚候補者について見た場合，その規模はほぼ同じであるといえる．この中では，環境省，防衛省は専門職中心であるという特徴を持つ．法律職中心なのが警察庁と外務省，法律職と行政職・経済職が多いのが財務省である．法律職を中心としつつ技官を一定程度採用する省としては，法務省を筆頭に，文科省，厚労省[14]，総務省があげられる．経産省は経済職を中心としつつ専門職や法律職も採用している．

規模が小さい場合には，多様な形態が見られる．気象庁，海上保安庁のように法律職，行政職・経済職を全くとらない庁も多く存在する．これらの逆の極に，ほぼ全てをジェネラリストで構成する府省庁も多く存在する．ほとんどを法律職でまかなっているのが，人事院，外務省，公安調査庁である．逆に経済

---

14) ただし，厚労省の医系技官は公務員試験を経ずに，医師試験合格を条件に面接と小論文を課すことで採用しているため（藤田 2008: 51-61），厚労省の技官比率は過小に算出されていることに注意が必要である．

職中心なのが，消費者庁，金融庁，内閣府である．その中間には，会計検査院，公正取引委員会が位置している．

8.4 府省庁によりその機能はどの程度異なるのか

前節では，府省庁別にどのような技能をもった人間を採用してきているかを確認してきた．こうした毎年の採用が蓄積されることで，府省庁の組織全体の技能の方向性が決まってくる．それは毎年少しずつ作り替えられながら，中心部の性格を保ち続ける一種の有機体である．そうした技能の方向性は，他の組織との調整，社会・経済環境の変化に対する政策対応，大量のルーティン業務の遂行といった三つの機能のいずれを中心とするかと関係している．その姿を捉えるために，前章でも取り上げた俸給別の実員比率に見られる組織構造に注目しよう．主に対組織外関係を担当する参事官級以上，組織内部で法案作成など政策形成の中心になる課長補佐から係長，そして法律の運用など政策実施の中心になる係員クラスのそれぞれにどれだけの職員を割り振っているのか．そのことは，職員の技能とどのような関係にあるのだろうか．

府省庁がどのような形で，この三つの職員群を抱えているのか，その違いと近年の方向性を示したのが，図8-12である．横軸は，参事官級以上，具体的には行政職（一）の俸給表で7級から10級および指定職の俸給表の対象者として任用されている職員が，行政職（一）および指定職の俸給を受けている職員全体のうち，どれだけの割合を占めているかを表している．そして縦軸は，俸給表の1級と2級に該当する職員が全体に占める割合を示している．したがって，残りが，係長から課長補佐，具体的には3級から6級までの俸給を支給されている職員の割合を示す．

言い換えるならば，この図の右上の方に位置している場合，上下の職員が多く，中間部分が相対的に少ない，砂時計型の組織構造となっている．右下の場合，上級職は多いが，係員クラスは少ないので，逆三角形型の組織構造だといえる．左上は，係員クラスは多いが，上級職は少ない通常のピラミッド型組織である．最後に左下は，上下のどちらも少ないのだから，逆にいえば，中間層が厚い壺のような形をした組織形態だということができる．政策形成から政策

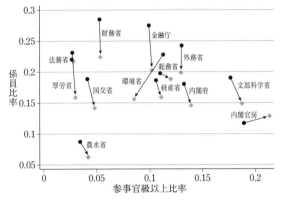

図 8-12 内閣官房・府省庁の組織構造の変化
出典）総務省人事・恩給局ならびに内閣人事局『一般職国家公務員在職状況統計表』（2009 年から 2015 年の各年版）に基づき筆者作成．データは総務省統計局のウェブサイトのものを用いた（https://www.e-stat.go.jp/SG1/estat/GL02100104.do?gaid=GL02100102&tocd=00000002）．

実施までを一手に担うのがピラミッド型，組織間調整に特化しているのが逆三角形型，政策形成に特化しているのが壺型，政策実施の役割が大きいのが砂時計型といえる．

　日本の中央府省庁の場合，政策実施機能は地方政府に委ねることも多いことと，組織上層部の役職数には限界があることから，中間層が多いという基本的性格を持っている．そうした傾向はますます強まっている．図 8-12 では，得られたデータの中で最初の 2009 年と最新の 2015 年の各府省庁の位置をプロットし，両者を矢印付きの直線で結んでいる[15]．定数の削減傾向が継続し，新規採用者の絞り込みが続いている以上，組織の基礎部分の減少が生じることになる．さらに，年齢とともに役職が上昇する傾向とあわせると，右下方向への動きが生じると予測される．しかし実際には大半の府省庁は右下よりは真下に下りている傾向が強い．つまり，組織中間部だけが膨らむ傾向を見せている．政策形成に関わる部分に特化する傾向を強めているといえよう．先に見たように，法律職が 2000 年代以降，行政職・経済職が 2010 年代以降，その比率を高めている全体傾向と，組織構造の間には関係があると推測できる．ジェネラリスト

---

15) なお，この間の毎年のデータをプロットすると，それぞれの直線上にほぼ乗る形となる．つまり，実員配置の時系列変化は漸進的である．

中心で政策形成を中心的な機能とするという性格を強めているのである．

このような全体的傾向を確認した上で，各府省庁の違いを見ると，そこには多様な姿が浮かび上がる．通常のピラミッド型に近い組織形態をとる省としては，財務省，金融庁，法務省，厚労省，国交省があげられる．いずれも組織規模が大きく，地方支分部局を抱えている[16]．法務省，厚労省，国交省はいずれも多くの法律を所管しており，それを経済・社会の状況に対応させる機能を果たしている．さらに政策実施も担うために，係員クラスが多い．金融庁は金融業界への監督業務という，人手を必要とする機能を抱えている．財務省は，財政という国家の中枢機能を担うが，それを支えるのは多数のノンキャリア職員による多大な調査業務である．

砂時計型に近いのが，総務省，環境省，経産省，外務省である．外務省は事務次官経験者が主要国の大使を務めるといった特異なキャリアパスを持っていることから，上級職の職員比率が高い．他の3省については，他省との調整業務が多いと同時に，全国的に展開するルーティン業務を抱えていることが，組織形態にも反映されている．総務省の場合は行政評価や通信業務，環境省の場合は国立公園などの管理，経産省は経済活動を支える基盤の整備や統計調査などを担っている．

つぎに，内閣官房を典型例として，文科省，さらに内閣府は，上級職の比率が高い逆三角型となっている．行政府全体の調整や企画立案機能を担うところとして，内閣官房と内閣府が，こうした特徴を持つことは自然である．文科省の場合は事情が異なり，本来は国交省や厚労省と同様に，既存の法制度を基盤としながら，状況の変化に不断の対応を迫られる組織だが，政策実施を地方自治体や国立大学法人が担うことから，地方支分部局を持たない．こうしたことが，逆三角形型の組織となっている要因であろう．

最後に，農水省は係長から課長補佐クラスが相対的に多い，特異な形態となっている．多くの防疫所，検疫所，農政局を抱えているが，防疫官は専門職俸給表を適用される．このため行政職（一）俸給表においては，3級と4級を支給される職員が多くなっている．

---

16) ただし金融庁の地域での業務は，財務省の財務局に委任されており，金融庁自身は地方支分部局を持たない．

8.5 人事の自律性と技能形成を規定する要因は何か

ここまで本章では，日本の官僚制がどのように人事への政治介入の可能性を認識し，それを回避しようとしてきたのか，また，どのような技能を持つ人材を調達しようとしてきたのかを見てきた．そこには，府省庁によっても，時期によっても大きな違いがあることを確認してきた．それでは，このような違いは，本書の理論によって説明することができるだろうか．もう一度，第3章で示した理論に基づく仮説に立ち返り，以下で検証する仮説を示しておこう．

仮説II-a ならびにb 政治環境と政治任用ならびに技能投資の間には，つぎの関係が成立する．
- 執政に政策の質についてのアカウンタビリティを強く問うことは，技能投資の価値が大きい場合には政治任用と技能投資を増大させる．技能投資の価値が小さい場合には政治任用と技能投資を減少させる．
- 議会の政策形成以外の活動に要する時間と労力の増大は，政治任用と技能投資を拡大させる．
- 政策領域の専門性や議会の立法能力が向上することは，技能投資を拡大させる．それらがある範囲まで向上することは，政治任用を減少させるが，非常に高くなると政治任用は増大する．
- 官庁が政策選好を中立的なところに設定すると，ある程度技能投資の価値が低くとも，政治任用が回避される（自律性が確保できる）．技能投資も行われる．
- 官僚が理想点の実現に拘るタイプだと政治任用は減少し，技能投資は拡大する．

本節では，日本の2000年代以降の府省庁を対象として，これらの仮説を検証していく．まず，従属変数については，次のように考える．第2節でも述べたように，日本の官僚制に対して政治任用が直接的に行われるケースが極めて少ないのは，官僚制の側が戦略的に防御している結果だと考えられる．よって，

上記の仮説を検証する上では，官僚制の側の政治介入への防御策の強さを，政治任用の可能性の大きさの代理指標と考える．具体的には，事務次官の交代間隔を用いる[17]．事務次官交代間隔の長期化は政治的な人事への介入およびそれへの防御的対応の強さの可能性を示す指標と捉える．

もう一つの従属変数である技能投資の程度については，採用における専門職の比率を一つの指標とする．法律職や行政職・経済職に比べたとき，これらはそれぞれの政策領域固有の専門性を表し，より多くの技能投資が行われていると考えることができる．

独立変数については，具体的にどのような指標を用い，検証を行っていこうとするのか．まず，前章でも用いた与党議席率の低さは，議会の政策形成能力の欠落や立法以外の重要な活動の存在の指標として用いることができる．与党の議席率が十分でない場合，政策形成においては，連立与党間交渉や野党との国会対策などに時間とエネルギーを用いることとなる．さらに，議席率が低い場合，次期選挙のことを意識せざるを得ず，地元での政治活動などにより多くの資源を配分することになるだろう．

つぎに，内閣支持率の低さは，執政長官に対するアカウンタビリティが強く問われている状態の指標となる．必ずしも政策の質についての責任が問われているわけではないかもしれないが，政権運営への否定的な評価が，内閣への不支持につながっていると想定できる．

政策領域の専門性を測定することは難しいので，二つの指標を用いることとした．一つは，前章で用いた各府省庁の法案数である．法案策定の頻度が高いことは，それだけ当該政策領域において環境変動などが激しく，専門的にその分野に従事しない限り，内容の把握などが難しいことを意味する．各府省庁所管の法案数を具体的指標とした．

もう一つは，エプスタインとオハロランの研究に倣って[18]，国会の本会議および委員会において各府省庁に関する発言がどれだけあったかを用いた．言及は技術的な専門性そのものではないだろうが，当該府省庁の所管領域において

---

17) 大臣交代直前・直後の事務次官交代は数が少ないため分析対象とはしなかった．
18) ただし彼らが用いたのは，委員会でのヒアリング回数と委員会が抱えるイシューの幅である（Epstein and O'Halloran 1999: 206-16）．

何らかの争点の複雑性や難解さを示しているだろう．もちろんこれは専門性以外にも当該府省庁に何らかの関心が集まった場合に増大し，ノイズを含んだ指標である．しかし，1年単位で，委員会における言及を測定したとき，そのような一過性の要素は制御されるだろう．また，客観的な専門性ではなく，議員たちの認識がここでは重要なので，その点ではこの指標に利点がある．

官僚のタイプとして，特定政策の内容に関する関心の程度を捉えることも難しい課題である．ここでは，前節で示した係員級の職員の比率を用いることとした．日本の中央府省庁において，個々の法律を所管する単位は課であり，その運用を実際に担うのはノンキャリアと呼ばれる職員たちである．長年同一業務に従事し，豊富な執務知識を持つが故に，所管の政策の変更を嫌う傾向も強い．こうした職員の多さは，政治の関与により政策変更を迫ることに対する抵抗につながりやすいと考えることができるだろう．

最後に官庁の政策選好の中立性は，各府省庁の政策領域に関心を持つ議員たちがどのような政策選好を持つのか，全体の中位に近い政策選好を持つのか，そうではないのかによって変わってくると考える．明確な方向性を持った強い政策選好を持つ議員たちが存在する場合，官僚制の中立性は維持しにくいと考える．データとしては，東京大学蒲島研究室・谷口研究室と朝日新聞社が共同で調査している政治家調査を用いた[19]．対象となる時期は，2009年，2012年，2014年である．2003年と2005年にも同様の調査は行われているのだが，議員が関心を持つ政策領域を知るための質問が含まれていない．そこで，村松を代表とする国会議員調査（2001年）における同様のデータを加えて用いることで，2000年代以降のデータを得た．それぞれの時期ごとに政権党の衆議院議員を対象として，政治・社会・経済争点に対する態度を尋ねる質問群を因子分析にかけた．プロマックス回転させた上で，上位二つの因子について因子得点を算出した．その上で，最も関心のある政策領域を尋ねた質問に基づいて議員を分

---

19) 最も頻繁に行われている政治家へのアンケート調査であり，データが公開されていることからこの調査結果を用いた．データの収集，整理，公開にあたられた関係者各位には深い謝意を表する．この調査の多くは候補者調査となっているが，官僚制との関係を考えるにあたっては，日常の政策形成における接点の大きい，政権党の議員のみを対象とした．データは次のURLより入手した．htpp://www.masaki.j.u-tokyo.ac.jp/utas/utasp.html

表 8-2 変数の記述統計

変数	観測数	平均	標準偏差	最小値	最大値
事務次官交代間隔	85	536.118	219.703	185	1061
専門職比率	336	.370	.365	0	1
衆議院与党議席率	600	.645	.045	.569	.701
参議院与党議席率	600	.504	.057	.396	.569
内閣支持率	685	46.933	11.831	16	74
法案数	304	2.860	2.723	0	14.5
国会言及数	240	109.941	68.913	2	457
係員級比率	268	.200	.117	0	.781
関係議員政策選好	48	.555	.541	.102	2.938

出典）筆者作成．

類し，それぞれに因子得点の平均点を算出し，全体の平均点からの乖離（ユークリッド距離）を測定した．

それぞれの変数の記述統計は表 8-2 にまとめた．観測されるデータは以下の二つを除きいずれも，毎年の府省庁を観測単位とするいわゆる時系列・クロスセクションデータである．例外は，与党議席率と内閣支持率である．これらは府省庁によって違うものではないので，時点ごとに全ての府省庁に同一の値を当てている．府省庁ごとの特性を制御するため固定効果モデルを用いている．

政治介入とその防御策に対する規定要因について見てみよう（表 8-3）．ここでは事務次官の交代間隔を指標とする．各府省庁の最上位に位置する事務次官が短期で交代することは，政治による人事介入を許す要因となる．また，事務次官の交代はその下のポストの異動とも連動するので，これが不安定化することは，政治介入の可能性を高める．日本の官僚制は政治介入を防ぐべく，その可能性が高い場合には防御策をとる．よって，介入がありうるときに次官の交代間隔は長期化すると予測できる．

分析結果を見ると，まず，内閣支持率が負の係数となるので，裏返せば首相のアカウンタビリティが強く問われているときには，次官の交代間隔が長期化する傾向が存在する．モデル 1 によると，内閣支持率 10% の減少が 65 日の次官の交代間隔の長期化につながるので，実質的にも相応の効果である．技能投資の価値が大きいことを前提として，執政のアカウンタビリティが強く問われると政治任用が増大するという仮説 II-a が裏づけられた．次にモデル 2 に示されるように，各府省の組織下部の比率が大きいと，次官の交代間隔は短期化

8.5 人事の自律性と技能形成を規定する要因は何か

表 8-3 事務次官交代間隔の規定要因

	(1)	(2)	(3)	(4)
衆議院与党議席率	−447.7	7978	5066	−1716
	(497.5)	(5509)	(4664)	(1745)
参議院与党議席率	873.2	−1445	−1127	7457
	(570.9)	(2080)	(2144)	(14370)
内閣支持率	−6.582**	−25.22**	−19.62**	−42.21
	(2.909)	(9.791)	(7.534)	(63.22)
法案数			−14.31	
			(28.20)	
国会言及数		−0.685		
		(0.705)		
係員級比率		−3826**	−3101**	
		(1618)	(1384)	
関係議員政策選好				−199.7
				(231.7)
定数	698.4	−2159	−792.7	47.39
	(453.3)	(2333)	(1904)	(3185)
観測数	85	34	34	19
R 二乗	0.078	0.440	0.423	0.688
府省庁数	8	7	7	7

注）括弧内は標準誤差．***＝1％，**＝5％，*＝10％水準で統計的に有意．
出典）筆者作成．

する．官僚制の特定政策内容への固執が強い場合に，政治介入を回避するために次官の交代間隔を長期化するといったことは見られないということを意味する．これは仮説 II-a に合致する結果であり，このような場合は政治介入のインセンティブは低いことを反映した結果と解釈できるであろう．

次に技能取得についての分析結果を見てみよう．理工系などの専門職比率を従属変数の指標としたときの推定結果が表 8-4 である．こちらについては図 8-9 に見たように，時系列に沿った一定の傾向が存在していることが多いので，従属変数のラグを入れることでトレンドを制御した．すると，専門職比率は慣性が強く，前年度の比率によって多くの部分が決まってしまう．前年度の比率が 10％ 高ければ，それだけで当該年度の比率は 1％ から 4％ 近く高くなる[20]．

---

20) 従属変数のラグはモデル 1 から 3 において有意であり，その係数は約 0.1 から 0.4 である．前年度の比率が 10％ ならば，その従属変数に対する効果は係数に 0.1 をかけた値，すなわち 0.01 から 0.04 高くなる．これをパーセントに直すと，1％ から 4％ となる．

表8-4 専門職採用比率の規定要因

	(1)	(2)	(3)	(4)
衆議院与党議席率	−0.152	1.414	0.392	0.0990
	(0.0926)	(1.430)	(1.349)	(0.238)
参議院与党議席率	0.0676	−0.323	0.199	−2.508
	(0.0928)	(0.572)	(0.524)	(1.597)
内閣支持率	−0.00095**	−0.00391	−0.00291	0.0111
	(0.00047)	(0.00255)	(0.00238)	(0.00711)
法案数			−0.00874	
			(0.00857)	
国会言及数		−0.000142		
		(0.000717)		
係員級比率		−0.0212	−0.0594	
		(0.153)	(0.142)	
関係議員政策選好				0.0931**
				(0.0364)
従属変数のラグ	0.111*	0.309**	0.396***	0.0376
	(0.0659)	(0.140)	(0.146)	(0.159)
定数	0.431***	−0.340	0.00673	0.958**
	(0.0860)	(0.654)	(0.619)	(0.360)
観測数	305	91	87	44
R二乗	0.034	0.123	0.180	0.223
府省庁数	27	16	17	14

注）括弧内は標準誤差．***＝1％，**＝5％，*＝10％水準で統計的に有意．
出典）筆者作成．

その上で，政権に対する支持率が高くなると，技能取得には負の影響を与える．政権への支持率が低くアカウンタビリティが追及されている場合に，官僚制の技能取得は積極化する傾向が見られるということであり，技能投資の価値は存在することを前提とすれば，仮説II-bの予測通りである．ただし，他の変数を投入したモデル2からモデル4では有意ではなく，係数の値も実質的に小さいので，これをもって検証されたというのには弱い．さらに，関連の深い政治家の政策選好が議員の平均から離れるほど，専門職の比率が高まることが示されている．極端な政策選好をもった関係議員が多く，中立性を保つことは難しい官庁，たとえば農水省が，専門職の採用に積極的な姿が浮かび上がる．これも仮説II-bと整合的であり，議員と政策選好が近く執政とは遠い官庁に対しては，技能投資の効果が高くない限り，権限委譲が行われない（図3-5bの①）ことに対応しているといえる．

8.6　なぜジェネラリスト志向が強まっているのか

　もう一度ここまでの発見をまとめつつ，前節の計量分析では扱えなかった要素も含めて，仮説II-aとbについて考えてみよう．昇進管理への政治介入の可能性に対して，事務次官の交代間隔を安定させ，局長級の異動の連結性を強めることで，つまみ食い的な関与を防ごうとしてきたのが，日本の官僚制だった．大蔵省や通産省では，そうした上級職人事の制度化が1970年代には成立していく．とりわけ大蔵大臣に見られるように，長期在任する大臣の下で，介入の可能性が高まるとき，制度化によって介入が抑制される．仮説II-bに示すように，日本のような先進国においては官僚制についても技能投資の価値が高いことを前提とするならば，執政のアカウンタビリティが問われやすいとき，政治介入の拡大を予期する官僚制人事の制度化が見られるのである．このことは，2000年代に入り，各省の大臣の長期在任が多くなるにつれ，制度化の程度も高められていることによっても確かめられた．内閣人事局の設置が行われた後，さらに府省横断的な人事異動の連結が強められていることも，仮説の予測する通りである．

　また，日本の労働市場の流動性の低さもこうした特徴の背景にある．労働市場の流動性は2000年代以降，若干高まってきているとはいえ，他国と比べれば低い水準にとどまっている．このことは政治任用の少なさと技能投資の水準の高さにつながっているだろう．そして人事ユニットが府省庁単位であったことは，官僚たちに省庁の機関哲学を浸透させ，省庁単位の利益を保持させる傾向をもたらす．官僚が理想点の実現に拘るほど，技能投資の拡大と政治任用の低下につながるということも，日本の官僚制に合致する．

　最後に，ジェネラリスト志向の技能形成がおしなべて強い中で，とりわけ財務省，総務省，外務省，内閣府にその傾向が強いことと，他の省庁も含めて多くが2001年の省庁再編後，ジェネラリスト志向を強めていることも明らかになった．このようなジェネラリスト志向は，二つの意味で，日本の官僚制の技能投資にとっては負の影響を与えているだろう．一つは，政策選好の柔軟性を高めた．特定の政策内容に拘るが故に，専門的な技能投資を行うというインセ

ンティブをそれほど強めることはなかった．もう一つには，技能投資の価値をスペシャリスト志向の官僚制の場合よりは低下させた．法案作成にかかわるさまざまな調整作業や手続きは，省庁特殊なものであり，民間はおろか省庁を越えての汎用性にも疑問が残る．つまり，日本のジェネラリスト官僚は，第3章の理論モデルでいうところの中立性とほどほどの技能投資利益 β を持つが故に，自律性を得る官僚制，図 3-5b の④の領域に該当する官僚制の一例だったといえる．

そしてそうした性格は，むしろ省庁再編後，一層強まっているようにすら見える．多くの府省庁が 2000 年代以降，法律職の採用比率を増やし，組織中間層の比率を増していることで，利害調整者や法案作成者としての中央省庁の特徴はますます強まっている．内閣支持率が高まるときには専門職の比率が落ちることなどもあわせて考えると，さらに前章で描き出した分立と統合の実態もあわせて考えると，2000 年代に入ってから，首相主導の政策形成が強まることは，省庁の技能形成にも影響を与えているといえるだろう．それは恒常的に，また全ての府省庁においてではないにしても，組織業務の性質から要請される専門職の比率からの乖離をもたらしている可能性がある．

そしてさらに，第5章で検討した官僚制の質と政治任用の国際比較において，日本の官僚制の質は最高ランクに，政治任用の程度は最も低い部類に位置づけられていることの理由についても，この章の分析は示唆を与えている．現代日本の官僚制における政治任用の程度の低さと官僚制の質の高さは，いずれもが政治介入の可能性を前にした官僚制の側の戦略的対応の帰結と理解することができるだろう．政治介入がないからではなく，その可能性があるからこそ，ジェネラリスト志向をとることで中立性に伴う自律性を確保し，それによって実際の介入を発現させずにすませてきた．それが官僚制の質の高さと政治任用の不在をもたらしている．そうした予防的対応は 2000 年代においてもますます強まっており，法案作成者としての中央省庁の性格は一層強化されているように見えるのである．

それでは，こうした現代日本の官僚制の特徴は何をもたらしているのか．次章では再び国際比較を中心に据えながら，官僚制の特徴がいかなる効果を持つのかを分析していくこととしよう．

9 官僚制の政治的効果と政策的効果

9.1 官僚制がもたらす二つの効果

　ここまでの各章を通じて，官僚制には組織編成，政治統制，そして技能形成の違いが存在し，その違いは，一見してそう見えない場合も含めて政治家と官僚制の戦略的相互作用の産物であることがわかった．それでは，こうした官僚制の違いは，結局のところ何を生み出すのだろうか．官僚制の違いは，政治のあり方，あるいは私たちの社会や経済の状態に，どのような影響をおよぼすのだろうか．

　官僚制のもたらす効果としては，大きく二つの次元が存在する．まず，官僚制は政治的なアクターとして，さまざまな性質を備える．透明性が高い官僚制もあれば，そうでないものもある．社会構成を代表するような官僚制も存在すれば，そうではないものもある．このような官僚制そのものの政治アクターとしての性質が，官僚制の政治的効果として見るべき点である．官僚制が政治の主要な主体である以上，その性格の違いは，そこでの政治のあり方を大きく変える．たとえば，私たちが政策形成の過程をどの程度知ることができるのかは，官僚制の透明性によって変わってくるのである．もう一つは，官僚制が生み出す政策が政治家や有権者の意向にどの程度応答的か，どの程度効率的か，官僚制の実施する政策は社会や経済にどのような影響を与えるのかという点である．こちらの側面は，官僚制の政策的効果といえる．

　官僚制の政治的効果と官僚制の政策的効果とは，見方を変えれば，つぎの二つに集約して考えることもできるだろう．それは，統治の内容と統治の質である．統治の内容とは，色々な利害や考え方のある中で，人々が願っている政策がどの程度実現しているのかを問うものである．いかなる中身を持った政策を官僚制は生み出すのか，それは誰の利益を反映するものなのかが，そこでの関心事である[1]．これに対して統治の質とは，官僚制がどの程度効率的に，政策を状況の変化に適応させ，実施できているのかを意味する．

統治の内容と統治の質とは，現代民主制を委任の連鎖と捉えたとき，その最終点に位置する官僚制に期待される役割そのものである．専門性を備えた存在として政策の質を高めることに貢献しつつ，最終的には市民というプリンシパルに仕えるエージェントとして，市民が望む内容の政策を実現できているか否か．それこそが，官僚制に対して，最終的に問わねばならない問いである．

以下，まず第2節では，政治的効果を捉える概念と具体的指標を紹介する．政策的効果の指標は第3節でとりあげる．両者を統合し，その説明要因を見つけ出すことが第4節の課題である．実効性や不偏性といった統治の質と，官僚制が何を代表するのかといった統治の内容，この二つの軸に種々の指標が収斂することを見出していく．第5節では，この二つの軸が，官僚制に対する市民の信頼に影響を与えていることを明らかにする．最後に第6節では，日本の位置づけについて改めて考えていく．

9.2 官僚制はいかなる政治的効果を持つのか

四つの概念：実効性・不偏性・透明性・代表性

官僚制の政治的効果としてここで注目するのは，実効性，不偏性，透明性，代表性の四つである．実効性と不偏性は，政策の形成や実施に際して人々をどのように扱うのかという局面を扱う．これに対して透明性と代表性は，官僚制がいかなる性質を備えているかを見るものである．四つのいずれも，官僚制がどのような政策を実現するかといった点とは切り離されている．統治の道具としての官僚制の性質を捉えようとするのが，これらの四つの概念である．

なぜこれらの四つなのか．それは，これらの特徴を備えることにより，官僚制は統治機構として望ましい価値をより良く実現できるからである．何が望ま

---

1) この問いは，たとえば執行段階でいかにして法律の意図からの乖離が生じるのか (Pressman and Wildavsky 1973)，あるいは政策転換の試みにいかに官僚制が抵抗するのか (Peters and Pierre 2001) など，さまざまな形で分析されてきた．それはこの問いが，官僚制への政治統制を考える古典的関心に由来するものだからであろう．たとえば，行政評価を論じる際にも，その基準として効率性と有効性を区分し，統治の質と統治の内容の双方を捉えようとしてきたのも（西尾 1990），同じ問題関心に由来するといえよう．

しい価値かというと，一つは自由であり，もう一つは公平である．

実効性とは，官僚制が適確に運営され，政策を期待された形で現実に実施できていることを指す．官僚制が十分に機能しなければ，実効性は得られない．実効性は，それ自体として独立の規範的正統性を欠き，公平の方が重要だという見解もある（Rothstein 2011: 25-30）．確かに一見そう見えるが，官僚制が実効性に欠く場合，私たちの税負担は重くなり，煩瑣な規制で苦しむことになるだろう．その時，私たちの自由は制約されているのである．政治家と官僚制を対比させ，選挙によることから前者に自由を体現させ，後者を自由に反するものと位置づけるのは単純にすぎる．

これに対して不偏性とは，官僚制の活動が社会の特定の人々や集団に有利なものとなっていないか，依怙贔屓せず公正に扱っているかを捉える．つまり，官僚制の質を公平の観点から評価するのである．いうなれば，民主制が政治的平等という価値を，統治のインプットの側面において実現しようとするのに対し[2]，不偏性を備えた官僚制とは，アウトプットの側面における平等を担保するものである．

透明性とは，官僚制の活動，それを支えるルールなどが，市民や企業の目から見てどの程度わかりやすいかを示す．市民が欲したときには容易に情報が収集できること，そのために官僚制は市民に対して正確な説明を行うこと，これらが問われるのである．官僚制それ自体およびその行動についての情報を得ることは，官僚制が市民に対するアカウンタビリティを果たす上での基本である[3]．官僚制の活動に人々が疑問を感じたとき，それを問いただすことを通じて，社会が望まない政策を官僚制が独断で実施することを防ぐ．それによって，アカウンタビリティが実現されるのである．だからこそ，官僚制の透明性は，自由を確保するための重要な一里塚なのである．

最後に代表性とは，官僚制に市民や社会の構成や属性を反映させることを通

---

[2] もちろん，実際の民主制が民主制であるというだけで平等を実現できるわけではない．現実にどのような違いがあり，その要因は何かを明らかにすることは，比較政治学の中心的課題の一つである．

[3] 政府がアカウンタビリティを果たす上で，市民が統治主体についての情報を得ることが不可欠の要素であることについては他所で論じた（曽我 2015）．

じて，官僚制の政策選好をできるだけ人々のそれと同質化させ，官僚制が実施する政策を市民や社会の望むものに近づけることを意味する．政治家だけではなく，官僚制もまた実質的に政策内容の決定に関与している以上，官僚制のあり方は，政策帰結にも影響を与える．この時，社会の一部の人々だけが官僚機構の一員となっていることは，政策形成に関与する機会の点でも，帰結としての政策内容の点でも，人々の平等性を損ねる[4]．だからこそ，官僚制もまた代表性を備えることが，公平の観点から要請されるのである[5]．

具体的指標

官僚制の四つの政治的効果である実効性，不偏性，透明性，代表性について，具体的に見ていくこととしよう．まず，どのような指標を採用したのかを述べておこう．以下，実際のデータについては特記がない限り，ヨーテボリ大学「政府の質」研究所のデータセットに収録されているものを利用した．データの観測年は 2010 年である (Dahlström *et al.* 2011)．

第一に，実効性については，世銀ガバナンス指標の中の政府の実効性指標を用いた．これは，公共サービス供給の質，官僚制の質，公務員の能力，公務員に対する政治的圧力からの自律性，政府の政策へのコミットメントの確実性という五つの要素についての評価を集積したものである．測定年は 2010 年で，191 ヵ国のデータが得られている[6]．政治からの自律性や政策へのコミットメントなど，一方では官僚制の特徴の規定要因，他方では官僚制の特徴の政策的

---

4) さらに，多様性の欠如は正しい知識への到達を損ねることにもつながることからすれば (Page 2007)，実効性の低下を通じて自由の毀損などとも関係しうる．
5) 「新しい行政学」と呼ばれる一連の研究は，官僚制の代表性を向上させることを規範的に主張したものであり，公務員の採用にあたってのアファーマティブ・アクションなどもこの観点から論じられてきた (Frederickson 1980)．こうした具体策がどの程度代表性を改善するのかなど，多くの実証研究がその後生まれている．例として，Nicholson-Crotty *et al.* (2011)．また歴史をさかのぼれば，このような主張の前提となるのは，官僚制が政策形成に関与している事実であり，それを前提として官僚制が果たすべき役割を問う問題意識である．その意味で出発点となるのは，政治・行政融合論であり，行政に市民感情への応答性までを求めたフリードリッヒの行政責任論である (Friedrich 1940)．
6) 他の世銀ガバナンス指標と同様，平均が 0，標準偏差が 1 となるよう標準化されている．

帰結にまたがる，やや広い指標ではあるものの，官僚制の活動の実効性を多数の諸国について測定しているという点で，他にはない指標である．

しかし，指標として広いがゆえに，その意味するところは不明瞭ともいえる．そこで，逆に絞った類似の指標との関係を見ておきたい．そのような指標として利用可能なのが，Global Integrity Report による「行政と市民サービス」指標である．これは，官僚制が腐敗することなく政策を実行できているかを捉えるものである．各国の行政機関による規制，政府調達および民営化についての透明性といった諸要素の評価から算出されるもので，85 ヵ国のデータが得られる[7]．

両者の関係を見ると，二つの指標間の相関性は緩やかなもので，相関係数は 0.396 である．両者の関係をプロットしてみると，ガバナンス指標においては先進国が高い値をとるが，「行政と市民サービス」指標においては途上国であっても高い値をとる国が多く存在することがわかる．世銀のガバナンス指標については，経済発展の程度が高い場合に，ガバナンス指標も良好であるという評価が下されがちであり，その点には注意が必要である (Thomas 2010)．

第二に，不偏性の指標としては，「政府の質」研究所による専門家サーベイ調査におけるつぎの質問への回答に基づいている．「上級官僚に最も多くのキックバックを差し出した企業が，競争入札による公共調達の契約を取る」「政策をどのように実施するか，個別事案において決める際，公務員たちが特定の集団を不公平に扱っている」「企業を創設する免許を与える際，公務員たちは強いコネがある申請者を優遇する」「政策を実施する個別事案において，公務員たちは偏りがないとどの程度言えるか」「貧困者一人あたり 1000 米ドルの配布の仕事が公務員に与えられたとする．何％がそれぞれの手に渡るか：必要としている貧困者，公務員と血縁関係にある人々，コンサルタント・仲介者，公務員自身の財布，公務員の上司，その他．このうち貧困者の割合」．これらに主成分分析をかけた上で，主成分得点を計算することで算出された値である．

---

7) さらに，世界銀行の国際開発協会による資源配分指標の中の，「行政の質」指標も同様の指標として扱いうる．これは中央政府職員が有効に政策実施を行えるよう組織編成が行われているかを評価するものである．ただし，途上国のみを対象としたデータであるため，本書では用いなかった．

第三に，透明性の指標については，二つを用意した．一つは，「政府の質」研究所による専門家サーベイ調査のうち，つぎの三つの質問への回答を平均したものである．「公権力乱用についての情報をマスメディアに流せば，公務員は大きな処分を覚悟しなければならない」「政府の文書や記録は公衆のアクセスに開かれている」「公共部門での権力乱用はメディアの目に晒されることになる」．これらの7段階の回答の平均値を取った（最初の質問のみ，回答を反転させた）．

もう一つには，世界経済フォーラムによる世界競争力報告（Global Competitiveness Report）に含まれている，政府の政策形成の透明性指標である．これは企業が自分たちの活動に影響する政府の政策や規制が変更されたことについて，情報をどの程度容易に入手できるかという質問に基づくものである．経済活動に限定され，主観的な評価（7段階）であるという限界は残るが，情報公開の制度の整備状況などよりも実態に近い指標として，これを用いた．2012年のデータが142ヵ国について得られている．

二つの指標の関係は相関係数が0.24であり有意水準は6%である．両者の相関は低く，「政府の質」研究所調査では低い点が与えられているものの，世界競争力報告の指標では高い点が与えられている諸国が見られる．「政府の質」研究所調査がメディアとの関係を問う比重が高いため，メディアのあり方が影響していると考えられる[8]．そこで以下では，データが得られている国が多いことも含め，世界経済フォーラムの指標を中心に用いつつ，「政府の質」研究所調査の指標も確認のために用いていくことにする．

最後に代表性については，二つの指標を用いた．第一は，「政府の質」研究所の調査のうち，つぎの質問に対する7段階の回答の平均を用いた．「女性は公務員の中でどの程度比例的に代表されていますか」「主要な民族・宗教集団は公務員において比例的に代表されていますか」．この質問は，女性だけではなく民族・宗教的代表性も捉えている点では優れているが，対象国が64ヵ国にとどまってしまう．そこで第二の指標として，ILOのデータセット（ILO-

---

8) 実際に，フリーダムハウスの新聞についての自由の制約指標（値が大きい方が制約が高い）と相関を取ると，「政府の質」研究所調査の指標は-0.572，世界経済フォーラムの指標は-0.298となる．

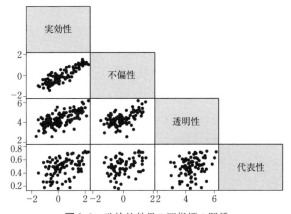

図 9-1 政治的効果の四指標の関係
出典) 本文記載のデータに基づき筆者作成.

STAT)[9] から公務員（地方自治体を含む）における女性の比率も算出した. 2009年から13年までの5年間の値を算出し，その平均を取った．対象国は75ヵ国である．

これら二つの指標間には緩やかな相関がある．相関係数は 0.429 であり，1%水準で統計的に有意である．公務員の女性比率は5割を超えている国も多く，人口の単純な代表と考えるならば，過剰代表になる．ただし，民間での雇用機会に対する補正の意味もあり，何割であれば代表性として最適なのかを導くことはできない．ここではとりあえず，女性比率が高いほど，代表性は高いと考えておく．各国の値を見ると北欧やイギリスの代表性が高く，フランス，ベルギーなどがそれにつづく．日本の代表性は極めて低い．OECD 加盟国の中ではメキシコとならんで最低位に位置する．

これで，実効性，不偏性，透明性，代表性の四つの指標が揃った．これらの関係はどうなっているだろうか．全体をまとめたのが，図9-1 である．実効性と不偏性および透明性の間の相関は強いが，代表性との相関はさほど強くないことがわかる．実効性と不偏性の関係が最も強く，相関係数は 0.8 を超える．実効性および不偏性と透明性との間の関係はやや緩やかになる（相関係数は

---

9) URLはつぎの通り．http://www.ilo.org/global/statistics-and-databases/lang--en/index.htm

0.5前後).しかし,これらと代表性との関係はさらに緩やかであり(相関係数は0.4前後),透明性と代表性の間になると何らかの関係は見出しがたい(相関係数は約0.3).つまり,実効性と不偏性はほぼ両立しているが,それを除くと,一つを備えていれば他も揃うというものではない.官僚制の四つの特徴を兼ね備えることは,先進国であっても保証されていないのである.

官僚制の政治的効果について,四つの側面の間の関係を,もう少し詳しく見てみよう.まず,実効性と不偏性については,一目して明らかなように,両者には強い相関がある.相関係数は0.856,1%水準で統計的に有意な関係である.先進国の多くは不偏性と実効性の双方が高い値をとるが,スペイン,ポルトガル,ポーランド,チェコ,スロヴァキア,ハンガリー,イタリア,トルコ,ギリシャ,メキシコなどはOECD加盟国の中では低い部類に入る.それら以外の諸国は双方の値が高いが,ニュージーランド,ノルウェー,カナダ,スイス,オーストラリアは不偏性の値の高さに比して実効性が低く,フィンランド,デンマーク,スウェーデンは不偏性の値に比して実効性が高い.日本はイギリス,アイルランドなどに近く,不偏性の高さでいうと北欧諸国と同じくらいだが,実効性はそれよりも低いところに位置している.

つぎに,実効性指標と透明性指標の関係も,実効性と不偏性ほどではないが,正の関係がある.先進国の場合,実効性が世界の平均を下回るような国はないが,透明性は必ずしもそうではない.イタリアや韓国は官僚制の行動に透明性が欠けていると評価されている.その他の多くの先進国も,透明性よりも実効性の方が上に来ている国が多い.フィンランド,ニュージーランド,スイス,スウェーデン,イギリス,オランダ,カナダといったところが双方の評価が高く,日本はそれにつぐ位置にあるが,透明性にやや欠けるというところに位置していると言える.

不偏性と代表性の関係はそれほど強くない.公務員が特定の集団から構成されていることは,その行動の不偏性に疑義をもたらしうる.そう考えると,代表性は不偏性の必要条件であるように思える.しかし代表性を備えているからといって,不偏性を備える保証はない.実際,代表性が低い各国の不偏性は概ね低い一方で,代表性が高い国の中にも不偏性は低い国が存在する.先進国の多くは両方の値が高いが,代表性のみが高い官僚制を持つ途上国が多く存在す

るのである[10]．そして，日本はオランダとならんで，こうした全体の傾向の中で例外的存在である．代表性を欠いているにもかかわらず，不偏性については世界でも最も高い水準に位置づけられているからである．

9.3 官僚制の政策的効果はいかなるものか

官僚制の政策的効果とは，官僚制が形成・実施する政策がいかなる特徴を備えているのかを見るものである．具体的には，政策の安定性，適応性，調整の程度，執行の貫徹度，効率性，公衆利益の考慮の六つの指標を用いていく．政策の直接的成果を政策アウトプット（policy output），政策が社会や経済にどのような影響を与えているかを狭義の政策効果（policy outcome）として区別するならば，政策アウトプットに相当するものとなる．しかし官僚制の政策が社会や経済に与える影響を適切に剔出することは難しく，ここでは政策アウトプットを広義の政策的効果とみなす．また，これらは官僚制の政治的効果とも近接する面がある[11]．

具体的な指標として用いるのは，第4章第2節でもとりあげたバークマンたちによる IADB 政治制度データセットに基づく公共政策の質に関する六つの指標である．安定性は，政策が政治的要因で朝令暮改されることはないのかを見るものである[12]．適応性は政府の環境変化への適応性や革新性，柔軟性を測定するものである[13]．調整の程度とは，中央・地方関係ならびに省庁間関係において十分な調整がなされているかを測定している[14]．執行の貫徹度は，最低

---

10) 具体的に見ていくと，旧共産圏にこうした類型に該当する国が多い．
11) 本章で取り上げる政治的効果と政策的効果はいずれも，官僚制のさまざまな帰結のうち，確実に官僚制に帰着させやすい部分をとりあげているという共通性を持っている．
12) 具体的には，以下の四つの指標の平均である．フレイザー指標の標準偏差の逆数，世界競争力報告の法的・政治的変化，同報告の政府のコミットメントの指標，制度プロファイル（Profils Institutionnels）・データベースの政府の一貫性指標．
13) ベルテルスマン変換指標，コロンビア大学国家能力サーベイにおける実効的応答指標，制度プロファイル・データベースによる政府機関の意思決定能力の三つの指標を合算したものである．
14) 中央・地方関係は，コロンビア大学国家能力サーベイ，省庁間調整は，制度プロファイル・データベースによるものである．

賃金，徴税，経済規制などの政策領域ごとの執行の程度，遵守の確保の程度を測定するものである[15]．効率性は，政府による資源利用の効率性を捉えようとするものである．世界競争力報告，ベルテルスマン変換指標，『エコノミスト』調査部門による効率性に関する三つの指標の平均をとることで作成されている．最後に，公衆利益の考慮は，世界競争力報告における縁故主義の抑制と政策の累進性（逆進性），トランスパレンシー・インターナショナルの腐敗認知指標の三つの平均である．

これらの指標間の関係を見ると，六つの指標は公共政策の異なる側面を捉えているものではあるが，それぞれの相関は相応に強い．相関係数でいうと，安定性と他の指標は 0.4 台だが，それ以外の間ではいずれも 0.7 から 0.8 といった値を見せている．

9.4 統治の質と代表性：二つの軸を抽出する

ここまで，官僚制の政治的効果として四つの性質，政策的効果として六つの指標を見てきた．それぞれに官僚制の特質やその活動の特徴を捉えるものであり，異なる側面を持つ指標だが，政治的効果，政策的効果それぞれの指標間では相関が強いものも見られる．さらに，政治的効果と政策的効果の間にも相関があるのかもしれない．この点を確認するため，ここまで取り上げた合計 10 の概念に対する 11 の指標[16]を対象として因子分析を加え，官僚制の政治的効果と政策的効果に共通する潜在因子を抽出しよう．もしそういった因子が存在しているのであれば，個別の指標に拘泥するよりも，それらに共通する性質に基づいて検討を進める方が，情報縮約的であり，官僚制の政治的効果や政策的効果と他の社会・経済的影響との関係についても考えやすくなるであろう．

---

15) 世界競争力報告の最低賃金，脱税，環境規制，ベルテルスマン変換指標の中の執行指標，コロンビア大学国家能力サーベイの政策執行における各種圧力に屈しない程度と徴税能力の合計六つの平均である．

16) 二つ以上の指標がある概念のうち，実効性指標の「行政と市民サービス」，および透明性指標の「政府の質」研究所調査によるものは，観測数を大きく減らすことになるので，含めずに分析した．なお，これらを含めた因子分析も行ったが，二つの因子やそれと各変数の関係はほとんど変化がなかった．

9.4 統治の質と代表性：二つの軸を抽出する

表 9-1 政治的効果と政策的効果の因子分析

	因子1	因子2	独自性
実効性	**0.8841**	0.3434	0.0329
不偏性	**0.8590**	0.2418	0.1764
透明性	0.6445	0.2526	0.4653
代表性	0.2253	**0.9564**	0.0314
女性比率	0.2609	**0.9471**	0.0247
安定性	0.5035	0.2461	0.4854
適応性	**0.7379**	0.2591	0.2235
調整の程度	**0.8228**	0.3748	0.1750
執行の貫徹度	**0.8698**	0.2415	0.1000
効率性	**0.7205**	0.2095	0.2404
公衆利益の考慮	**0.8874**	0.2319	0.1050

注）因子負荷量が0.7以上の場合に太字としている．
出典）図9-1と同じ．

　主因子法を用いて因子分析を行った結果，固有値1以上の因子として二つが存在した．これらをあわせて合計で因子寄与率は96.5%となる．この結果に対してプロマックス回転をかけたところ，二つの因子の相関係数は -0.174 となっており，ほとんど独立していると見なせるので，バリマックス回転をかけることとした[17]．第一因子と第二因子に対する変数の因子負荷量は表9-1の通りである．

　第一因子は，実効性，不偏性，適応性，調整の程度，執行の貫徹度，効率性，公衆利益の考慮と正の関係をもっている．公正，効率，有効などの価値を備えた質の高い統治を示しているといえる．世界各国で見たときに，公正性だけは高いが非効率な政策実施や，その逆といったものは，さほど見られるものではなく，「良い統治」と「悪い統治」のどちらかが大半であるということを示している．

　つぎに第二因子は，代表性を示す二つの指標と正の関係を持ち，その他とは関係を持たない．官僚制がどの程度の代表性を備えるかは，統治の質とは独立に決まっていることを示している．概念として，官僚制を通じた統治の質と代表制の二つが，政治的効果や政策的効果を考える上で重要であるというだけで

---

[17] バリマックス回転の方が因子得点の解釈などは容易なので，因子が直交しているならば，こちらの方が便宜である．なお，プロマックス回転させた因子得点も算出し後の分析を行ってみたが，結果はほとんど変わらなかった．

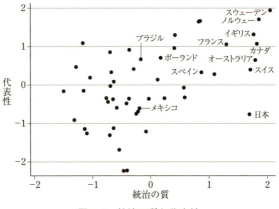

図 9-2 統治の質と代表性
出典）図 9-1 と同じ．

なく，実際上もこの二つの要素を識別できることがここには示されている．

　二つの因子について各国の因子得点を算出し，統治の質を示す第一因子を横軸に，代表性を示す第二因子を縦軸にとったのが，図 9-2 である．双方の得点が低いグループ，統治の質は低いが代表性は高いグループが発展途上国を中心に多く存在する．中進国の中ではメキシコが前者，ブラジルやポーランドは後者の例である．先進国の多くは，両方のスコアが高いところに位置している．スウェーデンとノルウェーといった北欧諸国がその最高峰に位置し，イギリス，フランス，カナダなどがそれにつづく．その中で日本は極めて例外的な位置にある．統治の質という点では最高ランクでありながら，代表性の観点からは，下から数えた方が早いといったところに位置している．少なくともデータが得られた諸国の中で，このような特徴を持った国は日本以外には存在しない．

　このように官僚制の政治的効果と政策的効果は，統治の質と代表性の二つに集約できる．それでは，官僚制の特徴，すなわち組織編成と政治統制・技能形成といったものは，これらとどのような関係にあるのだろうか．第 3 章でも述べたように，政治家たちが官僚制の組織編成や政治統制を決定する際に，その政治的効果や政策的効果の全てを見通すことはできず，そこでは予期せぬ帰結が生まれうる．したがって，組織編成や政治統制の程度を規定している政治制度などまでさかのぼると，統治の質や代表性との関係は切れてしまうだろう．

9.4 統治の質と代表性：二つの軸を抽出する　237

しかし，組織編成の結果や政治統制の程度というものは，官僚制の政治的効果や政策的効果と関係を持っているはずである．それらは官僚制がどのような利益を反映しやすいのかを変え，官僚制がどの程度専門性を身につけ，それを発揮する機会を持つかを直接左右しているからである．それでは，どのような関係を想定することができるのだろうか．第4章ならびに第5章で取り上げた変数について，統治の質と代表性への影響を考え，計量分析で確認していこう．

　組織編成については，分立と統合の二つの側面がある．分立させた上で統合を行うことが，統治の質を高めるだろう．両者が伴わなくとも，分立しないよりはした方が，統合も行わないよりは行った方が，平均的には統治の質には好影響を与えるだろう．もちろん，分立，統合とも過度にそれを行うことは，前者はセクショナリズムの昂進，後者は組織下部の自発性の衰退を招来するだけなので，統治の質に悪影響が存在しないわけではない．しかし両者を勘案すれば，好影響の方が悪影響よりも大きいだろう．

　つぎに，権限委譲と技能投資，すなわち第5章で扱った官僚制の質は，統治の質に正の効果を与えるだろう．政治家から官僚制への委任が正しく機能するための前提条件が，権限委譲と技能投資の存在である．もちろん，これらが存在しているからといって，それが必ず統治の質の向上に転換される保証はなく，色々な形でエージェンシースラックが発生する可能性は残るが，それでも，長期的に見た場合に，あまりにエージェンシースラックが大きいのに，政治家がそうした状態を許容し続けることは考えがたい．

　逆に，官僚制の人事に対する政治介入の大きさは，統治の質に悪影響を与えうる．第3章で示したように，政治介入の可能性が議会による権限委譲を制約したり，官僚制による技能投資を阻害したりする可能性がある．これらはいずれも統治の質を低下させる原因となる．

　以上が，統治の質に対して影響を与えうる要因だが，これに対して，代表性の側面に影響を与えうるのは，どのような要因だろうか．まず，組織編成については，代表性に影響を与えるとは考えがたい．分立を進めることで代表性が促進されるといった関係は想定しがたいからである．

　一方，権限委譲と技能投資は，代表性に負の影響を与えうるだろう．官僚制の専門性を理由として，政治家が委任を行い，官僚制も技能投資をしている状

態とは，専門家としての官僚制が前提となってはじめて成り立つものであろう．資格任用に見られる能力を基盤とする人事運用がそこでは行われていると考えられる．そのことと，代表性を官僚制においても実現していくということは，方向性として合致しないのである．

これに対して，政治任用など政治家による介入が代表性にいかなる影響を与えるかは予測しがたい．資格任用とは異なり，代表性を考慮した任用に可能性を開く面はある．しかし，実際に政治家がそのような選択を行うかは別問題である．政治家は，自分たちが選挙によって選出されているところに正統性の根拠を持つ．この価値をできるだけ高めるには，官僚制が代表性を備えることはかえって不都合である．つまり，政治家は，官僚制の代表性を高めるというインセンティブを必ずしも持たない[18]．

それでは，NPM をはじめとする改革理念は，政治的効果や政策的効果に影響を与えないのだろうか．改革理念というものは，何らかの良い効果をもたらすことを正当化の根拠とする．そうであるならば，改革理念の存在は，統治の質の改善につながるだろうし，また，代表性の改善を主張するような改革理念が存在するならば，それも影響を与えそうなものである．

1990 年代以降の主たる改革理念である NPM, NWS, NPG はいずれも，統治の質を改善するという目標は共有している．ならばこれらは統治の質に正の効果を持つかというと，そう単純ではない．なぜなら第一に，因果が逆かもしれない．統治の質が十分ではないからこそ，改革理念が強く提唱される可能性がある．第二に，これら三つは改革の方向性の違いを示しており，統治の質の程度を改善する強さに違いがあるわけではない．したがって，たとえばNPM の考え方が強い国は，NWS の考え方が強い国よりも統治の質の改善の程度が高いといったことは考えがたい．

他方で，これら三つの改革理念のいずれもが，官僚制の代表性については，

---

18) この議論をさらに続けるならば，権威主義体制における支配者については，官僚制に代表性を備えさせることに対して消極的になる理由がむしろ小さい可能性もある．民主化要求に答えるための方策として，むしろ官僚制の代表性を高めることを選ぶ可能性もある．この場合，情実任用の多用は，その観点からも肯定される．しかしそれは統治の質には悪影響を及ぼすだろう．

表 9-2　変数の記述統計

変　数	観測値	平　均	標準偏差	最小値	最大値
統治の質	50	.000	.974	−1.670	2.205
代表性	50	.000	.987	−2.345	1.661
分立の程度（大臣数）	187	22.995	7.767	5.571	53.714
官僚制の質	154	.013	.928	−1.916	2.114
政治任用	107	4.830	1.186	1.529	7

出典）筆者作成．

表 9-3　統治の質の規定要因

	(1)	(2)	(3)	(4)	(5)
分立の程度		0.0464***		0.0177	
		(0.0171)		(0.0110)	
官僚制の質			0.850***	0.788***	
			(0.119)	(0.123)	
政治任用			−0.117*	−0.125*	
			(0.0637)	(0.0628)	
対数化一人あたりGDP	0.455***	0.481***	0.0358	0.0752	0.399***
	(0.138)	(0.129)	(0.0964)	(0.0978)	(0.146)
民主制指標	0.0762	0.112**	−0.0016	0.0166	0.0604
	(0.0536)	(0.0518)	(0.0320)	(0.0334)	(0.0579)
NPM					0.258
					(0.187)
NWS					0.219
					(0.212)
NPG					−0.327
					(0.320)
定数	−4.714***	−6.256***	0.142	−0.705	−4.962***
	(1.052)	(1.138)	(0.789)	(0.936)	(1.692)
観測数	48	48	48	48	48
R 二乗	0.430	0.511	0.819	0.830	0.485

注）括弧内は標準誤差．***$p<0.01$, **$p<0.05$, *$p<0.1$
出典）筆者作成．

特には主張をしていない．代表性を高めるべきという理念は，ある意味では古典的なものであり，1990 年代以降の改革理念には含まれていない．したがって，こちらについても，影響を与えることはないと予測できる．

　最後に，統制変数について見ておこう．近代化論を持ち出すまでもなく，統治の質や代表性は，経済発展の程度に規定されている可能性を持つ．そして経済発展の程度は，独立変数の多くにもまた，影響を与えていることを第 4 章と

表 9-4 代表性の規定要因

	(1)	(2)	(3)	(4)	(5)
分立の程度		−0.0245		−0.00962	
		(0.0207)		(0.0211)	
官僚制の質			−0.455**	−0.421*	
			(0.222)	(0.236)	
政治任用			0.0383	0.0427	
			(0.119)	(0.121)	
対数化一人あたりGDP	0.406**	0.392**	0.628**	0.607***	0.457**
	(0.156)	(0.156)	(0.180)	(0.188)	(0.171)
民主制指標	0.0631	0.0445	0.103*	0.0932	0.0552
	(0.0608)	(0.0625)	(0.0599)	(0.0642)	(0.0676)
NPM					−0.0440
					(0.219)
NWS					−0.158
					(0.247)
NPG					0.464
					(0.374)
定数	−4.204***	−3.391**	−6.657***	−6.197***	−5.358***
	(1.194)	(1.373)	(1.477)	(1.801)	(1.976)
観測数	48	48	48	48	48
R 二乗	0.309	0.331	0.403	0.406	0.339

注) 括弧内は標準誤差. ***$p<0.01$, **$p<0.05$, *$p<0.1$
出典) 筆者作成.

第5章で見てきた．したがって，交絡要因となりうる経済発展について，独立変数に加える．同様に，民主制の程度についても交絡要因となりうるだろう．こちらも独立変数として投入する．

推定方法は通常最小二乗法を用いている．統合については観測対象がOECD各国に限定されてしまうため，この分析からは落とした．表4-4と表4-5で既に示した変数以外の変数の記述統計は表9-2にまとめた．

それでは，結果を見てみよう．表9-3は統治の質を従属変数とした回帰分析の結果を示したものである．結果は予測通りであり，経済発展と民主化の程度の影響を統制した上で，官僚制の質は，統治の質に対して大きな正の効果を持っていることがわかる．官僚制の質が1（およそ標準偏差一つ分）高まることで，統治の質のスコアが0.8程度改善する．統治の質のスコアは最低から最大まで3.9程の幅しかなく，標準偏差がおよそ1であることを考えると，大きな効果を持つといえる．他方で，政治任用の存在は，10%水準ではあるが，統

治の質に対して負の効果をもつ．ただしその実質的効果はそれほど大きくなく，政治任用の程度が1高まることで，統治の質スコアが0.1程度下がるにとどまる．また，分立の程度が統治の質と正の関係にあることもうかがえる．ただしこれは，官僚制の質などと同時に投入すると，統計的有意性を失ってしまう．

次に代表性の規定要因についての分析結果に移ろう（表9-4）．こちらについても予測通り，官僚制の質が高まるほど，代表性は下がるという傾向が見られた．官僚制の質の指標が1上昇することで，代表性スコアは約0.4（標準偏差の半分近く）下がることがわかる．しかし，これ以外には有意な関係を持つ変数を見出すことはできなかった．なお，統制変数については，経済発展の程度が官僚制の代表性を高める傾向を持つが，民主制指標は代表性とは正の関係をもつものの，一つの推定式において10%水準を満たすにすぎない．民主化は官僚制の代表性の強化を随伴しないといえるだろう．

9.5 官僚制に対する信頼：統治の質と代表性の帰結として

これまで見てきた統治の質と代表性が高かったり，低かったりすることは，どのような意義を持つのだろうか．官僚制がこうした性質を備えていない，あるいは生み出していないことは，いかなる意味を持つのだろうか．結局のところ，この二つの性格を官僚制が備えていないことは，その国の社会や経済に何か悪影響などがおよぶのだろうか．

こうした問題を検討することは，それ自体，一つの研究としてなされるべきものだろう．経済や社会に影響を与える要因は数多く，その中で，官僚制の帰結としての統治の質や官僚制の代表性が与える影響を剔出することは容易なことではない．

そこでここでは，統治の質や代表性が与える影響として確実にいえそうなことに焦点を絞る．それは，官僚制自身に対する人々の評価である．官僚制が何を生み出しているかが，官僚制自身への評価になって返ってくることは確かだろう．そのような評価として，ここでは官僚制に対する人々の信頼を見たい[19]．

---

19) 政治に対する信頼については多くの研究がある．近年の日本における政治への信頼を扱った代表作として，善教（2013）．これに対して行政に対する信頼を扱った研究は少な

人々が官僚制を信頼しない限り，官僚制による政策実施は，人々によって受け入れられがたく，官僚制の活動に正統性が付与されることもない．官僚制の活動が社会や経済に対してどのように影響するかを考える出発点として，官僚制に対する人々の態度を見る必要があり，その中でも信頼は中核的な側面だといえる．もちろん，信頼は人々の側の要因によっても変化するものだが，各国の官僚制への信頼の違いは，人々の違いだけに規定されるものではないだろう．そこには，各国の官僚制の違いが反映されるはずである．

　具体的には，世界価値観調査の官僚制に対する信頼の程度を指標として用いよう．観測数は81，平均値は2.417，標準偏差は0.316であり，最小値が1.59，最大値が3.33である．統治の質や代表性が官僚制への信頼によって高まる逆の因果も考えられるので，ここでの分析は十分なものとはいえないが，まずは初歩[20]として分析を試みたい．推定方法は，通常最小二乗法である．

　官僚制への信頼に対して，統治の質と代表性は，どのような影響を与えているのだろうか．表9-5の分析結果を見てみよう．まず，モデル1に示されているように，単純に統治の質と官僚制の代表性を，人々の官僚制への信頼に回帰しても関係は見出せない．しかしこれは，経済発展や民主化の程度が高い国では，おしなべて政治アクターに対する信頼の程度が低くなり（Nye *et al.* 1997），その経済発展や民主化の程度が，統治の質や官僚制の代表性にも影響を与えているからだと考えられる．実際に，これらを同時に独立変数に投入すると，思った通りの結果が得られる（モデル3）．経済発展や民主化の程度が高まるほど，官僚制への信頼の程度は下がっていく．その影響を制御した上で，官僚制による統治の質やその代表性の効果を見るならば，両者はともに正の関係を持つ．これらのスコアが1上昇することで，官僚制への信頼のスコアはそれぞれおよそ0.34と0.18上昇する．前者で標準偏差一つ分，後者でその半分程度なので，実質的な効果があるといっていいだろう．統治の質や代表性が高まることは，官僚制への人々の信頼につながるのである．逆の言い方をするならば，官僚制がもたらす統治の質が十分でなかったり，官僚制の代表性が低かったりすることは，官僚制への不信につながるのである[21]．

いが，近年の実証研究の成果として，池田（2010），大山（2010），小池（2010）．
20）市民と官僚制の関係の分析に取り組むことは，次作の課題である．

表 9-5 官僚制への信頼の規定要因

	(1)	(2)	(3)
統治の質	0.075		0.340***
	(0.054)		(0.076)
代表性	−0.066		0.177**
	(0.053)		(0.067)
対数化一人あたり GDP		−0.047	−0.263***
		(0.037)	(0.078)
民主制指標		−0.027*	−0.063**
		(0.014)	(0.025)
定数	2.374***	3.061***	5.246***
	(0.055)	(0.299)	(0.719)
観測数	40	74	38
R 二乗	0.086	0.131	0.415

注) 括弧内は標準誤差. ***$p<0.01$, **$p<0.05$, *$p<0.1$
出典) 筆者作成.

9.6 日本の官僚制はどこに位置するのか

最後に，もう一度日本に立ち返ろう．日本の官僚制は，極めて高い統治の質を一方で持ちつつ，他方では代表性に欠けるという他国には例を見ないような特徴を見せている．このような特徴がなぜ生じたのかを理解することは，日本の官僚制の理解のみならず，日本政治全体や，他国の官僚制の理解にも資するところは大きい．そこで日本の官僚制の政治的効果，政策的効果とその規定要因について検討を進めていこう．

最初に，政治的効果と政策的効果の個別指標を確認しておく．因子分析で扱った指標ならびに官僚制への信頼度をあわせて取り上げ，第6章で用いたのと同様の箱ひげ図とその上での日本の位置づけを示すと，図9-3となる．なお，透明性については日本の観測値は得られていない．

---

21) ただし，とりわけ統治の質と官僚制への信頼の間には，逆の因果，すなわち信頼されているからこそ統治の質が向上するという関係が存在しうる．信頼とその規定要因および効果の関係を解明することは容易ではなく，他の政治アクターと信頼の関係についての研究なども参照しつつ取り組むべき領域である．本書の分析はあくまで試行段階にすぎないが，この問題の重要性を照らし出すために，あえて取り組んだものである．

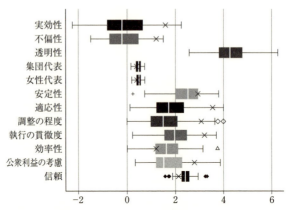

図 9-3 官僚制の政治的効果と政策的効果に見る日本の位置
出典）図 9-1 と同じ.

　これを見ると，官僚制の実効性と不偏性，さらに適応性，調整の程度，執行の貫徹度については高い評価を得ているが，政策の安定性，公衆利益の考慮という観点については，世界各国の中位をやや上回るにすぎない．さらに，官僚制の代表性の程度は，民族集団などの観点からも，性差の観点からも，中位以下の低いところに位置づけられ，効率性の評価も中位よりも下に位置づけられている．そして官僚制に対する信頼の程度もまた，全体の中位を下回っている．もちろん，これらのデータは専門家サーベイに基づくものが多く，測定精度を割り引く必要はあるが，そうであっても，ここに見られる日本の官僚制の姿は，「政治は二流でも官僚は一流」とか，「日本経済の司令塔」(Johnson 1982) と評されてきた 1980 年代までの姿にはほど遠い．

　統治の質は高いながら，代表性の側面が欠落しているという点において，他国には例を見ない逸脱事例となっているのが，現代の日本の官僚制の姿である．そしてそのことは，官僚制に対する人々の信頼の低さにもつながっているのではないか．他の先進国同様に，人々が政治アクターたちを信頼しない傾向がある中でも，日本の，そしてとりわけ官僚制に対する信頼は低い．しかし，いかに能力が高かろうとも，自分たちの価値観や考え方を代表しているとは思えない存在に対する信頼が低いことは，全く不思議ではない．むしろ自分たちと利益や考えを共有していない存在が，能力を持つことに対しては，警戒心が強ま

っても不思議ではない．

　それでは，なぜ日本の官僚制は代表性が低い存在になってしまったのか．女性比率の低さに焦点を当てて考えてみよう[22]．何が日本の官僚制における女性の比率の小ささを説明するのか．前田によれば，戦後の日本では公務員数が絞られたことで，他国とりわけ北欧で見られたような女性就労を政府が積極的に支えていくという選択肢が取り得なかったことがその原因である．さらにその理由をさかのぼると，人事院勧告の仕組みが給与の高水準化を招いたとき，人件費抑制のためには，公務員数を抑える以外の方策が存在しなかったことに帰着する（前田 2014）．

　戦後改革により生まれた公務員制度が，その意図せざる帰結として公務員数の抑制をもたらし，それがとりわけ女性公務員の少なさにつながっているのは事実であろう．しかしそれでは，その出発点となっている，人件費の抑制を選択した主体は誰なのだろうか．その方向を選択してしまえば，ある制度の下での答えは公務員数の抑制以外にはないことを説明しても，そもそもその方向を選ぶ理由の説明にはならない．誰がなぜその選択を行ったのか．それが自民党の選択ではないとするならば，では誰が選択したのだろうか（前田 2014: 86-92）[23]．

　自民党政権が直接そうした選択を押しつけていないとなれば，その選択を行ったのは官僚制それ自身だということになるだろう．官僚制，とりわけその中でも総括管理を担う大蔵省が，行政管理庁・総務庁を通じ，総定員法による定員抑制を行うことによって，政権が行政改革を通じて組織内部の定員管理に介

---

[22] 念のために附言すれば，日本において宗教，民族，言語，人種の多様性が不在である訳ではもちろんないし，そうした多様性が日本の官僚制に十分に反映されているとも言い難い．ただ，その原因がどこにあるのかについての明確な研究が存在しないので，ここでは取り上げていないだけである．筆者としては，以下に提示する女性の代表性についての議論がこれらにも当てはまるだろうと考えているが，別途検討の必要な論点である．

[23] たとえば，「公務員の給与制度による制約が行政改革を促したのは，それがブレトン・ウッズ体制下の国際経済の変動への対応に必要とされる柔軟な財政政策を妨げると認識されたためである」（前田 2014: 110）と述べているが，誰がそう認識したのかは述べていない．また，その後も引き続き，定員管理が続けられたことを考えると，資本自由化と国債発行といった1960年代半ばの事情だけでは説明にならないことも否めないであろう．

入することを予め防御したと見ることができるだろう[24]。

　実のところ,そうした構図,すなわち政権党による介入が予期される場合に,官僚制が予め防御策をとることにより自律性を保とうとすることは,前章にも見たように,日本の官僚制の全体的な特徴でもある.政治的な影響を受けていないから自律しているのではなく,その影響に潜在的にさらされながら,それへの防御策をとることによって,自律性を保つというのが日本の官僚制の姿であった.予算であれ,政策の中身であれ,それらについては政権党と共に策定することを許容しながらも,最後まで官僚制が守ろうとしたのは,人事に関する自律性であった.

　その結果として,日本の官僚制がその代表性を正面から問われることは,これまでほぼなかった.代表性が問われた場合でも,問題は限定的な形にとどまった.キャリア官僚における東大法学部出身者の多さが指摘され,宮沢首相が同出身者の採用を抑制するよう指示したことなどはその最たる例である[25].官僚制も統治機構の一部である以上,代表性が論じられるべき存在であるにもかかわらず[26],日本ではそうした議論が低調であったことは,政治が人事管理に深く介入することを回避することに成功した一つの帰結といえる.政治の側もむしろ,自らが市民による選挙で選出された存在であることを政治的資源として用いるために,官僚制と自らの違いを最大化しようとした.そのため,「政

---

24) 1980年代の第二臨調改革による三公社の民営化においても,小泉政権による道路公団民営化や郵政民営化においても,公務員の規模それ自体が正面から問われたわけではない.そこで中心となったのは,民間市場と政府の役割分担に関する論点であった.

25) いかなる学歴を持つものが官僚であるのか,引いては官僚制がいかなる地理的出身や社会階層を背景とする組織なのかという点は,明治国家以来の中心的論点であった(水谷1999,清水唯一朗2013).近代化の過程において,これが代表性を考える際の焦点となることは当然である.現在でもそれが歴史的遺産として影響しており,都市出身者と農村出身者の比率につながっているのも事実だろう.しかしここで問うているのは,そうした段階を終えてもなお,代表性を捉える他の側面に目が向けられないのはなぜかということである.

26) 最高裁裁判官の国民審査を持ち出すまでもなく,司法においても,その代表性は論点となりうる.そして,裁判員制度が導入されたことに見られるように,1990年代以降の司法制度改革においては,司法における代表性の改革が試みられた(阿部2009).翻って,同時期の公務員制度改革において,代表性に関する議論がいささかでもなされたのかを考えると,行政部門におけるこの視点の欠落が明瞭に浮かび上がってくるだろう.

治主導」のかけ声の裏で，官僚制の代表性を高めようとする改革が構想されることも，提示されることもないままに終わってきたのである．

他方で，第6章第5節でも述べたように，官僚制を改革する動きは，政治家によってもたらされるとは限らない．官僚制の代表性を上昇させる試みは，官僚制それ自体の手によって進められることも多いことを考えると[27]，問われるべきは，なぜ，日本の官僚制がそのような方向に進まなかったのかという点であろう．それを解く鍵も，前章までの分析の中にある．官僚制への政治介入のインセンティブの存在，それに対する自律性確保のための遮断策の存在がそれである．政治介入を防ぐためにも，官僚制は自らの基盤を政策形成における技能に置いた．ただしそれは民間からの調達も可能な汎用性の高い専門知識に基づくものではなく，政府内特殊性の高い法案作成手続きなどに基づく専門性であった．2000年代以降においても，ますます強まる政治介入の可能性に対して，官僚制のこうした傾向はさらに強化された．そこに，代表性を高めることで自らの正統性を主張していく道への乗り換えが検討される余地はなかっただろう．個別府省庁ごとの分立性の高い人事管理が維持され続けた結果として，官僚制が全体として，路線転換を自ら選択するといったことは，極めて可能性の薄いものとなっていったのである[28]．

戦後の長年の変化の中で，日本の官僚制は人事面での自律性を守りつつ，政策形成について大きな権限委譲を受けてきた．その自律性は，政治の関与の可能性は十分あることを考慮に入れ，制度化と状況に合わせた対応を組み合わせ

---

27) 官僚制もまた自らの正統性を調達しようとする存在であり，そのために情報公開に積極性を見せることがあることについては，Ferejohn（1999）．
　また，上述した日本の司法制度改革において，司法が民主的正統性を高めることを企図していたことについては，牧原（2012, 2013）．そもそも改革以外の時期も含め，日本の司法の行動が人々の評価に規定されていることを示すものとして，西川（2010）．

28) これ以外にも女性の代表性が低いことの背景には，そもそも女性の就労率，とりわけ出産後のそれが落ち込むことに示されるように，民間部門とも共通する雇用，子育て環境に関する多くの課題があることはもちろんのことである．しかし，それならば民間企業以上に，国家公務員の，とりわけ管理職の女性比率が極端に低いのはなぜなのか．むしろ民間企業とは異なり公務員こそ代表性の観点を強く意識すべきなのに，なぜこのような状態になっているのかを説明するのは，本文にあげた要因であると筆者は考えている．

ることによって維持されてきた．官僚制の戦略的対応としてその自律性は得られてきたのである．しかしその結果として，官僚制が取りうる選択肢は狭まっていき，自ら転換をすることもできず，さりとて政治の側も，その非民主的性質を強調し自らと対比させる以外に，積極的に新たな官僚制の姿を構想することもできない状態に陥っていった．政権党や執政にとって有益な存在であるよう努めつつ自律性の確保を図るという戦略が成功しすぎるほどに成功した結果が，世界的に見て特異な，現在の日本の官僚制の姿を生み出したのである．

10 いかなる展望が見出せるのか

10.1 何が明らかになったのか

　現代日本の官僚制を，国際比較の中に位置づけ，従来の姿と近年の変化をデータに基づき描き出す．こうした一連の作業に基盤を与える理論を構築する．これらの課題に本書がどのように取り組んできたのか，簡潔に振り返ろう．

　官僚制とは，選挙によって選出された者から構成されていないという非民主的性格と引き換えに，政策形成に関わる知識や技能を備えうる政府内部の大規模組織である．民主制の下で官僚制がいかなる作動を見せ，政治・社会・経済にいかなる効果を持つのかについては，これまで多くの研究が積み重ねられてきた．しかし，民主制との関係，すなわち政治家がいかに官僚制に働きかけ，官僚制はどのように対応するのかをめぐる研究と，大規模組織としての官僚制，すなわち分業をいかなる単位で構成し，どのようにまとめ上げるのかをめぐる研究は，並列して存在するにすぎなかった．官僚制がいかに形成され，いかなる活動を見せるのかを分析する研究群と，官僚制がいかなる帰結をもたらすのかについての研究も交わることがなかった（第2章）．

　これに対して本書は，第3章で，官僚制の組織編成をめぐる執政と議会のゲームと，そこで形成された官僚制が政策形成を行うにあたって，執政と議会がいかに政治統制を試み，官僚制はいかに技能形成するのかをめぐるゲーム，この二種類を定式化した．組織編成をめぐるゲームについては，分立と統合の程度，換言するとどの程度の省庁を用意して政策領域を細かく分業するかと，どのような統合の主体を設けるか，すなわち執政長官直結の行政中枢，内閣と各省庁，そしてそれらの不在という三つが主たる選択肢となる．そして，議院内閣制と大統領制では，選挙制度が官僚制の組織編成に対して与える影響が異なることがそこから示された．政治統制と技能形成をめぐるゲームについては，議会が権限委譲の制限の決定，執政が人事介入といった統制手段を持ち，それらが官僚制の技能形成に悪影響を与えうるとき，三者はどのような選択を行う

かを考えた．ここから導かれる最も興味深い含意は，政治家たちの政策選好から中立であることによって，技能投資のメリットが小さい場合においても，権限委譲を受けつつ政治介入を回避した自律性を備えた官僚制が成立し，そうした官僚制は技能形成も行うという予測である．

こうした理論モデルの予測について，世界各国の統計データを用いることで，第4章と第5章において検証を行った．分立の程度は省庁や大臣の数を用いて，統合の程度は行政中枢の規模，機能の大きさ，省庁横断的な規制改革や予算改革の程度を用いて，計量的な把握を行った上で，政治制度と政治環境による説明を試みた．議院内閣制の場合は多数代表制の方が分立と統合の程度は高いが，大統領制の場合は比例代表制において，分立の程度が高くなりがちであることを確認した．つぎに，政治統制と技能形成の分析においては，権限委譲を受け，技能形成を行っていることを官僚制の質としてまとめて捉え，それと政治任用の程度について分析を加えた．議院内閣制・比例代表制の組合せが，官僚制の質は最も高くなる傾向にあり，政治任用は大統領制の方で多く見られることなど予測通りの結果を得ることに成功した．

つづいて，いよいよ本書の最大の関心である日本の官僚制に目を転じた．1990年代以降の改革の時代を経て，日本の官僚制の何が変わり，何が変わっていないのかを明らかにすることが，そこでの課題であった．先行研究においては，やはり官僚制をめぐる政治過程に関する研究と，官僚制そのものについての研究，すなわち官僚制の人事管理に関する研究が統合されておらず，行政改革など目につきやすい変革に関心が集まりがちで，恒常的な政治統制や官僚制による技能形成が論じられることは少ないといった状態にある（第6章）．

これに対して本書は，分立の程度が減少し，統合の程度は従来よりも高まっていることを，内閣官房と内閣府の組織的規模のみならず，首相との関係や立法活動，組織形態の変化といった種々の側面から定量的に解明した．そこからは，2000年代以降の統合の程度は，議院内閣制・多数代表制の政治制度から予測されるところには達しておらず，新たな均衡への移動過程にあること，統合の主体を首相とするか内閣とするかは1990年代の改革では詰め切れておらず，自民党政権と民主党政権はそれぞれ異なる統合のスタイルをめざしたこと，第二次以降の安倍政権は，併任を多用することで，各省官僚の内閣官房への吸

い上げを進めており，内閣人事局による人事権の掌握と合わせて，首相による統合を進めたが，これが最終的な均衡とは考えがたいといったことが明らかになった（第 7 章）．

　人事に対する政治介入と官僚制の技能形成についても，政治制度に基づく予測よりも政治任用の程度がより低く，技能形成の程度はより高いという実態が観察される．この乖離は，政治制度に基づく予測では考慮の外に置かれている官民労働市場の流動性の影響と考えられる．流動性の低さは政治任用を低く，技能形成を高くする効果があると理論モデルでは予測されるが，それが日本の官僚制に働いていると考えることができる．さらに，日本の官僚制は，政治との関係を考慮しながら戦略的に行動することで，人事に対する政治関与を防御してきた．長期在任の大臣が見られたかつての大蔵省や通産省では，事務次官交代の間隔の安定化やそれに伴う局長級異動の連結が進められ，同様の動きは，2000 年代以降，さらに多くの府省で散見される．技能形成については，法律職を中心とするジェネラリストが文脈性の強い技能の形成に特化する傾向を，もともと財務省，総務省，外務省などが持っている．この傾向も，2000 年代以降，全体としてさらに強まっている．それは政治的中立性をもたらすことと技能投資の効果を一定程度に抑制することを通じ，権限委譲の拡大と政治任用の回避をもたらしてきたといえる（第 8 章）．

　しかし，こうした政治に対する自律性の確保に傾斜した人事管理の帰結は，統治の質は高いものの，代表性に欠けるという日本の官僚制の特徴にもつながっている．世界各国を対象とした分析では，官僚制の特徴や帰結として，統治の質と代表性の二つの側面が抽出された．これらはともに，官僚制に対する人々の信頼を形成する要因ともなる．日本はとりわけ先進国の中で唯一といっていいほど，統治の質の高さと代表性の低さのアンバランスが顕著であると同時に，官僚制に対する信頼が極めて低い国となっているのである（第 9 章）．

　以上が本書を通じて明らかになった現代日本の官僚制の姿である．他国と比較すれば，日本の官僚制に欠けているのは統治の質ではなく代表性である．それは法案作成に特化することで，中立性を確保するとともに，技能投資の効果を中程度としたことにより，政治任用の極小化と大幅な権限委譲を得てきたことの裏返しである．政治介入の可能性の高さが，とりわけ人事における自律性

確保のための官僚制の対応を生み出している．しかしそれは代表性の犠牲の上に成り立つものであり，人々が官僚制への信頼を持たないことにつながっている．このような姿は，民主的な統制の不足や天下りなどの官僚制の質の問題を強調し，逆に官僚制の代表性を問うことのない，一般に流布する官僚制の像とは異なるだろう．しかし，これが理論とデータの描き出す姿なのである．

こうした本書の議論は，学術的な観点からいえば，行政研究を政治学の中に位置づける試みであったともいえる．それは二つの意味においてである．一つには，行政学の学問としての自律性を確立するために，あたかも政治から切り離された自律的な存在として行政を捉えることをやめるという意味である．意識してか無意識のうちになのかは不明だが，こうした傾向は日本の行政学において一層強い[1]．しかし，行政の実態を捉えることが目標ならば，むしろ政治の影響を正面から捉えるべきである．行政学の政治学に対する学問的自律性は，問いの設定や分析の視点の違いによって築かれるべきもので，分析対象から政治を除くことで達成できるものではない．

もう一つの意味は，政治学標準の分析手法を用いて行政を分析するという意味である．それは一つには本書が用いたような，ゲーム理論や計量分析であるが，もう一つには，適切な分析単位を設定した比較の視点である．これまた日本の行政学により強い傾向として，明示的な二国以上の比較研究，さらに世界中の各国の計量データを用いた比較研究が少ないことがあげられる[2]．日本あるいは他国の一国研究が圧倒的なのである．本書が『現代日本の官僚制』と名乗りつつ，書の半ばを過ぎた第6章に入るまで，日本のことを具体的にはとりあげなかったことを疑問に思う読者は少なくないだろう．しかしこれは，現在の日本における行政についての研究状況を前にして，どのように「現代日本の官僚制」は語られるべきかを考えた結果である．政治学の方法論が進歩しているにもかかわらず，そうしたものに背を向け，実務との距離の近さを求め続け

---

1) 第6章で取り上げた人事についての先行研究などはその典型例である．
2) もちろん，いくつかの研究はある．たとえば，土岐・加藤 (2000)，南 (2009)，山下 (2010)，和足 (2014)．しかし，理論から検証可能な仮説を提示し，各国のデータに基づいて計量分析を行うもの，あるいは理論の検証のために適切な事例を選択するという方法がとられているものは少ない．

ることが，行政学の学としての自律性ではないであろう．本書の試みは，筆者なりの行政学のあり方についての一つの立場の提示である．

10.2 残されている課題は何か

以上が，本書がたどり着いた地平である．ここから見渡すことで，日本の官僚制と世界の官僚制について，いささかの見通しが得られていることを期待しているが，同時に，ここから進むべき道は数多く残されている．本書がやり残した研究上の課題をあげておこう．

理論モデルにおいては，多くの制約をつけたモデリングにとどまっている．組織編成ゲームにおいて執政と議会の関係や選挙制度を二値でしか捉えられていないこと，政治統制・技能形成ゲームにおいても，権限委譲，政治任用，技能形成，事後サンクションのそれぞれの選択肢を二値でしか捉えられていないことに始まり，政治家が保有する統制手段，それらの行使の順序，官僚制が保有する政策形成に関わる選択肢などについて，もっと多くの類型が実際には存在する．本書ではそれぞれ一つに絞り，汎用性が最も広く，筋を追える単純さを備えたモデルの構築を試みたつもりだが，より多くのモデルのバリエーションを検討していくことは，政治的産物としての官僚制の理解を深めていく上で必須の課題だろう．

それを通じてさらなる掘り下げが求められる概念として，「独立性」，「自律性」，「中立性」の三つがある．これら三つは，官僚制の制度的特徴を考える上で欠かすことのできない概念だが，明確性に欠く概念でもある．本書でも概念定義に始まり，プレイヤーの政策選好や選択といった数理モデルの枠組みを用いることで，これらの明確化を図った．それにより，日本の官僚制が，政策選好の位置についての中立性を注意深く保つことで，人事管理への政治の関与を防ぐことも描き出せたといえる．このように，これらの概念は本書の説明の重要な部分をなす．しかしあくまで，組織編成ゲームや政治統制・技能形成ゲームの分析において，議論の整理に有用な限りでこれらの概念を用いるにとどまり，相互の関係の明確化や，その帰結の解明までたどり着けてはいない．

つぎに，実証研究としてはまず，権限委譲や裁量の程度，あるいは官僚制の

備える技能や専門性の程度を的確に把握する指標を，国際比較においても，日本の分析においても，十分に見出すことができなかった．本書ではそれらの近似値と考えうる指標の利用など，何らかの迂回をしながら分析を進めたが，信頼に値する指標の開発，とりわけ理論研究とうまく接合する指標の開発は，官僚制の研究においてまだまだ未開拓の分野である．

　質的なデータとの接合は本書ではほとんど行えていない．日本について二次資料に基づいて若干の検討を行っているが，分析の中心は量的データとなっている．国際比較においては，質的データを用いることがなく，各国個別の事例を見ることができていない．たとえ国際比較において平均的に見て理論モデルの予測が成り立っているとしても，日本の分析が示すように，一国一国の実情がそう簡単に説明されるものではない．より微細な事実に関する質的なデータに基づき，いくつかの国について事例分析を行うことまで手が届かなかったことは，率直に認めざるを得ない本書の限界である．

　日本については，やはり分析に十分に取り込めなかった要素がある．最大のものは，労働市場の流動性の影響である．理論的にはその影響が予測されるのだが，量的データでそれを測定し，その効果を示すことができなかった．政治任用や技能形成についての実態の説明の重要な部分をこの要因に頼りつつも，それを正面から扱えなかったことは，本書の明らかな限界である．政治の論理と組織管理の論理の二つを描き出そうとし，後者を考える際に民間労働市場との関係は中核部分であると考えつつも，理論的にも実証的にも十分にこの要素を扱うことができなかった．

　また，日本の政治環境による時系列分析も，十分満足のいく結果が得られたとはいいがたい．観測対象を全ての府省庁に広げてデータを充実させること，それぞれの府省庁が置かれている政治環境を的確に把握できる指標を開発すること，時系列・クロスセクションデータの統計分析手法を適切に用いること，これらのいずれの点についても課題が残っている．

　ジェネラリストとスペシャリストの意味についても，さらなる検討が必要である．これまでの研究においてはスペシャリストが体現する専門性の獲得を技能投資の典型と捉えることが多く，本書もそれに沿って議論を進めた．しかし，ジェネラリストもまた，文脈型技能という別種の技能への投資を行っていると

捉えるべきである．第3章のモデルでは技能投資の効果と取得費用を分けて考えたにもかかわらず，それらと技能のタイプ，すなわち専門性に基づく技能と文脈型技能の関係をつめきることができなかった．また，政策内容への拘りの強さという点も含めて，熱中家・忌避者とジェネラリスト・スペシャリストの関係も未解明である．この点は，日本の官僚制の特徴の解明という点でも，それに基づく理論的な貢献という点でも，大きな可能性を有している．

残る課題を拾い上げれば，リストはまだまだ続くが，今後の研究を発展させる上で重要であり，筆者が期待をかけている主な点としては以上のものとなる．

10.3　日本の官僚制をどうデザインするのか

日本の官僚制の実態を描く本書の試みは以上の通りである．以下では，この分析結果をもとに，今後の日本の官僚制がどのような道筋をたどり，どのような姿を見せるのか，若干の展望を述べたい．論点は大きく分けて，政治の側から見た官僚制と，官僚制そのものについての二つである．

2000年代以降の政党政治の中からは，「政治主導」や「決められる政治」というキャッチフレーズ以上に，官僚制のデザインについて詳細な構想が提示されることはなかった．そうであっても，本書が示したような方向性の違いは存在していたが，それは明示的に各政権によって示されていたわけではない．民主党政権は国家戦略局構想などを具体的に示しはしたが，分立と統合をどのように設計しようとするのか，権限委譲や人事介入はどのような形を取り，どのような技能を備えた官僚制を育てていこうとするのかといった点まで見通していたわけではない．自民党政権はましてこれらの点については寡黙である．今後も当面のところ，これらの論点が正面から取り上げられることはないであろう．大きな制度改革に乗り出す余裕もなければ，このような官僚制のデザインが選挙戦の争点に浮かび上がることもまずないからである．

しかしそれでは，第二次以降の安倍政権が採用している各省官僚制を内閣官房に吸い上げる形での政策形成と内閣人事局による人事の掌握という方向が，最終的な落ち着き先なのかといえば，そうではないであろう．それは，議院内閣制・多数代表制という政治制度が予定する分立・統合の双方が高い形態とは

いいがたいからである．国際比較の第4章で明らかにしたように，現在の行政中枢が担う機能は，総合管理であったりマルチレベルの調整であったり，これまでの古典的な執政補佐から大きく踏み出してきている．現在の日本の内閣官房はそうした姿には遠い．一方では内閣官房が果たすべき機能を，他国の動向をも参照しながら構築し直し，他方では政策形成の活動を各省に戻していくことが，そこに至る道であろう．内閣官房・内閣府の見直し法の成立はそうした方向性への一歩なのかもしれないが，これで十分とは言い難い．今後もこの道を歩むかどうかはわからない．しかしそうしない限り，分立した上で統合することの利点を生かすことはできない．議院内閣制・多数代表制と整合的な官僚制が完成することもなく，不安定な非均衡状態が続くことになるであろう．

つぎに官僚制については，人事の自律性を確保するために，ジェネラリストによる文脈型技能形成を重視してきたことと，それも一つの要因となって代表性の低い官僚制となってきたことが，今後，変容するかが焦点となる．戦後日本の官僚制が，族議員と大臣という複数のプリンシパルを持ち，幅広い権限委譲を受けつつ，人事についての自律性を持っていたという謎を解く鍵が，配置転換の制度化による介入の防御と，政策選好の中立化と技能投資の利益が中程度にとどまることを可能としたジェネラリストの性質であった．ジェネラリストによる文脈型技能は，政府特殊技能であり，同時に，省庁の政策選好を固定化しないという機能を持っていたのである．

しかし対政治家を意識して，強い人事管理の制度化と法案策定能力に磨きをかけることの裏面は，社会の人々に対する意識の弱さだったのではないか．官僚制は自らの人事のあり方を広く人々に説明し，理解を得ることに失敗してきた．たとえば，必ずしも自分たちの利権のためだけではなく，アップ・オア・アウト原則という人事管理上の必要から「天下り」が必要だったとしても，それを人々に理解してもらうことは難しい．また，極めて低い比率しか女性官僚が存在していないことは，少なくともそれを改善するために有効な方策をとることができていないことを意味する．そこに明確な意図がなかったとしても，やはり女性が官僚制に代表されていると人々が考えることは難しいだろう．政府が抱えるさまざまな課題や犯してきた多くの失敗を前にして，官僚制がスケープゴートにされたことは否めないが，そうなる素地が官僚制の側にあったこ

とも否定しがたい事実なのではないか．

　結果として，日本の官僚制に対して，「政治主導」の旗印の下に種々の改革が試みられていく際，官僚制からの異議申し立てが人々に聞き入れられる余地は少なかった．日本の官僚制は政治に対して政策形成能力以外の対抗原理を持ってこなかった．人々の間に，その政策形成能力への評価が失われたとき，官僚制の支持者が失われることもまた当然であろう．しかし，統治機構の一部である以上，たとえば司法部門ですら，人々の評価に注意を払い，時としてその代表性を高める手段をとることもある．官僚制だけがその例外ではあり得ない．官僚制が複数の正統性原理を注意深く養う方向に舵を切れるのか，人々がそれを受け止められるのか．それが今後の日本の官僚制の姿を大きく変えるだろう．

　官僚制というものは，古今東西を問わず，非難の言葉を浴び続ける．しかし官僚制の正統性が認められず，その機能を果たすことができないことは，政治にとっても，一般の人々にとっても，決して満足のいく結果を生まない．日本の官僚制が立法において果たしてきた役割や各国の統治の質の違いなどさまざまな分析を通じて，本書はそのことを示してきた．官僚制と政治との関係は決してどちらかが勝者となり，他方が敗者となるような関係ではない．官僚制と人々の関係もまた同じである．日本の官僚制が高い統治の質と代表性を兼ね備え，人々の信頼を得る存在となる日が来ること，そして本書がその一助となることを筆者は強く期待している．

参考文献

秋吉貴雄．2007．『公共政策の変容と政策科学：日米航空輸送産業における 2 つの規制改革』有斐閣．
阿部昌樹．2009．「司法制度改革の必要性を語る言説」久米郁男編『専門知と政治』早稲田大学出版部．
飯尾潤．2007．『日本の統治構造：官僚内閣制から議院内閣制へ』中央公論新社．
──．2011．「内閣・官僚制：統治能力の向上問われる」佐々木毅・清水真人編『ゼミナール　現代日本政治』日本経済新聞出版社．
──．2015．「日本：統治構造改革の到達点と課題」佐々木毅編『21 世紀デモクラシーの課題：意思決定構造の比較分析』吉田書店．
五十嵐吉郎．2013．「内閣官房，内閣府の現在：中央省庁等改革から 13 年目を迎えて」『立法と調査』347: 54-79．
池田謙一．2010．「行政に対する制度信頼の構造」『年報政治学』2010 (1): 11-30．
出雲明子．2014．『公務員制度改革と政治主導：戦後日本の政治任用制』東海大学出版部．
井田敦彦．2013a．「国家公務員制度改革の経緯と論点」『調査と情報』765: 1-11．
──．2013b．「内閣人事局をめぐる経緯と論点」『レファレンス』2013 (10): 125-35．
──．2014．「国家公務員制度改革の経緯と論点（第 2 版）」『調査と情報』812: 1-11．
市川喜崇．2012．『日本の中央－地方関係：現代型集権体制の起源と福祉国家』法律文化社．
伊藤信博．2010．「国家公務員制度改革の経緯と動向」『調査と情報』671: 1-9．
伊藤正次．2012．「統治機構：内閣主導体制の理想と現実」森田朗・金井利之編『政策変容と制度設計：政界・省庁再編前後の行政』ミネルヴァ書房．
──．2016．「行政学から見た日本国憲法と憲法学：執政権説の検討を中心に」『法律時報』88 (1): 92-98．
伊藤光利．2007．「官邸主導型政策決定システムにおける政官関係：情報非対称性縮減の政治」『年報行政研究』42: 32-59．
伊藤光利・宮本太郎．2014．『民主党政権の挑戦と挫折：その経験から何を学ぶか』日本経済評論社．
稲継裕昭．1996．『日本の官僚人事システム』東洋経済新報社．
──．2003．「公務員制度改革：ニュージーランド，英国そして日本」『年報行政研究』38: 44-62．

上神貴佳・堤英敬編．2011．『民主党の組織と政策：結党から政権交代まで』東洋経済新報社．
内山融．1998．『現代日本の国家と市場：石油危機以降の市場の脱〈公的領域〉化』東京大学出版会．
———．2007．『小泉政権：「パトスの首相」は何を変えたのか』中央公論新社．
———．2012．「小泉純一郎の時代：歴史と個性の政治学試論」飯尾潤・苅部直・牧原出編『政治を生きる：歴史と現代の透視図』中央公論新社．
大田弘子．2010．『改革逆走』日本経済新聞出版社．
大嶽秀夫．1994．『自由主義的改革の時代：1980年代前期の日本政治』中央公論社．
———．2006．『小泉純一郎 ポピュリズムの研究：その戦略と手法』東洋経済新報社．
大森彌．2006．『官のシステム』東京大学出版会．
大山耕輔．2010．「行政信頼の政府側と市民側の要因：世界価値観調査2005年のデータを中心に」『年報政治学』2010 (1): 31-48.
大山礼子．2011．『日本の国会：審議する立法府へ』岩波書店．
奥健太郎・河野康子編．2015．『自民党政治の源流：事前審査制の史的検証』吉田書店．
加藤淳子．1995．「政策知識と政官関係：1980年代の公的年金制度改革，医療保険制度改革，税制改革をめぐって」『年報政治学』1995: 107-34.
上川龍之進．2010．『小泉改革の政治学：小泉純一郎は本当に「強い首相」だったのか』東洋経済新報社．
川手摂．2005．『戦後日本の公務員制度史：「キャリア」システムの成立と展開』岩波書店．
川人貞史．2005．『日本の国会制度と政党政治』東京大学出版会．
———．2015．『議院内閣制』東京大学出版会．
菅直人．2009．『大臣　増補版』岩波書店．
菊池正史．2013．『官房長官を見れば政権の実力がわかる』PHP研究所．
木寺元．2012a．「「脱官僚依存」と「内閣一元化」の隘路：「前の調整」・「後ろの調整」・「横の調整」」御厨貴編『「政治主導」の教訓：政権交代は何をもたらしたのか』勁草書房．
———．2012b．『地方分権改革の政治学：制度・アイディア・官僚制』有斐閣．
黒須卓．2012．「国土交通省の内外でおこったこと：「脱官僚」の現場から」御厨貴編『「政治主導」の教訓：政権交代は何をもたらしたのか』勁草書房．
小池治．2010．「アジアにおける政府の信頼と行政改革」『年報政治学』2010 (1): 49-67.
古賀茂明．2011．『日本中枢の崩壊』講談社．
小林悠太．2016．「内閣府における事務局機能の変遷：官僚集団の特性に着目して」『季刊行政管理研究』153: 34-46.

佐々木毅編. 1999.『政治改革1800日の真実』講談社.
佐藤誠三郎・松崎哲久. 1986.『自民党政権』中央公論社.
佐脇紀代志. 2012.「政権交代・政治主導と官僚組織の「応答性」」御厨貴編『「政治主導」の教訓：政権交代は何をもたらしたのか』勁草書房.
信田智人. 2013.『政治主導 vs. 官僚支配：自民政権，民主政権，政官20年闘争の内幕』朝日新聞出版.
清水真人. 2013.『消費税：政と官との「十年戦争」』新潮社.
——. 2015.『財務省と政治：「最強官庁」の虚像と実像』中央公論新社.
清水唯一朗. 2007.『政党と官僚の近代：日本における立憲統治構造の相克』藤原書店.
——. 2013.『近代日本の官僚：維新官僚から学歴エリートへ』中央公論新社.
下村太一. 2011.『田中角栄と自民党政治：列島改造への道』有志舎.
城山英明・細野助博編. 2002.『続・中央省庁の政策形成過程：その持続と変容』中央大学出版部.
新藤宗幸. 2004.「日本官僚制の改革と政治的任命職」『レヴァイアサン』34: 39-52.
——. 2012.『政治主導：官僚制を問いなおす』筑摩書房.
善教将大. 2013.『日本における政治への信頼と不信』木鐸社.
曽我謙悟. 1998-2000a.「アーバン・ガバナンスの比較分析：英仏日の都市空間管理を中心に (1)〜(6・完)」『国家学会雑誌』111 (7/8): 1-75, 112 (1/2): 61-150, 112 (5/6): 35-112, 112 (9/10): 1-85, 113 (1/2): 34-98, 113 (3/4): 1-68.
——. 1998-2000b.「日本のアーバン・ガバナンス：1980年代の東京都の都市空間管理 (1)〜(5・完)」『阪大法学』48 (5): 31-92, 49 (1): 125-88, 49 (5): 1-38, 49 (6): 1-52, 50 (1): 67-108.
——. 2008.「官僚制人事の実証分析：政権党による介入と官僚制の防御」『季刊行政管理研究』122: 17-34.
——. 2012.「官僚制と民主制：数理モデルと計量分析による多数国比較を通じて」『日本比較政治学会年報』14: 58-88.
——. 2013.『行政学』有斐閣.
——. 2015.「選挙アカウンタビリティの構造：数理モデルによる解明」高橋百合子編『アカウンタビリティ改革の政治学』有斐閣.
——. 2016.「官僚制研究の近年の動向：エージェンシー理論・組織論・歴史的制度論 (上) (下・完)」『季刊行政管理研究』154: 3-15, 156: 4-15.
高橋洋. 2009a.『イノベーションと政治学：情報通信革命〈日本の遅れ〉の政治過程』勁草書房.
——. 2009b.「内閣官房の組織拡充：閣議事務局から政策の総合調整機関へ」御厨貴編『変貌する日本政治：90年代以後「変革の時代」を読みとく』勁草書房.
——. 2010.「内閣官房の研究：副長官補室による政策の総合調整の実態」『年報行政研

究』45: 119-38.
高安健将. 2009. 『首相の権力：日英比較からみる政権党とのダイナミズム』創文社.
竹中治堅. 2006. 『首相支配：日本政治の変貌』中央公論新社.
——. 2010. 『参議院とは何か 1947～2010』中央公論新社.
——. 2013. 「民主党政権と日本の議院内閣制」飯尾潤編『政権交代と政党政治』中央公論新社.
竹中平蔵. 2006. 『構造改革の真実：竹中平蔵大臣日誌』日本経済新聞社.
建林正彦. 2004. 『議員行動の政治経済学：自民党支配の制度分析』有斐閣.
田中一昭・岡田彰編. 2000. 『中央省庁改革：橋本行革が目指した「この国のかたち」』日本評論社.
田辺国昭. 1993. 「行政組織における人事異動：一つのリサーチ・プログラム」『法学』57 (2): 1-89.
千々和泰明. 2015. 『変わりゆく内閣安全保障機構：日本版 NSC 成立への道』原書房.
築島尚. 2006. 「キャリアの人事制度と官僚制の自律性」『岡山大学法学会雑誌』55 (2): 285-323.
——. 2011. 「厚生省におけるキャリア官僚の人事制度」『岡山大学法学会雑誌』61 (2): 304-58.
辻清明. 1969. 『新版 日本官僚制の研究』東京大学出版会.
——. 1991. 『公務員制の研究』東京大学出版会.
辻隆夫. 2009. 「中央省庁再編と公務員人事」『早稲田社会科学総合研究』9 (3): 53-69.
土岐寛・加藤普章編. 2000. 『比較行政制度論』法律文化社.
中北浩爾. 2014. 『自民党政治の変容』NHK 出版.
南京兌. 2009. 『民営化の取引費用政治学：日本・英国・ドイツ・韓国４ヶ国における鉄道民営化の比較研究』慈学社出版.
西尾隆. 2003. 「公務員制度改革と「霞ヶ関文化」」『年報行政研究』38: 22-43.
西尾勝. 1990. 『行政学の基礎概念』東京大学出版会.
——. 2001. 『行政学 新版』有斐閣.
西川伸一. 2000. 『立法の中枢 知られざる官庁内閣法制局』五月書房.
——. 2010. 「最高裁における「信頼」の文脈：「裁判所時報」における最高裁長官訓辞・あいさつにみる」『年報政治学』2010 (1): 107-26.
根元邦朗・濱本真輔. 2013. 「選挙制度改革による立法行動の変容：質問主意書と議員立法」『レヴァイアサン』52: 116-42.
野中尚人. 1995. 『自民党政権下の政治エリート：新制度論による日仏比較』東京大学出版会.
——. 2005. 「高級行政官僚の人事システムについての日仏比較と執政中枢論への展望」『日本比較政治学会年報』7: 165-228.

―――. 2008. 『自民党政治の終わり』筑摩書房.
橋本信之. 2005. 『サイモン理論と日本の行政：行政組織と意思決定』関西学院大学出版会.
長谷川幸洋. 2008. 『官僚との死闘 700 日』講談社.
秦郁彦編. 2001. 『日本官僚制総合事典 1868-2000』東京大学出版会.
塙和也. 2013. 『自民党と公務員制度改革』白水社.
濱本真輔. 2007. 「選挙制度改革と自民党議員の政策選好：政策決定過程変容の背景」『レヴァイアサン』41: 74-96.
早川征一郎. 1997. 『国家公務員の昇進・キャリア形成』日本評論社.
原英史. 2010. 『官僚のレトリック：霞ヶ関改革はなぜ迷走するのか』新潮社.
原田久. 1997. 「比較のなかの政官関係論・序説」『アドミニストレーション』4 (2): 69-118.
―――. 2003a. 「公務員制度改革と政府体系」『アドミニストレーション』9 (3/4): 5-20.
―――. 2003b. 「公務員制度改革過程における二つの変容」安藤高行・大隈義和編『新世紀の公法学』法律文化社.
彦谷貴子，マルガリータ・エステベス＝アベ. 2008. 「「外向的」なリーダーの時代：制度改革とインセンティブ（選好）・ケイパビリティー（能力）」曽根泰教・大山耕介編『日本の民主主義：変わる政治，変わる政治学』慶應義塾大学出版会.
藤田由紀子. 2008. 『公務員制度と専門性：技術系行政官の日英比較』専修大学出版局.
古川貞二郎. 2005. 「総理官邸と官房の研究：体験に基づいて」『年報行政研究』40: 2-23.
―――. 2015. 『私の履歴書』日本経済新聞出版社.
星浩. 2014. 『官房長官　側近の政治学』朝日新聞出版.
前田健太郎. 2014. 『市民を雇わない国家：日本が公務員の少ない国へと至った道』東京大学出版会.
前田幸男・堤英敬編. 2015. 『統治の条件：民主党に見る政権運営と党内統治』千倉書房.
牧原出. 2003. 『内閣政治と「大蔵省支配」：政治主導の条件』中央公論新社.
―――. 2005. 「戦後日本の「内閣官僚」の形成」『年報政治学』2004: 47-66.
―――. 2009. 『行政改革と調整のシステム』東京大学出版会.
―――. 2010. 「政策決定過程の変容と官僚ネットワークの攻防」『都市問題』101 (4): 63-71.
―――. 2012. 「「部分社会」と「象牙の塔」：三淵忠彦と田中耕太郎」飯尾潤・苅部直・牧原出編『政治を生きる：歴史と現代の透視図』中央公論新社.
―――. 2013. 『権力移行：何が政治を安定させるのか』NHK 出版.
―――. 2016. 『「安倍一強」の謎』朝日新聞出版.

舛添要一．2009．『舛添メモ：厚労官僚との闘い752日』小学館．
益田直子．2010．『アメリカ行政活動検査院：統治機構における評価機能の誕生』木鐸社．
増山幹高．2002．「議事運営と行政的自律」『レヴァイアサン』30: 41-66.
———．2003．『議会制度と日本政治：議事運営の計量政治学』木鐸社．
———．2015．『立法と権力分立』東京大学出版会．
待鳥聡史．2008．「官邸主導の成立と継続：首相動静データからの検討」『レヴァイアサン』43: 22-43.
———．2012．『首相政治の制度分析：現代日本政治の権力基盤形成』千倉書房．
———．2013．「民主党政権下における官邸主導：首相の面会データから考える」飯尾潤編『政権交代と政党政治』中央公論新社．
———．2015a．「官邸権力の変容：首相動静データの包括的分析を手がかりに」『選挙研究』31 (2): 19-31.
———．2015b．『代議制民主主義：「民意」と「政治家」を問い直す』中央公論新社．
松下圭一．1998．『政治・行政の考え方』岩波書店．
真渕勝．1997a．『大蔵省はなぜ追いつめられたのか』中央公論社．
———．1997b．「省庁再編：橋本行革の終わり」『中央公論』1997 (12): 42-54.
———．1999a．「変化なき改革，改革なき変化：行政改革研究の新アプローチ」『レヴァイアサン』24: 7-24.
———．1999b．「行政改革研究の展望」『年報行政研究』34: 87-103.
———．2006．「官僚制の変容：萎縮する官僚」村松岐夫・久米郁男編『日本政治変動の30年：政治家・官僚・団体調査に見る構造変容』東洋経済新報社．
真山達志．2002．「中央省庁・公務員制度の再編」今村都南雄編『日本の政府体系：改革の過程と方向』成文堂．
御厨貴．2006．『ニヒリズムの宰相小泉純一郎論』PHP研究所．
御厨貴・牧原出・佐藤信．2013．『政権交代を超えて：政治改革の20年』岩波書店．
水谷三公．1992．『江戸は夢か』筑摩書房．
———．1999．『官僚の風貌』中央公論新社．
三角政勝・柴崎直子．2011．「充実強化を目指す議会等の財政評価機能：OECD諸国の議会スタッフ会議に参加して」『立法と調査』321: 89-112.
村上裕一．2016．『技術基準と官僚制：変容する規制空間の中で』岩波書店．
村松岐夫．1981．『戦後日本の官僚制』東洋経済新報社．
———編．2008．『公務員制度改革：米・英・独・仏の動向を踏まえて』学陽書房．
———．2010．『政官スクラム型リーダーシップの崩壊』東洋経済新報社．
村松岐夫・久米郁男編．2006．『日本政治　変動の30年：政治家・官僚・団体調査に見る構造変容』東洋経済新報社．

森裕城・久保慶明. 2014.「データからみた利益団体の民意表出：有権者調査・利益団体調査・圧力団体調査の分析」『年報政治学』2014（1）: 200-24.
山岸俊男. 1998.『信頼の構造：こころと社会の進化ゲーム』東京大学出版会.
山口二郎. 1995.「現代日本の政官関係：日本型議院内閣制における政治と行政を中心に」『年報政治学』1995: 151-72.
――. 2007.『内閣制度』東京大学出版会.
山下茂. 2010.『体系比較地方自治』ぎょうせい.
読売新聞政治部. 2005.『自民党を壊した男　小泉政権1500日の真実』新潮社.
――. 2008.『真空国会：福田「漂流政権」の真相』新潮社.
――. 2010.『民主党　迷走と裏切りの300日』新潮社.
読売新聞「民主イズム」取材班. 2011.『背信政権』中央公論新社.
雷新軍. 2003.『日本の経済発展における政府の役割：産業政策の展開過程の分析』専修大学出版局.
笠京子. 2012.「自民党政権の崩壊と公務員制度改革」『年報政治学』2012（1）: 89-113.
和田洋典. 2011.『制度改革の政治経済学：なぜ情報通信セクターと金融セクターは異なる道をたどったか？』有信堂.
和足憲明. 2014.『地方財政赤字の実証分析：国際比較における日本の実態』ミネルヴァ書房.

Amorim Neto, Octavio, and David Samuels. 2011. "Democratic Regimes and Cabinet Politics: A Global Perspective." *Revista Ibero-Americana de Estudos Legislativos* 1 (1): 10-23.
Aoki, Masahiko. 2001. *Towards a Comparative Institutional Analysis*. MIT Press（瀧澤弘和・谷口和弘訳『比較制度分析に向けて』NTT出版，2001年）.
Beck, Thorsten, George Clark, Alberto Groff, Philip Keefer, and Patrick Walsh. 2001. "New Tools in Comparative Political Economy: The Database of Political Institutions." *World Bank Economic Review* 15: 165-76.
Bendor, Jonathan, and Adam Meirowitz. 2004. "Spatial Models of Delegation." *American Political Science Review* 98 (2): 293-310.
Bertelli, Anthony Michael. 2012. *The Political Economy of Public Sector Governance*. Cambridge University Press.
Bertelli, Anthony Michael, and Sven E. Feldmann. 2006. "Strategic Appointments." *Journal of Public Administration Research and Theory* 17: 19-38.
Boix, Carles, and Susan C. Stokes. 2003. "Endogenous Democratization." *World Politics* 55: 517-49.
Bormann, Nils-Christian, and Matt Golder. 2013. "Democratic Electoral Systems around

the World, 1946-2011." *Electoral Studies* 32 (2): 360-9.
Bueno de Mesquita, Ethan, and Matthew C. Stephenson. 2007. "Regulatory Quality under Imperfect Oversight." *American Political Science Review* 101 (3): 605-20.
Calder, Kent E. 1988. *Crisis and Compensation: Public Policy and Political Stability in Japan, 1949-1986*. Princeton University Press（淑子カルダー訳『自民党長期政権の研究：危機と補助金』文芸春秋社，1989年）.
Callander, Steven. 2008. "A Theory of Policy Expertise." *Quarterly Journal of Political Science* 3 (2): 123-40.
―. 2011. "Searching for Good Policies." *American Political Science Review* 105 (4): 643-62.
Callander, Steven, and Keith Krehbiel. 2014. "Gridlock and Delegation in a Changing World." *American Journal of Political Science* 58 (4): 819-34.
Campbell, John Creighton. 1977. *Contemporary Japanese Budget Politics*. University of California Press（真渕勝監訳『自民党政権の予算編成』勁草書房，2014年）.
Carpenter, Daniel P. 2001. *The Forging of Bureaucratic Autonomy: Reputations, Networks, and Policy Innovation in Executive Agencies, 1862-1928*. Princeton University Press.
―. 2003. "Why Do Bureaucrats Delay? Lessons from a Stochastic Optimal Stopping Model of Agency Timing, with Application to the FDA." In *Politics, Policy, and Organizations: Frontiers in the Scientific Study of Bureaucracy*, ed. George. A. Krause and Kenneth J. Meier. University of Michigan Press.
―. 2010. *Reputation and Power: Organizational Image and Pharmaceutical Regulation at the FDA*. Princeton University Press.
Carpenter, Daniel P., and David E. Lewis. 2004. "Political Learning from Rare Events: Poisson Inference, Fiscal Constraints, and the Lifetime of Bureaus." *Political Analysis* 12 (3): 201-32.
Carpenter, Daniel P., Susan I. Moffitt, Colin D. Moore, Ryan T. Rynbrandt, Michael M. Ting, Ian Yohai, and Evan James Zucker. 2009. "Early Entrant Protection in Approval Regulation: Theory and Evidence from FDA Drug Review." *Journal of Law, Economics, and Organization* 26: 515-45.
Chuaire, Maria Franco, Carlos Scartascini, Heather Berkman, Diego Focanti, Ernesto Stein, and Mariano Tommasi. 2013. "Political Institutions, State Capabilities, and Public Policy: An International Dataset. 2013 Update." Inter-American Development Bank.
Clinton, Joshua D., David E. Lewis, and Jennifer L. Selin. 2014. "Influencing the Bureaucracy: The Irony of Congressional Oversight." *American Journal of Political Science*

58 (2): 387-401.
Colomer, Josep. 2001. *Political Institutions: Democracy and Social Choice*. Oxford University Press.
Dahlström, Carl, Jan Teorell, and Stefan Dahlberg. 2011. "The QoG Expert Survey Dataset." University of Gotherburg, Quality of Government Institute.
Dahlström, Carl, Victor Lapuente, and Jan Teorell. 2012. "The Merit of Meritocratization: Politics, Bureaucracy, and the Institutional Deterrents of Corruption." *Political Research Quarterly* 65 (3): 656-68.
de Figueiredo, Rui J. P., Jr. 2002. "Electoral Competition, Political Uncertainty, and Policy Insulation." *American Political Science Review* 96 (2): 321-33.
Dessein, Wouter. 2002. "Authority and Communication in Organizations." *The Review of Economic Studies* 69 (4): 811-38.
Duvanova, Dinissa. 2012. "Bureaucratic Discretion and the Regulatory Burden: Business Environments under Alternative Regulatory Regimes." *British Journal of Political Science* 42 (3): 573-96.
Epstein, David, and Sharyn O'Halloran. 1994. "Administrative Procedures, Information, and Agency Discretion." *American Journal of Political Science* 38: 697-722.
——. 1995. "A Theory of Strategic Oversight: Congress, Lobbyists, and the Bureaucracy." *Journal of Law, Economics, and Organization* 11: 227-55.
——. 1996. "Divided Government and the Design of Administrative Procedures: A Formal Model and Empirical Test." *Journal of Politics* 58: 373-97.
——. 1999. *Delegating Powers: A Transaction Cost Politics Approach to Policy Making under Separate Powers*. Cambridge University Press.
Evans, Peter B., and James E. Rauch. 1999. "Bureaucracy and Growth: A Cross-National Analysis of the Effects of Weberian State Structures on Economic Growth." *American Sociological Review* 64: 748-65.
Ferejohn, John A. 1999. "Accountability and Authority: Toward a Theory of Political Accountability." In *Democracy, Accountability, and Representation*, ed. Adam Przeworski, Susan C. Stokes, and Bernard Manin. Cambridge University Press.
Fish, M. Steven, and Matthew Kroenig. 2009. *The Handbook of National Legislatures: A Global Survey*. Cambridge University Press.
Frederickson, H. George. 1980. *New Public Administration*. University of Alabama Press（中村陽一監訳『新しい行政学』中央大学出版部, 1987 年).
Friedman, David. 1988. *Misunderstood Miracle*. Cornell University Press（丸山恵也訳『誤解された日本の奇跡』ミネルヴァ書房, 1992 年).
Friedrich, Carl Joachim. 1940. "Public Policy and the Nature of Administrative Respon-

sibility." *Public Policy: A Yearbook of the Graduate School of Public Administration.* Harvard University.

Fujimura, Naofumi. 2015. "The Influence of Electoral Institutions on Legislative Representation: Evidence from Japan's Single Non-transferable Vote and Single-Member District Systems." *Party Politics* 21 (2): 209-21.

Gailmard, Sean. 2002. "Expertise, Subversion, and Bureaucratic Discretion." *Journal of Law, Economics, and Organization* 18: 536-55.

───. 2009. "Multiple Principals and Oversight of Bureaucratic Policy-Making." *Journal of Theoretical Politics* 21 (2): 161-86.

───. 2010. "Politics, Principal-Agent Problems, and Public Service Motivation." *International Public Management Journal* 13 (1): 35-45.

Gailmard, Sean, and John W. Patty. 2007. "Slackers and Zealots: Civil Service, Policy Discretion, and Bureaucratic Expertise." *American Journal of Political Science* 51 (4): 873-89.

───. 2013a. "Stovepiping." *Journal of Theoretical Politics* 25 (3): 388-411.

───. 2013b. *Learning While Governing: Expertise and Accountability in the Executive Branch.* University of Chicago Press.

Gerring, John, and Strom C. Thacker. 2008. *A Centripetal Theory of Democratic Governance.* Cambridge University Press.

Gilligan, Thomas W., and Keith Krehbiel. 1987. "Collective Decisionmaking and Standing Committees: An Informational Rationale for Restrictive Amendment Procedures." *Journal of Law, Economics, and Organization* 3: 287-335.

───. 1989. "Asymmetric Information and Legislative Rules with a Heterogeneous Committee." *American Journal of Political Science* 33: 459-90.

───. 1990. "Organization of Informative Committees by a Rational Legislature." *American Journal of Political Science* 34: 531-64.

Golden, Miriam A. 2003. "Electoral Connections: The Effects of the Personal Vote on Political Patronage, Bureaucracy and Legislation in Postwar Italy." *British Journal of Political Science* 33: 189-212.

Hall, Peter A., and David Soskice. 2001. *Varieties of Capitalism: The Institutional Foundation of Comparative Advantage.* Oxford University Press（遠山弘徳・安孫子誠男・山田鋭夫・宇仁宏幸・藤田菜々子訳『資本主義の多様性：比較優位の制度的基礎』ナカニシヤ出版，2007年）.

Hayo, Bernd, and Stefan Voigt. 2013. "Endogenous Constitutions: Politics and Politicians Matter, Economic Outcomes Don't." *Journal of Economic Behavior & Organization* 88: 47-61.

Horn, Murray J. 1995. *The Political Economy of Public Administration: Institutional Choice in the Public Sector*. Cambridge University Press.

Howell, William G. 2003. *Power without Persuasion: The Politics of Direct Presidential Action*. Princeton University Press.

Huber, Gregory A. 2007. *The Craft of Bureaucratic Neutrality*. Cambridge University Press.

Huber, John D., and Charles R. Shipan. 2002. *Deliberate Discretion? The Institutional Foundations of Bureaucratic Autonomy*. Cambridge University Press.

Iversen, Torben. 2005. *Capitalilsm, Democracy, and Welfare*. Cambridge University Press.

Johnson, Chalmers. 1982. *MITI and the Japanese Miracle: The Growth of Industrial Policy 1925-1975*. Stanford University Press（矢野俊比古監訳『通産省と日本の奇跡』TBS ブリタニカ，1982 年）.

Johnson, Joel W., and Jessica S. Wallack. 2012. "Electoral Systems and the Personal Vote." Harvard Dataverse.

Johnson, Ronald N., and Gary D. Libecap. 1994. *The Federal Civil Service System and the Problem of Bureaucracy: The Economics and Politics of Institutional Change*. University of Chicago Press.

Jung, Jai Kwan, and Christopher J. Deering. 2015. "Constitutional Choices: Uncertainty and Institutional Design in Democratising Nations." *International Political Science Review* 36（1）: 60-77.

Kato, Junko. 1994. *The Problem of Bureaucratic Rationality: Tax Politics in Japan*. Princeton University Press.

Kettl, Donald F. 2008. *The Next Government of the United States: Why Our Institutions Fail Us and How to Fix Them*. W. W. Norton（稲継裕昭監訳，浅尾久美子訳『なぜ政府は動けないのか：アメリカの失敗と次世代型政府の構想』勁草書房，2011 年）.

Krause, George A. 1996. "The Institutional Dynamics of Policy Administration: Bureaucratic Influence over Securities Regulation." *American Journal of Political Science* 40: 1083-121.

――. 1999. *A Two-Way Street: The Institutional Dynamics of the Modern Administrative State*. University of Pittsburgh Press.

――. 2003a. "Agency Risk Propensities Involving the Demand for Bureaucratic Discretion." In *Politics, Policy, and Organizations: Frontiers in the Scientific Study of Bureaucracy*, ed. George A. Krause and Kenneth J. Meier. University of Michigan Press.

――. 2003b. "Coping with Uncertainty: Analyzing Risk Propensities of SEC Budgetary

Decisions, 1949-97." *American Political Science Review* 97: 171-88.
――. 2006. "Beyond the Norm: Cognitive Biases and the Behavioral Underpinnings of US Federal Agency Macroeconomic Forecasts." *Rationality and Society* 18: 157-91.
――. 2009. "Organizational Complexity and Coordination Dilemmas in U.S. Executive Politics." *Presidential Studies Quarterly* 39: 74-88.
Krause, George A., and J. Kevin Corder. 2007. "Explaining Bureaucratic Optimism: Theory and Evidence from U.S. Executive Agency Macroeconomic Forecasts." *American Political Science Review* 101: 129-42.
Krause, George A., and James W. Douglas. 2005. "Institutional Design versus Reputational Effects on Bureaucratic Performance: Evidence from U.S. Government Macroeconomic and Fiscal Projections." *Journal of Public Administration Research and Theory* 15: 281-306.
Krause, George A., David E. Lewis, and James W. Douglas. 2006. "Political Appointments, Civil Service Systems, and Bureaucratic Competence: Organizational Balancing and Executive Branch Revenue Forecasts in the American States." *American Journal of Political Science* 50: 770-87.
Krauss, Ellis S. 2000. *Broadcasting Politics in Japan: NHK and Television News*. Cornell University Press（村松岐夫監訳『NHK vs 日本政治』東洋経済新報社，2006 年）.
Krehbiel, Keith. 1991. *Information and Legislative Organization*. University of Michigan Press.
Laver, Michael, and Kenneth A. Shepsle. 1996. *Making and Breaking Governments*. Cambridge University Press.
Lewis, David E. 2003. *Presidents and the Politics of Agency Design: Political Insulation in the United States Government Bureaucracy, 1946-1997*. Stanford University Press.
――. 2008. *The Politics of Presidential Appointments: Political Control and Bureaucratic Performance*. Princeton University Press（稲継裕昭監訳，浅尾久美子訳『大統領任命の政治学：政治任用の実態と行政への影響』ミネルヴァ書房，2009 年）.
Lijphart, Arend. 2012. *Patterns of Democracy: Government Forms and Performance in Thirty-Six Countries*, 2nd ed. Yale University Press（粕谷祐子・菊池啓一訳『民主主義対民主主義：多数決型とコンセンサス型の 36 カ国比較研究［原著第 2 版］』勁草書房，2014 年）.
MacDonald, Jason A. 2007. "Agency Design and Postlegislative Influence over the Bureaucracy." *Political Research Quarterly* 60 (4): 683-95.
MacDonald, Jason A., and William W. Franko, Jr. 2007. "Bureaucratic Capacity and Bureaucratic Discretion: Does Congress Tie Policy Authority to Performance?" *Ameri-

can Politics Research 35 (6): 790-807.

McCubbins, Mathew D., Roger G. Noll, and Barry R. Weingast. 1987. "Administrative Procedures as Instruments of Political Control." *Journal of Law, Economics, and Organization* 3: 243-77.

Miller, Gary J. 2000. "Above Politics: Credible Commitment and Efficiency in the Design of Public Agencies." *Journal of Public Administration Research and Theory* 10: 289-327.

Miller, Gary J., and Andrew B. Whitford. 2007. "The Principal's Moral Hazard: Constraints on the Use of Incentives in Hierarchy." *Journal of Public Administration Research and Theory* 17 (2): 213-33.

——. 2010. "Experimental Methods, Agency Incentives, and the Study of Bureaucratic Behavior." In *The Oxford Handbook of American Bureaucracy*, ed. Robert F. Durant. Oxford University Press.

Moe, Terry M. 1990. "Political Institutions: The Neglected Side of the Story." *Journal of Law, Economics, and Organization* 6: 213-54.

——. 1991. "Politics and the Theory of Organization." *Journal of Law, Economics, and Organization* 7: 106-29.

Moe, Terry M., and Michael Caldwell. 1994. "The Institutional Foundations of Democratic Government: A Comparison of Presidential and Parliamentary Systems." *Journal of Institutional and Theoretical Economics* 150: 171-95.

Nicholson-Crotty, Jill, Jason A. Grissom, and Sean Nicholson-Crotty. 2011. "Bureaucratic Representation, Distributional Equity, and Democratic Values in the Administration of Public Programs." *Journal of Politics* 73 (2): 582-96.

Niskanen, William A. 1971. *Bureaucracy and Representative Government*. Aldine-Atherton.

Noble, Gregory W. 1998. *Collective Action in East Asia: How Ruling Parties Shape Industrial Policy*. Cornell University Press.

Nye, Joseph S., Jr., Philip D. Zelikow, and David C. King, eds. 1997. *Why People Don't Trust Government*. Harvard University Press（嶋本恵美訳『なぜ政府は信頼されないのか』英治出版, 2002 年）.

OECD. 2005. *Modernising Government: The Way Forward*. OECD（平井文三訳『世界の行政改革：21 世紀型政府のグローバル・スタンダード』明石書店, 2006 年）.

——. 2009. *Government at a Glance*. OECD（平井文三訳『図表でみる世界の行政改革：政府・公共ガバナンスの国際比較』明石書店, 2010 年）.

——. 2011. *Government at a Glance 2011*. OECD Publishing.

——. 2013. *Government at a Glance 2013*. OECD Publishing.

―. 2015. *Government at a Glance 2015*. OECD Publishing.

Olsen, Johan P. 2008. "The Ups and Downs of Bureaucratic Organization." *Annual Review of Political Science* 11: 13-37.

Page, Scott E. 2007. *The Difference: How the Power of Diversity Creates Better Groups, Firms, Schools, and Societies*. Princeton University Press（水谷淳訳『「多様な意見」はなぜ正しいのか：衆愚が集合知に変わるとき』日経BP社，2009年）.

Peters, B. Guy, and Jon Pierre, eds. 2001. *Politicians, Bureaucrats and Administrative Reform*. Routledge.

Poguntke, Thomas, and Paul Webb. 2005. *The Presidentialization of Politics: A Comparative Study of Modern Democracies*. Oxford University Press（岩崎正洋監訳『民主政治はなぜ「大統領制化」するのか：現代民主主義国家の比較研究』ミネルヴァ書房，2014年）.

Pollitt, Christopher, and Geert Bouckaert. 2011. *Public Management Reform: A Comparative Analysis: New Public Management, Governance, and the Neo-Weberian State*, 3rd ed. Oxford University Press.

Pressman, Jeffrey L., and Aaron B. Wildavsky. 1973. *Implementation: How Great Expectations in Washington are Dashed in Oakland; Or, Why It's Amazing That Federal Programs Work at all, This being a Saga of the Economic Development Administration as Told by Two Sympathetic Observers Who Seek to Build Morals on a Foundation of Ruined Hopes*. University of California Press.

Przeworski, Adam, Michael E. Alvarez, José Antonio Cheibub, and Fernando Limongi. 2000. *Democracy and Development: Political Institutions and Well-Being in the World, 1950-1990*. Cambridge University Press.

Ramseyer, J. Mark, and Frances McCall Rosenbluth. 1993. *Japan's Political Marketplace*. Harvard University Press（加藤寛監訳，川野辺裕幸・細野助博訳『日本政治の経済学：政権政党の合理的選択』弘文堂，1995年）.

―. 1998. *The Politics of Oligarchy: Institutional Choice in Imperial Japan*. Cambridge University Press（河野勝監訳，青木一益・永山博之・斉藤淳訳『日本政治と合理的選択：寡頭政治の制度的ダイナミクス1868-1932』勁草書房，2006年）.

Rauch, James E., and Peter B. Evans. 2000. "Bureaucratic Structure and Bureaucratic Performance in Less Developed Countries." *Journal of Public Economics* 75: 49-71.

Riccucci, Norma. 2010. *Public Administration: Traditions of Inquiry and Philosophies of Knowledge*. Georgetown University Press.

Robinson, James A., and Ragnar Torvik. 2008. "Endogenous Presidentialism." *National Bureau of Economic Research Working Paper Series* No. 14603.

Rosenbluth, Frances McCall, and Michael F. Thies. 2010. *Japan Transformed: Political*

Change and Economic Restructuring. Princeton University Press（徳川家広訳『日本政治の大転換：「鉄と米の同盟」から日本型自由主義へ』勁草書房，2012年）.

Rothstein, Bo. 2011. *The Quality of Government: Corruption, Social Trust, and Inequality in International Perspective*. University of Chicago Press.

Samuels, Richard J. 1987. *The Business of the Japanese State*. Cornell University Press（広松毅監訳『日本における国家と企業：エネルギー産業の歴史と国際比較』多賀出版，1999年）.

Spence, David B. 1997. "Administrative Law and Agency Policymaking: Rethinking the Positive Theory of Political Control." *Yale Journal on Regulation* 14: 406-50.

———. 2003. "The Benefits of Agency Policy-Making: Perspectives from Positive Theory." In *Politics, Policy, and Organizations: Frontiers in the Scientific Study of Bureaucracy*, ed. George. A. Krause and Kenneth. J. Meier. University of Michigan Press.

Stephenson, Matthew C. 2007. "Bureaucratic Decision Costs and Endogenous Agency Expertise." *Journal of Law, Economics, and Organization* 23（2）: 469-98.

Strøm, Kaare. 1990. *Minority Government and Majority Rule*. Cambridge University Press.

Thies, Michael F. 2001. "Keeping Tabs on Partners: The Logic of Delegation in Coalition Governments." *American Journal of Political Science* 45: 580-98.

Thies, Michael F., and Yuki Yanai. 2013. "Governance with a Twist: How Bicameralism Affects Japanese Lawmaking." In *Japan Decides 2012*, ed. Robert Pekkanen, Steven R. Reed, and Ethan Scheiner. Palgrave Macmillan UK.

Thomas, A. M. 2010. "What Do the Worldwide Governance Indicators Measure?" *The European Journal of Development Research* 22（1）: 31-54.

Ting, Michael M. 2002. "A Theory of Jurisdictional Assignments in Bureaucracies." *American Journal of Political Science* 46: 364-78.

———. 2003. "A Strategic Theory of Bureaucratic Redundancy." *American Journal of Political Science* 47: 274-92.

———. 2011. "Organizational Capacity." *Journal of Law, Economics, and Organization* 27（2）: 245-71.

———. 2012. "Legislatures, Bureaucracies, and Distributive Spending." *American Political Science Review* 106（2）: 367-85.

Ting, Michael M., James M. Snyder, Shigeo Hirano, and Olle Folke. 2013. "Elections and Reform: The Adoption of Civil Service Systems in the US States." *Journal of Theoretical Politics* 25（3）: 363-87.

Toya, Tetsuro. 2000. "The Political Economy of the Japanese Financial Big Bang: Institutional Change in Finance and Public Policy Making." Ph.D. Dissertation, Stanford University（青木昌彦監訳，戸矢理衣奈訳『金融ビッグバンの政治経済学：金融と公共政策策定における制度変化』東洋経済新報社，2003年）.

Tsebelis, George. 1990. *Nested Games: Rational Choice in Comparative Politics*. University of California Press.

――. 2002. *Veto Players: How Political Institutions Work*. Princeton University Press.

Volden, Craig. 2002a. "A Formal Model of the Politics of Delegation in a Separation of Powers System." *American Journal of Political Science* 46 (1): 111-33.

――. 2002b. "Delegating Power to Bureaucracies: Evidence from the States." *Journal of Law, Economics, and Organization* 18: 187-220.

Wade, Robert. 1990. *Governing the Market: Economic Theory and the Role of Government in East Asia's Industrialization*. Princeton University Press.

Weingast, Barry R., and Mark J. Moran. 1983. "Bureaucratic Discretion or Congressional Control? Regulatory Policymaking by the Federal Trade Commission." *Journal of Political Economy* 91: 765-800.

Whitford, Andrew B. 2005. "The Pursuit of Political Control by Multiple Principals." *Journal of Politics* 67: 29-49.

Wood, B. Dan, and John Bohte. 2004. "Political Transaction Costs and the Politics of Administrative Design." *Journal of Politics* 66: 176-202.

Workman, Samuel. 2015. *The Dynamics of Bureaucracy in the US Government: How Congress and Federal Agencies Process Information and Solve Problems*. Cambridge University Press.

あとがき

　最初にこの本の構想を心に抱いてから，10年もの年月が経った．そもそも，日本の官僚制の実態を解明することは，研究を始めた初期から抱いていた目標であり，そこから数えれば20年となる．少年老い易く学成り難しとは本当によく言ったものである．
　その間に，日本の官僚制をめぐる環境も，その内実も大きく変化を見せた．その実態について，本書では解明を試みてきた．そこで示したように，それは多様な性質や意味合いを持ち，とても一言では言い表せない．しかし総じて，明治国家の建設期以来，官僚制が有してきた正統性が失われつつあるのは間違いない．
　そして同時に，官僚制を観察の対象とする学問である行政学もまた，人々の関心を集めることが難しくなり，それを志す人も減少を続けている．筆者がこの学問を志した20年前，それが確かに持っていた輝きは，失われてしまったかのようである．
　しかし，現代民主制においてこそ，官僚制は欠くことのできない要素であり，その実態を的確につかみ，それを有効に作動させることは，その国の統治の質を高め，引いてはその国の社会や経済に好影響を与える．同じように，現代の政治学において，行政学は，決してその中心的部分ではないであろうが，欠くべからざる一部である．我が身の怠惰と浅学非才を嘆くばかりの苦しい執筆の日々であったが，こうした行政学の意義への確信が，挫けそうになる自らを押しとどめてくれた．
　そしてまた，さまざまな形で執筆を後押ししてくださる人々に恵まれたからこそ，完成まで辿り着くことができた．中でも，最も直接的な助力を与えてくれたのは，編集担当の奥田修一氏と，草稿の全篇に目を通し助言を与えてくれた砂原庸介氏である．奥田氏は，筆者の最初の著作である『ゲームとしての官僚制』を手がけてくれた際，「つぎは日本の官僚制のモノグラフを」と言ってくれた．本書の企画が具体化するようになった1年半ほど前からは，折に触れ

助言を惜しまず，最終的な原稿に対しても，さまざまな指摘を加えてくれた．本書が少しでも多くの読者に届くよう，心配りを尽くしてくれて本当に感謝している．砂原氏は，完成度の低い草稿を前にして，いやな顔一つせず，詳細きわまるコメントペーパーを作成してくれた．砂原氏はさらに，本書の意義を認めてくれ，早く出版するよう勧めてくれた．最もよき理解者と深い学術交流ができただけでも幸せなことだが，その彼が本書の価値を認めてくれたことには大いに勇気づけられた．心から感謝している．

建林正彦先生と待鳥聡史氏は，長年にわたる研究の同志であるが，思いがけないことに，京都大学での同僚ともなった．教育活動を共同で実施するなどこれまでにはなかった接点も増える中で，多くの部分を共有しつつも異なる部分も多いお二人と，身近に交流できることの素晴らしさを改めて実感している．そうしたお二人を前にすることで，自らの考えや方向性を問い直し続けられたことが，間接的な形で，しかし本書の執筆の重要な基盤を形成した．公私にわたる日々のご交誼も含め，改めて深い感謝の意を伝えたい．

逆に京都大学への異動により，品田裕先生および大西裕先生と同僚ではなくなったことは，今でも残念である．共同研究や日々の会話を通じ視点の幅を広げてもらったし，楽しい思い出も多い．しかし異動後も，頻度は減ったが，変わらず接してくださり，本当にありがたく思っている．

この他にも，京都大学法学研究科および公共政策大学院の政治学系の諸先生，中でも要職を担われてきた新川敏光，中西寛，唐渡晃弘の各先生のお心配りにより，恵まれた研究環境を提供していただいていることに感謝申し上げたい．本書の骨格の形成期に在職しており，同様に素晴らしい環境を提供してくださった神戸大学法学研究科の，やはりとりわけ政治学系の諸先生にも，心より感謝申し上げる．

この他にお世話になっている方は数多いのだが，とりわけ日頃の研究上の交流を通じ多くの刺激を与えてくださる久米郁男先生，最も近い同業者として多くを教えてくれる北村亘氏，それぞれに折に触れて，筆者の著作への感想や期待を寄せてくれる森裕城氏と宗前清貞氏，研究者であるようその存在を通じてプレッシャーをかけ続けてくれる多湖淳氏には，特に記して謝意を表したい．

執筆途上の草稿について，神戸大学政治学研究会，京都大学現代政治ワーク

ショップ，京都大学での大学院講義をはじめ，数回にわたり報告を行い，多くの方からさまざまな意見をいただいた．政治学の今後を担う若い研究者たち，特に，関智弘氏，林嶺那氏，森川想氏，上條諒貴氏，石間英雄氏には具体的なコメントをいただき，ありがたく思っている．

筆者を行政学という学問に導いてくださったのは，西尾勝先生である．そのことへの感謝の思いは，年齢を重ねるにつれ，強まっている．村松岐夫先生は，最初はそのご著書を通じ，その後は色々な形で，行政学について多くを教えてくださった．本書の題目には先生へのオマージュを込めた．今後とも研鑽を重ねることで，お二人の先生それぞれから受けた学恩に報いたい．

最後になるが，いつもにもまして，長期にわたる執筆を支えてくれた妻の絵里奈，息子の理央と七には本当に感謝している．夫として，父親として，理想にはほど遠い存在である筆者を受け入れてくれ，あまつさえ執筆への期待や励ましの言葉をいつもかけてくれることには，感謝の言葉もない．あなたたちと家族でいられて幸せだとつくづく思う．

学問のあり方は常に問い直されるものであり，いかなる言語でいかなる媒体において成果を示すべきかには多様な意見があろう．ただ筆者は，政治学という学問において，その国の言語で，学術雑誌よりも広い読者に届く形で成果を出すことには意義があると信じている．そして，書物という尺があって初めて可能となる思索の幅や深さがあることも信じている．おびただしい情報と目まぐるしく変化する社会を前に，ここに新たな一冊を上梓できることに，言い難い感慨を覚えている．

2016 年 10 月

曽我 謙悟

索引

あ 行

アイディア　10, 33-4, 102, 132
アカウンタビリティ　59, 69-70, 218, 220, 222, 227
アジェンダパワー　154
麻生内閣・政権　159, 174, 199
新しい公共ガバナンス　→NPG
新しい公共管理　→NPM
アップ・オア・アウト　151
安倍内閣・政権
　第一次——　177, 179
　第二次——　149, 169-70, 172-3
天下り　149-51, 159
アメリカ　4-5, 91, 93-4, 118, 120-1
安定性　233
飯尾潤　154
イギリス　85, 87, 91-3, 103, 120-1, 231-2, 236
池田勇人　158, 199
イタリア　85, 87, 89, 94, 104, 118, 120, 122, 232
一党優位　157-8
伊藤正次　161
稲継裕昭　150
委任　16-7, 23-7, 29, 153-8, 226, 237
インセンティブ　28-9, 150-2
ウェストミンスター化　155, 161
エプスタイン(Epstein, David)　27, 30
大蔵省　140, 160, 200, 204(→財務省)
オーストラリア　103, 121, 232
大嶽秀夫　160
大平正芳　199
オハロラン(O'Halloran, Sharyn)　27, 30
オランダ　84, 87, 91, 94, 121, 232-3

か 行

カーペンター(Carpenter, Daniel P.)　35
海上保安庁　183, 213
外務省　161, 181, 185, 212-3, 216

係員　182, 214, 216, 219-20
課長　182, 214, 216
加藤淳子　160
カナダ　84-5, 87, 94, 118, 120-1, 232, 236
川人貞史　156
環境省　181, 183, 185, 212-3, 216
観光庁　183
韓国　85, 87, 93-4, 121, 232
官邸機能強化　142, 156, 161
菅内閣・政権　159, 173
官僚制　16
　——の質　116-8, 122-4, 127-8, 133, 135, 224, 237, 240-1
　——の能力　2, 30, 41, 67, 70
官僚内閣制論　153
官僚優位論　153
議院内閣制　25, 58, 96-100, 106-7, 111, 122-5, 128, 131-3, 154-6, 165
技官　150-2, 209, 213
規制効果分析(RIA)　87, 92
技能　8, 19, 30-1, 193
　——投資(取得・形成)　31-2, 48, 60-2, 64-7, 70, 76, 116, 148, 150-2, 194-5, 208, 218, 221-4, 237
　文脈型——　151, 194, 254-5
キャリア　150
行政改革　3, 33, 91, 137
行政学　6, 252-3
行政刷新　91(→行政改革)
行政職　208-13
行政中枢　52, 81, 84-90, 98-100, 110-1, 135, 142, 166, 256
局長　182, 201-4
均衡制度　163-4
金融庁　148, 211, 214, 216
経済企画庁(経企庁)　200, 205(→内閣府)
経済財政諮問会議　140, 142-4, 169
経済産業省(経産省)　144, 160, 181, 185, 200-1,

索 引　279

206, 212-3, 216
経済職　208-14
経済発展　3, 41, 104-5, 107, 117-8, 127, 130, 132, 239-42
警察庁　212-3
ゲイルマード（Gailmard, Sean）　32, 41
ゲーム理論　51
ゲリング（Gerring, John）　26, 133
権限委譲　10, 17, 27-8, 30-1, 42, 60-1, 116, 146, 237
建設省　200, 205（→国土交通省）
権力分散　50, 156
権力融合　50, 154-6
小泉内閣・政権　137, 143, 158-9, 169, 173, 175
合意型民主制　→民主制
厚生省　160, 200, 205（→厚生労働省）
厚生労働省（厚労省）　151, 181, 185, 206, 212-3, 216
拘束名簿式比例代表制　→比例代表制
公平　227-8
公務員制度　10, 28
　──改革　137, 148-9
効率性　234
ゴールダー（Golder, Matt）　95
コールドウェル（Caldwell, Michael）　25
国土交通省（国交省）　151, 181, 185, 201, 206, 211-2, 216
国家安全保障局　143, 169
国家戦略局　143
個別利益　52, 55-7, 101-2, 107-9, 111
コントロール　10, 27（→政治統制）

さ 行

サードセクター　34
財務省　141, 156, 161, 181, 185, 201, 206, 211, 213, 216
裁量　17, 27, 62
サッカー（Thacker, Strom C.）　26, 133
参議院　155-6, 179, 188, 190
サンクション　61, 63-4, 69（→事後コントロール）
シース（Thies, Michael F.）　158
ジェネラリスト　31, 150, 193-4, 215, 223-4,
254-6
資格任用　28, 37, 147
事業仕分け　145
事後コントロール　47, 61, 65
事前コントロール　47, 60, 65-7
自治省　200, 205（→総務省）
実効性　226-9, 232
執政　49
執政制度　11, 25, 50, 95, 155
執政長官　49
シッパン（Shipan, Charles R.）　24, 116
司法制度改革　160
市民　35-6, 42
事務次官　196, 198-203, 218, 220-1
事務次官等会議　140, 145
自由　227
衆議院　188, 190
集合行為問題　51, 54
自由任用　37, 118, 120-2, 132
首相　142, 148-9, 155-6, 158-9, 166, 170, 172, 174
首相主導　142-3, 176
首相秘書官　161
首相補佐官　148
小選挙区（制）　58, 155, 165
省庁再編　140, 145, 156-8, 160-1, 203, 209, 211
省庁数　52, 55, 83-4, 96-8, 135, 139
消費者庁　177, 214
情報　8, 19, 23, 27, 30-1
自律性　18-9, 35-7, 67-8, 70-2, 116, 159-61, 195-6, 208, 224, 246-8
新ウェーバー型国家　→NWS
人事院　142, 183, 213
　──勧告　245
信頼　1-2, 4-5, 241-4
スイス　84, 91-2, 94, 120, 232
スウェーデン　84, 91, 94, 120-1, 232, 236
スペイン　85, 87, 120, 232
スペシャリスト　31, 150, 193, 254-5
政権交代　25, 141, 157-8, 162
政策
　──アウトプット　233
　──効果　233

280　索　引

――の質　52, 55, 61
政治介入　147, 218, 220-1, 224, 237, 247（→政治統制）
政治主導　156, 162-3, 255, 257
政治制度　9, 51, 74, 95, 122, 134, 163
政治的不確実性　25, 51
政治統制　10, 48, 152
政治任用　28, 37, 60-2, 66-7, 76, 116, 118-22, 124-5, 129-32, 135, 147, 149, 194-5, 223-4, 238, 240
政治腐敗　40
政党システム　50, 146, 157-8, 161-2
政党組織　50, 153, 161-3
政党優位論　153
制度均衡　163
「政府の質」研究所　39, 228
政務官　148
政務三役　140, 145
選挙制度　11, 24, 50, 95, 155
　　――改革　155-6, 161-2, 165
専門職　148, 208-12, 218, 221-2
専門知識・専門性　23, 30-1, 37, 52, 152, 208
総合　9
総務省　181, 185, 201, 206, 212-3, 216
族議員　144, 153
組織編成　9, 28, 48

た　行

大臣　147, 153, 158-9, 171, 173, 176, 198-201
　　――数　82-4, 97（→省庁数）
　　特命事項担当――　168-72
　　内閣府特命担当――　168
大臣政務官　→政務官
大統領制　25, 59, 96-100, 105-7, 111, 122-5, 128, 131-2
第二臨調　→臨時行政調査会
代表性　13, 226-8, 230-3, 235-47, 251-2, 257
高安健将　158
竹下登　199
竹中平蔵　199
多数主義型民主制　→民主制
多数代表制　96-100, 105, 107, 111, 122-5, 128, 131-2, 165

田中角栄　158, 199
田辺国昭　160
谷口将紀　219
単記非移譲式投票制　59
知識　19, 31（→専門知識・専門性）
地方分権改革　160
中期の予算編成　93-4
中選挙区（制）　154, 165-6（→単記非移譲式投票制）
中立性　18-9, 67, 72, 219, 224
チン（Ting, Michael）　28, 31
通商産業省（通産省）　160, 200, 204-5（→経済産業省）
辻清明　150
定員　245
適応性　233
デンマーク　85, 87, 91, 94, 118, 120-1, 232
ドイツ　4-5, 85, 87, 91-2, 94, 118, 120, 122
統一政府　24, 54
統合　9, 16-7, 44, 52, 55-7, 74, 109-10, 186, 237
統治
　　――の質　13, 225-6, 235-43, 251
　　――の内容　225-6
透明性　226-7, 230, 232
特命事項担当大臣　→大臣
独立性　18-9, 29, 38, 70-2
特許庁　148, 183, 211-2
戸矢哲朗　160

な　行

内閣　52, 54, 144, 173
　　――支持率　187-8, 218, 220
内閣官房　139-44, 149, 156, 161, 167-70, 172, 174-81, 183-5, 216
内閣官房長官　171
内閣官房副長官　145, 161
内閣官房副長官補　144, 161
内閣人事局　143, 149, 169, 203-4
内閣府　139-40, 142, 148, 156, 167-70, 181, 185, 200, 206, 211, 214, 216
内閣府特命担当大臣　→大臣
内閣法制局　140-2
ニュージーランド　84-5, 87, 90, 103, 118,

120-1, 232
「ねじれ国会」 177
年功序列 151
農林水産省(農水省) 181, 185, 200-1, 205-6, 211-2, 216
野田内閣・政権 159, 173
ノルウェー 87, 93-4, 118, 120-1, 232, 236
ノンキャリア 150, 219

は 行

橋本行革 137, 139, 156, 161-2, 166
橋本内閣・政権 149, 173
パティ(Patty, John W.) 32
鳩山内閣・政権 159, 173
非拘束名簿式比例代表制 →比例代表制
ヒューバー(Huber, Gregory) 35
ヒューバー(Huber, John) 24, 116
評判 35
比例代表制 58, 96-100, 106-7, 111, 123-5, 128, 131-3
　拘束名簿式―― 59
　非拘束名簿―― 59, 165
フィンランド 84-5, 87, 91, 93, 121, 232
福島第一原子力発電所事故 200
副大臣 148
福田内閣・政権 159, 173, 177
藤田由紀子 151
ブッカート(Bouckaert, Geert) 33, 102
不偏性 40, 226-7, 229, 232
ブラジル 84, 236
フランス 85, 87, 89, 94, 104, 118, 120, 122, 231, 236
プリンシパル・エージェント理論 22
分割政府 24, 54
分業 16-7
文脈型技能 →技能
分立 9, 16-7, 44, 52, 55-7, 74, 105-9, 139, 186, 237
ベルギー 85, 87, 90, 94, 104, 118, 121-2, 231
防衛省 161, 185, 213
法務省 181, 185, 212-3, 216
法律職 208-13
捕囚理論 35-6

ポリット(Pollitt, Christopher) 33-4, 102
ポルトガル 90, 94, 118, 120, 122, 232
本人・代理人関係 42

ま 行

前田健太郎 245
牧原出 156, 160
マスメディア 230
増山幹高 154
待鳥聡史 155-6, 170
松下圭一 154
真渕勝 145
宮沢喜一 199
民主制 26, 104, 226-7, 240-1
　合意型―― 26
　多数主義型―― 26
民主党政権 137, 140, 143, 145, 156, 162-3, 170-1, 173, 175, 177, 179-80, 203-4, 210
村松岐夫 157, 219
村山内閣・政権 173
メキシコ 85, 93-4, 103, 118, 120, 122, 231-2, 236
モー(Moe, Terry E.) 25
文部科学省(文科省) 181, 185, 212-3, 216

や 行

薬害エイズ事件 200
山口二郎 157
予算制度 93
郵政改革・郵政民営化 175, 177

ら 行

ラムザイヤー(Ramseyer, J. Mark) 159
利益集団 29, 35-7, 146
リダンダンシー 28, 42, 84
理念 33-4, 238(→アイディア)
臨時行政調査会(臨調) 137, 160
レイプハルト(Lijphart, Arend) 26, 133
歴史的制度論 33, 35
連立政権 58, 173
労働市場 70-1, 119-21, 129, 133, 150, 194-5, 223, 254
ローゼンブルース(Rosenbluth, Frances

McCall) 158-9

NPG　33-4, 102-3
NPM　33, 102-4, 127, 132

NWS　33, 102-4, 111, 132
OECD　38
RIA　→規制効果分析

著者略歴

1971 年　兵庫県に生まれる．
1994 年　東京大学法学部卒業．
　　　　 東京大学大学院法学政治学研究科助手，大阪大学大学院法学研究科助教授，神戸大学大学院法学研究科教授などを経て，
現　在　京都大学公共政策連携研究部・大学院法学研究科教授．

主要著書

『ゲームとしての官僚制』（東京大学出版会，2005 年）
『行政学』（有斐閣，2013 年）
『日本の地方政治：二元代表制政府の政策選択』（共著，名古屋大学出版会，2007 年）
『比較政治制度論』（共著，有斐閣，2008 年）

現代日本の官僚制

2016 年 12 月 22 日　初　版
2017 年 4 月 28 日　第 2 刷

［検印廃止］

著　者　曽我　謙悟
　　　　　そが　けんご

発行所　一般財団法人　東京大学出版会

代表者　吉見　俊哉

153-0041 東京都目黒区駒場 4-5-29
http://www.utp.or.jp/
電話 03-6407-1069　Fax 03-6407-1991
振替 00160-6-59964

印刷所　株式会社三秀舎
製本所　牧製本印刷株式会社

© 2016 Kengo Soga
ISBN 978-4-13-030161-9　Printed in Japan

JCOPY 〈（社）出版者著作権管理機構 委託出版物〉
本書の無断複写は著作権法上での例外を除き禁じられています．複写される場合は，そのつど事前に，（社）出版者著作権管理機構（電話 03-3513-6969，FAX 03-3513-6979，e-mail:info@jcopy.or.jp）の許諾を得てください．

辻　清明著	新版 日本官僚制の研究	A5・5800円
辻　清明著	公務員制の研究	A5・5800円
山口二郎著	内閣制度 行政学叢書6	46・2600円
大森　彌著	官のシステム 行政学叢書4	46・2600円
牧原　出著	行政改革と調整のシステム 行政学叢書8	46・2800円
加藤淳子著	税制改革と官僚制	A5・6000円
前田健太郎著	市民を雇わない国家	A5・5800円
秦　郁彦編	日本官僚制総合事典1868-2000	B5・32000円

ここに表示された価格は本体価格です．ご購入の
際には消費税が加算されますのでご了承ください．